RUM

Dave Broom
Fotos Jason Lowe

RUM

Christian Verlag

Aus dem Englischen übersetzt von Dr. Michael Schmidt
Redaktion: Bettina Rubow
Korrektur: Dr. Michael Schenkel
Umschlaggestaltung: Caroline Daphne Georgiadis, Daphne Design
Satz: Studio Fink, Gräfelfing

www.christian-verlag.de

Die Originalausgabe mit dem Titel *Rum* wurde erstmals 2003 im Verlag Mitchell Beazley, einem Imprint der Octopus Publishing Group Ltd., London, veröffentlicht.

Fotos: Jason Lowe
Illustration: Neil Gower
Design: Grade Design Consultants, London

Druck und Bindung: Toppan Printing Company, Hongkong
Printed in China

ISBN 3-88472-618-8

Dieses Buch ist meinem lieben Kind Rosie gewidmet.

Möge die ewige Sonne auf dich scheinen, Liebe dich leiten, und das reine Licht im Herzen dir deinen Weg weisen.

Der Verlag möchte

Wray & Nephew und John Hammond bei Hammond & Deacon;
Havana Club, Charlotte Fraser bei Richmond Towers und Pernod-Ricard UK;
Clément und Patrik Goasdoué;
St. Lucia Distillers Ltd und Katherine Felix

für ihre Unterstützung danken, die die Aufnahme der Fotos in der Karibik ermöglichten. Auch möchten wir all denen, die in den Unternehmen vor Ort arbeiten, für ihre Großzügigkeit, Gastfreundlichkeit und Hilfsbereitschaft danken, mit der sie dem Autor Dave Broom und dem Fotografen Jason Lowe begegneten.

Flaschenetiketten:
Der Verlag hat sich bemüht, alle Produzenten der abgebildeten Etiketten zu kontaktieren. Besonderer Dank gilt Petr Hlousek für seine Hilfe bei der Suche nach den Etiketten für dieses Buch.

HINWEIS

Alle Informationen und Hinweise, die in diesem Buch enthalten sind, wurden von den Autoren nach bestem Wissen erarbeitet und von ihnen und dem Verlag mit größtmöglicher Sorgfalt überprüft. Unter Berücksichtigung des Produkthaftungsrechts müssen wir allerdings darauf hinweisen, dass inhaltliche Fehler oder Auslassungen nicht völlig auszuschließen sind. Für etwaige fehlerhafte Angaben können Autoren, Verlag und Verlagsmitarbeiter keinerlei Verpflichtung und Haftung übernehmen.

Korrekturhinweise sind jederzeit willkommen und werden gerne berücksichtigt.

Inhalt

Einführung

Rum ist lange die vergessene Spirituose gewesen. Dabei war er Geburtshelfer von Nationen, trug zur Entstehung von Kapitalismus und Kolonialismus bei – und ist noch immer da, auf unserem Weg in eine globalisierte Welt. Vom Rum lebten Sklavenhändler, Piraten und Schmuggler ebenso wie Künstler, Blendmeister und Barkeeper. Als Währung der Sklaverei verhalf er manchen Menschen zu ungeheurem Reichtum und ließ andere ihr Elend vergessen. Seeleuten und Soldaten machte er Mut im Kampf. Er stand im Zentrum der Prohibition, und neuerdings werden seinetwegen internationale Handelskriege ausgetragen. Auch für ein karibisches Heimat- und Identitätsgefühl ist er von zentraler Bedeutung. Und doch ist die Geschichte des Rums nur wenigen bekannt, und noch viel seltener wurde sie erzählt.

Deshalb wollte ich dieses Buch schreiben – und natürlich auch, weil Rum so verdammt gut schmeckt! Die Recherchen haben mich in die Karibik und nach Südamerika gebracht, aber auch in die Nähe meiner Heimat: nach Glasgow, London, Bristol und Amsterdam. Die Arbeit hat mich glücklich, traurig und wütend gemacht und mich mit Hoffnung erfüllt, was die Zukunft dieses bemerkenswerten Getränks angeht. Ich habe an Cocktails in Havanna genippt, in Guyana die Zeit vergessen, den Karneval auf Trinidad genossen und großherzige, begabte Menschen kennen gelernt, die ihr Arbeitsleben damit verbringen, einige der feinsten Spirituosen zu erschaffen, die ich je verkostet habe.

Das Ergebnis ist nicht etwa ein Guide über jede Brennerei oder jeden Rum, sondern (hoffentlich) ein sinnlicher Eindruck davon, woher der Rum kam, wo er erzeugt wird, wohin er geht und warum er so und nicht anders schmeckt.

Keine andere Spirituose kann einen so vollkommen glücklich darüber machen, einfach am Leben zu sein. Alles menschliche Leben scheint wie ein Geist in dieser Flasche enthalten zu sein. Riechen Sie einmal daran, und schon werden Sie in eine neue, süßere Dimension voller Gewürze und tropischer Früchte versetzt. Schließen Sie die Augen, und sogleich vernehmen Sie das Rauschen des Meeres, das den weißen Sand streichelt. Rum ist verführerisch. Aber er hat noch viel mehr zu geben.

Wenn Sie einen großen Rum verkosten, denken Sie nicht nur daran, wie er schmeckt, sondern wie und warum er diese Aromen bekommen hat. Sobald Sie sich auf diese Welt einlassen, werden Sie feststellen, dass es so etwas wie den „Rum" nicht gibt. Er ist eine vielfältige, facettenreiche Spirituose. Jede Insel hat ihren eigenen Stil, jedes Land seine eigene Sorte und jede Brennerei eine Variante. Der Rum verrät seine Herkunft. Seine Geschichte handelt von Vertreibung, Emigration und Neuschöpfung – eines neuen Getränks, neuer Aromen und Sorten, neuer Gesellschaften und Möglichkeiten, Geschäfte zu machen.

Der Rum wurde unter Schmerzen geboren. „Wie beim Zucker", sagte mein guyanischer Freund Zadok und wurde für einen Augenblick ernst, „hängt auch ihm die Geschichte der Sklaverei an." Dieser Wahrheit muss man sich stellen. Doch heute erlebt der Rum endlich seine freudvolle Wiedergeburt – er beflügelt Lachen und Spaß, hilft, sich Zwängen zu entledigen und sich der reinen Freude hinzugeben, am Leben zu sein.

Rum ist zur Zeit hip, aber im Unterschied zu anderen Marketingprodukten kann ihn seine neu entdeckte Trendyness nur beleben. Warum? Weil er nicht bloß eine Vielfalt von Aromen und Sorten aufweist, sondern auf diese fantastische, blutige, leidenschaftliche Geschichte zurückblicken kann – genau wie Malt Whisky oder Cognac. Seine Zukunft liegt nun vor allem in den Händen der Menschen, die dies verstehen: der Rumerzeuger der Karibik und von Südamerika, die ein neues Qualitätszeitalter für diese Spirituose heraufziehen sehen.

Im 21. Jahrhundert ist der Rum nicht mehr vergessen – er ist heimgekehrt.

Die Geschichte des Rums

Alles begann mit einer Pflanze – genauer: einem Gras, das Botaniker *Saccharum officinarum* und Normalsterbliche Zuckerrohr nennen und das erstmals vor rund 10 000 Jahren in Neuguinea domestiziert wurde. Um 6000 v. Chr. wurde es in Indonesien, auf den Philippinen und in Indien angebaut. Wozu diente es? Sicher nicht zur Rumherstellung, aber den Quellen nach wurden um 350 v. Chr. in Indien aus Zuckerrohr Zucker und vergorene Getränke bereitet. Nearchos, der Admiral Alexanders des Großen, berichtet, er sei auf einer Fahrt vom Indus zum Euphrat auf „ein indisches Schilfgras gestoßen, das Honig ohne die Hilfe von Bienen hervorbringt und aus dem ein berauschendes Getränk erzeugt wird“. Es existierten indische Wörter für vergorene Zuckergetränke – *gaudi* und *sidhu* –, und wahrscheinlich hat Nearchos diese probiert. Der Mensch war immer schon naschhaft. Und nun gab es eine leicht zu kultivierende Zauberpflanze, aus der sich ein honigähnliches Produkt gewinnen ließ, und das in größeren Mengen und ohne das Risiko von Bienenstichen.

Vom 7. Jahrhundert an wanderte das Zuckerrohr nach Westen und gelangte in die Hände der Araber. Als die Mauren ihr Reich nach Zypern, Malta, Sizilien und entlang der nordafrikanischen Küste bis nach Spanien und Portugal ausdehnten, brachten sie nicht nur eine neue Religion mit, sondern auch Fortschritte in Wissenschaft und Landwirtschaft – und damit die Produktion von Zucker.

Dies war nicht etwa ein weißer Würfel für Tee oder Kaffee, sondern ein kostbares Gewürz, das zum Kochen und vor allem als Medizin verwendet werden konnte. Zwar spricht nichts dafür, dass arabische Gelehrte eine trinkbare Spirituose bereiteten, aber sicher verstanden sie sich auf die Kunst der Destillation. Unser Wort „Alkohol“ ist arabischen Ursprungs, ein Produkt der hermetischen Kunst der al-kīmiyā, der Alchemie.

Arabische Medizinschulen süßten ihre Mixturen mit Zucker. Er diente auch als Basis für viele recht angenehm klingende Heilmittel: *shurba* oder Sorbets, *rubb* (in Sirup getauchte Früchte und Blüten) und *gulab* – Rosenwasser mit Zucker, aus dem unser Julep wurde.

Doch Zucker war mehr als Medizin. Er wurde zu einem Symbol für Reichtum und Macht, und als im 15. Jahrhundert die Nationalstaaten entstanden, strebte man zunehmend nach der Kontrolle über die Zuckerproduktion. Damals begannen die Portugiesen und Spanier die afrikanische Küste zu erkunden, und um ihren Handel zu schützen, errichteten sie Kolonien auf den Kanarischen Inseln, Madeira und São Tomé. Um 1450 waren diese Inseln Europas Hauptlieferanten von Zucker, der dort produziert und dann nach Antwerpen oder London verschifft wurde. Noch immer galt Zucker als Gewürz, und die Holländer und Engländer konkurrierten um die Kontrolle über diesen lukrativen Handel.

Zuckerrohr und koloniale Eroberungen

Portugiesen und Spaniern genügte das nicht. Sie wollten Gewürze, aber auch Gold. Vor ihnen lag ein Ozean, der zu den Reichtümern des Ostens führte. Oder zumindest glaubte dies Christoph Kolumbus …

Er entdeckte auf seiner ersten Reise zwar nicht Ostindien, aber Länder, deren Erforschung und Ausbeutung sich lohnte. Auf seiner zweiten Fahrt (1493) nahm seine Flotte Zuckerrohr von den Kanarischen Inseln mit, samt Schösslingen, die man auf der Insel Hispaniola anpflanzte. Bald wurden auch andere Inseln wie Puerto Rico (1508), Jamaika (1509) und Kuba (1511) besiedelt. Zuckerrohr wurde zwar immer angebaut, aber in erster Linie wollte man Gold und andere Edelmetalle gewinnen.

Doch die Portugiesen erkannten das Potenzial von Zucker und errichteten Plantagen in Brasilien, wo sie afrikanische Sklavenarbeiter einsetzten und sie mit vergorenem Zuckerrohrsaft traktierten, dem *garapa doida* (verrückter Zuckerrohrsaft). Um 1625 versorgte Brasilien Europa großenteils mit Zucker. Destilliert wurde der braune Saft zu dieser Zeit noch nicht. Die kommerzielle Destillation steckte noch in den Kinderschuhen, und erst mit der Verfügbarkeit der entsprechenden Technik aus Europa konnten die Pflanzer mit dem Brennen beginnen.

Rechts: Fässer – die älteste und erfolgreichste Form, Rum zu transportieren.

Die karibische Zuckermaschine

Im frühen 17. Jahrhundert nahm der „Zuckerrausch" dramatische Ausmaße an. 1624 besiedelten die Engländer und die Franzosen die Insel Saint Kitts. Rasch bemächtigten sich die beiden Länder der meisten nicht spanischen Inseln und begannen zusammen mit Holland, die spanischen Flotten mithilfe von Freibeutern, Korsaren und Seeräubern auszuplündern. Sechzig Jahre lang kämpften diese Söldner gegen die Spanier unter jeder gerade passenden Flagge. Sie waren Staatenlose: gesellschaftliche Außenseiter, Sträflinge und Abenteurer, die nur sich selbst gegenüber loyal waren. Einem strikten Ehrenkodex verpflichtet, fungierten sie auch als Schutzherren der Inseln. Nehmen wir etwa Jamaika, das die Engländer 1655 erobert hatten. Henry Morgan, einer ihrer Anführer, kaufte sich von seiner Beute auf der Insel eine Zuckerplantage; und schließlich wurde aus dem Freibeuter Captain Morgan Sir Henry Morgan, der stellvertretende Gouverneur von Jamaika.

Die zunehmende Präsenz der Engländer schwächte die portugiesische Kontrolle über die Zuckerindustrie. Um 1650 hatten die Briten (auf Barbados) und die Franzosen (auf Martinique) das Plantagensystem eingeführt. Die Karibik war dabei, eine gewaltige Zuckerfabrik und Rumdestillerie zu werden. Briten, Franzosen und Portugiesen wollten das Geschäft mit dem Zucker intensivieren. Konnte man nicht noch mehr Geld verdienen, indem man die Melasse, das sirupartige Abfallprodukt bei der Zuckerherstellung, destillierte?

So sah es jedenfalls Sir Dalby Thomas, Plantagenbesitzer, Historiker und im Jahr 1690 Gouverneur von Jamaika. „Wenn [die Melasse] zur Gänze … in Brände umgewandelt würde, ergäbe dies

Oben: Die Pflanzer bauten sich elegante Anwesen wie dieses auf Martinique.

jährlich über 500 000 Pfund, und dies zur Hälfte des Preises, den die gleiche Menge Brandy aus Frankreich kosten würde."

Der Brand hatte auch schon einen Namen – oder vielmehr: mehrere Namen. Viele nannten ihn *eau-de-vie* oder *aguardiente,* die Portugiesen *cachaça,* die Spanier *berbaje,* die Menschen auf Martinique *guildhive,* die Engländer *kill-devil* oder *rumbullion* (Tumult in altem Englisch), und nach einer unbekannten Quelle war er „ein scharfer, höllischer und schrecklicher Schnaps".

Der französische Missionar Père Labat bestätigte dies 1696 auf Guadeloupe. „Das *eau-de-vie* ... ist sehr stark ..., hat einen üblen Geruch und einen bitteren Geschmack ..., den man schwer wieder loswird." Das war nicht der Rum, wie wir ihn kennen, sondern ein öliger Branntwein. „Scharf und höllisch" trifft es ziemlich genau.

Am anschaulichsten hat die frühe Rumherstellung der Engländer Richard Ligon 1647 im Bericht über sein Leben auf Barbados geschildert. Anhand eines Plans beschreibt er genau die Funktionsweise einer Zuckerfabrik. Auf dieser ersten Zeichnung einer Rumbrennerei steht ein etwa dreieinhalb mal drei Meter großer Anbau auf der Rückseite der Zuckerfabrik. Es gab zwei Brennblasen und eine große Zisterne, die als Gärbottich diente. Man praktizierte zwar die doppelte Destillation, doch das Ergebnis war ein gnadenlos starker Branntwein, der in der Nähe einer offenen Flamme Feuer fing. Die frühen Rumbrenner waren keine Fachleute. Sie kauften eine Brennblase (und vielleicht ein Handbuch) über den Versandhandel, verließen sich aber im Grunde auf ihre Intuition. Sie bereiteten keinen feinen, alterungsfähigen Branntwein – sie destillierten ein Abfallprodukt, um schnell Geld zu verdienen.

Vom Allheilmittel zum Cocktail

In seiner frühesten Erscheinung war Rum ein lokales Getränk für besitzlose Auswanderer und Sklaven. Der zivilisierte Plantagenbesitzer trank Brandy oder Madeira. Rum hingegen war ein Allheilmittel, eine so potente Flüssigkeit, dass sie Schmerzen betäuben und das Elend vergessen machen konnte.

Havana Club
Havana Club
Ceiba

Gentlemen verwendeten das merkwürdige Gesöff nur für medizinische Zwecke sowie, laut Ligon, im Fall, dass Brandy oder „englische Spirituosen" nicht verfügbar waren.

Wann genau man mit dem Rum sorgfältiger verfuhr, ist schwer zu sagen, aber dahinter stand wohl die Erkenntnis der Pflanzer, dass sich mit einer qualitativ besseren Spirituose ein höherer Preis erzielen ließe. Gegen Ende des 17. Jahrhunderts musste der englische Markt erst noch einen Geschmack dafür entwickeln. 1698 etwa wurden gerade einmal 207 Gallonen Rum importiert – knapp hundert Jahre später waren es alljährlich über zwei Millionen (gut neun Millionen Liter, wenn man das britische Maß von 4,54 Litern pro Gallone berechnet). Zu dieser Zeit war Rum nicht mehr scharf und höllisch, sondern fashionable.

Fast hundert Jahre nach Ligons Beschreibung einer primitiven Brennerei wartete A. Cooper in „The Complete Distiller" (1757) mit zahllosen Details zum Brennen auf, wobei er auch die Fehler bei der Rumdestillation benannte. Der Autor beklagte sich über das „stinkige Aroma" der Spirituose:

> *Es wäre leicht, den Sprit zu rektifizieren und ihm zu einem viel größeren Reinheitsgrad zu verhelfen, denn er behält … eine große Menge Öl, und dies ist oft so unangenehm, dass der Rum eine lange Zeit liegen gelassen werden muss, bevor er verwendet werden kann … Würde das Rektifizieren von Rum sorgfältiger vollzogen, wäre dies anscheinend ein sehr praktisches Verfahren, einen Großteil des Öls auszuscheiden, um den Rum zu dem feinen, hellen Zustand von klarem Sprit zu reduzieren, der aber vom Öl leicht durchzogen ist.*

Diese Passage verweist (neben der Tatsache, dass die Fassreifung noch unbekannt war) auf den Umstand, dass Rums noch zu aromenstark waren – also schlecht destilliert. Doch die Rumverkäufe nahmen zu, was eine direkte Folge des Zuckerbooms war. Als die britischen und französischen Westindischen Inseln im 18. Jahrhundert zur Massenproduktion übergingen, fiel der Zuckerpreis, und der Konsum nahm zu. Der Rum zog mit. 1764 importierte England 1,6 Millionen Gallonen und von da an bis zum Beginn des 19. Jahrhunderts rund zwei Millionen Gallonen pro Jahr.

Außerdem wurde britischer Rum in London und Bristol aus Melasse destilliert – und jede Menge wurde nebenbei geschmuggelt. Der Rum hatte davon profitiert, dass 1699 die englische Getreideernte ausblieb und die Brenner größere Mengen Melasse importieren mussten. Das wiederholte sich 1757. So gewann der Rum an Ansehen. Die Punschschüssel wurde gefüllt, bis sie überlief.

Die Leidenschaft für Punsch

Wir wissen nicht, wie oder wo der Rumpunsch aufkam. Er hätte eine reine Mode sein können, mit der man die Lebensweise der reichen Pflanzer kopierte, aber ich vermute, dass es die Kluft zwischen Wein oder Madeira auf der einen und „stinkigem" Rum auf der anderen Seite war, aus der der Punsch erwuchs. Man verdünnte ihn und reduzierte so den starken Geschmack der Spirituose, und man würzte ihn, um einige seiner Aromen zu verdecken. Jedenfalls trat Rumpunsch seinen internationalen Siegeszug an. Während die unteren Schichten in England unglaubliche Mengen Gin tranken, delektierten sich die besseren Leute an Punsch aus den feinsten jamaikanischen oder barbadischen Rums.

Der Boom der Rumproduktion band die karibischen Kolonien nur noch enger an ihre jeweiligen Mutterländer. Die Plantagen mögen ihrer Anlage nach prototypisch für den Kapitalismus gewesen sein, aber der Handel vollzog sich weiterhin im Stil des 15. Jahrhunderts.

Nach dem System des Merkantilismus wurde der Reichtum eines Landes an seiner positiven Außenhandelsbilanz bemessen. Die Zuckerinseln waren reine Fabriken, die eine Ware produzierten, die nur im Mutterland fertig gestellt werden durfte. Während die Inseln ihre Importwaren ausschließlich vom Mutterland bezogen und somit in jeder Beziehung von ihm abhingen, wurden mit dem Geld, das die Alte Welt in der Neuen mit Rum und Zucker verdiente, die Fundamente der britischen Industriegesellschaft errichtet.

Links: Bar-Utensilien und Alkohol … Rum war bald angesehen.

Es gab jedoch einen grundlegenden Unterschied zwischen einer Zuckerinsel wie Jamaika und den amerikanischen Kolonien. Dort versuchten die Siedler eine neue Gesellschaft zu errichten, was zu erhöhten Spannungen mit Großbritannien führte. Die Zuckerinseln hingegen waren Monokulturen unter der Fuchtel von Ausbeutern, die nur am Geldverdienen interessiert waren – was sich im Grunde kaum geändert hat.

Mitte des 18. Jahrhunderts war Jamaika der größte Zuckererzeuger der Welt. Jamaikas Plantagenbesitzer waren eine wichtige Gruppe im Parlament, Männer, die mit Bargeld alles kaufen konnten. Auf Jamaika und in New England war Rum die lokale Währung, genau wie an der Küste von Guinea. Doch Zucker und Rum waren arbeitsintensiv. Jeder Löffel Zucker, jede Schüssel Rumpunsch wurde auf dem Rücken von Sklaven erzeugt.

Sie holten uns heraus aus unserer Kultur,
Machten uns zu Sklaven in dieser großen Plantage …
„Erklärung der Menschenrechte“, Die Abessinier

Die Logik der Zuckerbarone war brutal. Man brauchte eine Ware, um eine Ware zu erzeugen. Die Zuckerproduktion war arbeitsintensiv. Als die Plantagen größer wurden, musste auch die Zahl der Sklaven zunehmen, die zu ihrer Bewirtschaftung benötigt wurden. Eine große Plantage auf Jamaika, die damals 240 Tonnen Zucker und 150 Puncheons (ein Fass von rund 317 Litern) Rum erzeugte, benötigte 300 Arbeitskräfte. Anfangs griffen die Pflanzer auf eingeborene Indianer zurück, aber ab 1511 wurden auf Hispaniola afrikanische Sklaven und besitzlose weiße Hilfsarbeiter bei der Arbeit in den Zuckerrohrfeldern eingesetzt. Verbrecher, Revolutionäre

Oben: Rum wird auf der Straße ebenso getrunken wie in den Bars.

und Ketzer wurden zur Zwangsarbeit in der Karibik verurteilt, andere wurden „barbadosiert" – entführt. Ligon vermeldet, die mittellosen Arbeiter würden schlimmer als die Sklaven behandelt, doch waren sie zumindest am Ende ihrer Strafzeit wieder frei.

Zucker und Sklaverei haben eine lange gemeinsame Geschichte. Manches spricht dafür, dass schon die Mauren Sklaven einsetzten, aber erst die Portugiesen betrieben den Menschenhandel im großen Stil. 1481 hatten sie ihre Sklavenhäfen an der Küste von Guinea durch Festungen gesichert, und das Sklavenhandelsmonopol blieb ihnen bis zum Beginn des 17. Jahrhunderts erhalten. Zu dieser Zeit war auch jede andere, an Zuckerinseln interessierte europäische Nation dabei, Afrika zu entvölkern. Seit 1650 nahm die Zahl der Sklaven bis zur Abschaffung der Sklaverei im frühen 19. Jahrhundert unaufhaltsam zu. Im 18. Jahrhundert wurden von den Zuckerkolonien über vier Millionen Sklaven gekauft, die überwiegend nach Brasilien und in britische und französische Territorien geschickt wurden. Und wie wurden sie gekauft? Mit Rum.

Ein gnadenloses Dreieck

Es entstand ein Dreieckshandel. England tauschte fertige Güter (Rum, Eisen usw.) gegen Menschen in Afrika. Die Sklaven wurden in die Karibik verschifft und gegen Bargeld und Rohstoffe wie Melasse und Rum verkauft, was wiederum nach England geschickt wurde. Als die amerikanischen Kolonien zu Wohlstand kamen, führten auch sie den Dreieckshandel ein. Melasse wurde nach New England befördert und dort destilliert, Rum wurde zur Sklavenküste verschifft, und Sklaven wurden in die Karibik und in die Südstaaten gebracht, um dort verkauft und gegen Melasse eingetauscht zu werden.

Aus den Gewinnen der Sklaverei wurden Städte erbaut: Nantes und Bordeaux in Frankreich, Bristol und Liverpool in England und Newport auf Rhode Island in Amerika. Die dort errichteten Rumdestillerien versorgten wiederum die Sklavenschiffe. Charles Taussigs Buch „Rum, Romance, and Rebellion" enthält das Bordbuch der Schaluppe *Adventure* auf ihrer Fahrt nach Guinea im Jahr 1773. Unter Kapitän Robert Champlin verließ sie Newport, beladen mit Newport-Rum, der für alle Tauschgeschäfte verwendet wurde. Drei *tuns* (große Fässer) Reis kosteten 360 Gallonen; das Kanu, das Champlin an Land brachte, wo er die in den *barracoons* (Baracken) untergebrachten Sklaven besichtigte, kostete eine Gallone; für acht Gallonen bekam man sechs kleine Schweine. Am 22. März kauften Champlins Männer Sklaven und gaben pro Frau zwischen 200 und 205 Gallonen, pro Mann 225 Gallonen aus. Als Champlin am 1. Mai in See stach, hatte seine Fracht von 63 Sklaven 12 632 Gallonen (57 350 Liter) Rum gekostet. Diese Sklaven würden auf den Westindischen Inseln für rund 37 £ pro Kopf verkauft werden, und ein Drittel der Profite wurde sofort in Melasse investiert. Und damit begann der abscheuliche Reigen von vorn.

Kapitän Champlin verlor auf der Mittelpassage nur drei Sklaven. Das war ungewöhnlich – die Sterblichkeitsrate lag meist zwischen fünf und 34 Prozent. Die mit den Sklaven handelnden Länder wurden durch das Geschäft entwürdigt, Afrika selbst wurde brutalisiert.

Gegen Ende des 18. Jahrhunderts nahm der moralische Druck auf die Betreiber der Sklaverei zu. Während ihre Verteidiger sie mit einer sophistisch verdrehten Logik rechtfertigten, lief ein Heer von Kritikern gegen sie Sturm. Der Philosoph Jean-Jacques Rousseau und der Abolitionist William Wilberforce argumentierten menschlich-moralisch, aber den Ausschlag gab wohl die ökonomische Vernunft, die der schottische Volkswirtschaftler Adam Smith ins Feld führte: „Ich glaube, dass die von freien Männern verrichtete Arbeit billiger kommt als die von Sklaven", schrieb er in seinem Buch „Vom Reichtum der Nationen", in dem er eine Destillerie als den perfekten Motor des Kapitalismus beschrieb. Revolution, so schien es, lag in der Luft.

Die amerikanische Rumrevolution

Amerika wurde auf Rum gebaut. Um 1640 wurden Rums aus der ganzen Karibik von den Pflanzern getrunken, die aus Europa eine Liebe zu Spirituosen mitgebracht hatten – und das Know-how der Destillation. 1690 wurde Rum in New England erzeugt. 1728 wurden zwei Millionen Gallonen Rum importiert, zusätzlich zu der Melasse, mit der immer mehr Destillerien in Boston, Newport und Medford versorgt wurden, die wiederum ihre Erzeugnisse für weniger als zwei Shilling pro Gallone verkauften.

Die Spirituose hatte eine düstere Seite – sie bot die Möglichkeit, die Indianerstämme zu kontrollieren oder sogar auszurotten. „Wenn Eure Exzellenz noch immer beabsichtigen, die Indianer weiter für ihre Barbareien zu bestrafen", schrieb Henry Gladwin, der englische Kommandeur in Detroit, an den Generalgouverneur von Kanada, „ließe sich dies leicht ohne Kosten für die Krone bewerkstelligen – man erlaube den freien Verkauf von Rum, der sie wirkungsvoller vernichten wird als Feuer und Schwert." Was der Rum einleitete, sollte der Whiskey vollenden.

Die Spirituose und der Zeitgeist

Alle Gesellschaftsschichten tranken – unmäßig nach heutigen Begriffen. In Virginia schlürften Pflanzer Punsch, Flips und Toddys (siehe Rezepte Seite 129); ihre Arbeiter kippten ein Glas Rum beim Aufstehen und becherten zum Frühstück einen Julep aus Rum, Wasser und Zucker. In den Städten ruhte die Arbeit für die so genannten „Elf-Uhr-Bitters", während das Mittag- und Abendessen mit Punsch hinuntergespült wurde. Danach begannen die Leute erst richtig zu trinken. Diese Gesellschaft kannte und liebte den Alkohol. Die amerikanischen Kolonien waren jedenfalls so in Rum getränkt wie die Kirschen, die als Heilmittel bei Erkältungen dienten.

Rum wurde serviert, wenn Geistliche (anscheinend die stärksten Trinker) ordiniert wurden, bei Totenwachen, zu Hochzeiten – und man kaufte damit Wählerstimmen. Im Zentrum stand dabei das Wirtshaus, das auch die meisten städtischen Funktionen übernahm. Es diente gleichzeitig auch als Gefängnis, Gerichtssaal, Kaserne und Krankenhaus. Wirtshäuser waren, wie Peter Thompson in „Rum Punch and Revolution" erklärt, klassenlos, also demokratisch. Über Schüsseln mit Rumpunsch wurde hier ein Stück amerikanischer Identität geboren. Das erste Anzeichen dieses aufkommenden „Amerikanismus" zeigte sich 1733, und einmal mehr stand der Rum dahinter.

Rechts: Welche Geheimnisse verbergen sich hinter den verschlossenen Türen in der Welt des Rums?

Törichte Gesetze

Nach dem merkantilen System sollten die amerikanischen Kolonien ständig von England abhängig sein. Doch die Kolonien hatten ihrerseits angefangen, mit den Karibikinseln Handel zu treiben, und tauschten gesalzenen Fisch (der wiederum in Neufundland gegen Rum eingetauscht wurde), Bauholz, Eisen und Baumwolle gegen Rum, Melasse – und Sklaven. Größter Handelspartner waren die französischen Inseln. Da ihr Mutterland das Einführen von Rum oder Melasse untersagt hatte, boten sie diese Produkte günstiger an als die britischen Inseln (barbadische – oder „bajanische" – Melasse kostete um 1730 zehn Pence pro Gallone, Martinique lieferte sie zu vier Pence). Obwohl die britischen Inseln sowieso keine ausreichenden Mengen hätten liefern können, erließ die britische Regierung deshalb 1733 die *Molasses Act,* ein Gesetz, das den Handel zwischen New England und nicht britischen Inseln verbot.

Während die Zuckerfabriken der Karibikinseln im kolonialen System gefangen blieben, organisierten sich die amerikanischen Kolonien zu einem unabhängigen Handelsunternehmen, dessen Hauptwährung Rum war. Die *Molasses Act* lief ins Leere – weiterhin wurde fast die gleiche Menge Rum importiert und destilliert, und Steuern wurden dafür auch nicht bezahlt. Dies war der erste Akt eines massiven zivilen Ungehorsams seitens der amerikanischen Kolonien gegen das Mutterland.

Der Ärger nahm zu, als 1764 ein Zuckergesetz erlassen wurde, das diesmal von britischen Truppen und der Marine kontrolliert wurde. Am Rum entzündete sich daraufhin die Revolution. 1776 verlor England seine amerikanischen Kolonien. Der Merkantilismus war tot, und selbst sein Gründungsvater John Adams gab zu: „Ich weiß nicht, warum wir uns schämen sollten einzugestehen, dass die Melasse eine wesentliche Ingredienz der amerikanischen Unabhängigkeit war." Doch gerade das unmäßige Trinken, das zum Entstehen des nationalen Identitätsgefühls beigetragen hatte, verschärfte andere Pro-bleme, die 1919 zum Verbot von Herstellung, Ver-kauf und Genuss von Alkohol führten. Die Prohibition war da.

Um die Mitte des 19. Jahrhunderts war das endgültige Ende der französischen und britischen Kontrolle über den Zucker und die Sklaverei absehbar. In den Sechzigerjahren hatte Jamaika seine Position als Hauptzuckerinsel der Karibik an Saint-Domingue (das heutige Haiti) verloren, den westlichen Teil der Insel Hispaniola, wo sich allein in den Achtzigerjahren die Produktion verdoppelte. Dominikanischer Zucker war von höherer Qualität als der von den britischen Inseln, halb so teuer und beherrschte bald den europäischen Markt. Die Melasse und der Rum gingen in die amerikanischen Kolonien. Doch Saint-Domingue wurde von einer explosiven Mischung von Interessen beherrscht: denjenigen der reichen Pflanzer, einer wachsenden (freien) Mulattenbevölkerung, einer zunehmenden Zahl von Sklaven (in der zweiten Jahrhunderthälfte wurden jährlich 40 000 importiert) und einer paranoiden, misstrauischen weißen Mittelschicht. Als der Mulattenbevölkerung nach dem Beginn der Französischen Revolution im Jahr 1789 das Wahlrecht verweigert wurde, teilte sich die Kolonie.

Das Ende der Sklaverei

In England hatte aus wirtschaftlichen wie moralischen Gründen eine Kampagne zur Abschaffung der Sklaverei eingesetzt. Premierminister William Pitt gab Adam Smith Recht, dass Zucker zwar eine wichtige Einnahmequelle biete, aber die Sklavenplantagen und der Merkantilismus unwirtschaftlich seien. Die Zukunft gehöre dem freien Handel. Pitt wurde Abolitionist – eine Zeit lang. Als die Mulatten 1792 das Wahlrecht erhielten, ersuchten die Pflanzer von Saint-Domingue England um Hilfe. Sie waren bereit, ein britisches Dominion zu werden – freilich nur mit intakter Sklaverei.Pitt wechselte die Seiten. Als die radikale französische Nationalversammlung die Sklaverei 1794 abschaffte, kämpfte der Sklavenarmeeführer Pierre-Dominique Toussaint l'Ouverture für Frankreich gegen die britische Armee. Es wurde ihm nicht gedankt. 1801 führte Napoleon die Sklaverei wieder ein, eroberte die Insel und nahm den charismatischen Führer gefangen, der 1803 starb. Seine endgültige Unabhängigkeit erreichte Haiti erst 1804.

Rechts: Rums, wie sie heute verkauft werden, kamen im 19. Jahrhundert auf.

Bar
ACTUALIDADES
HORARIO
6 p.m. ~ 1 45 a.m.
Lunes a Domingo

Eddy
Havana Club

Haiti war der Anfang vom Ende der Sklaverei. England schaffte sie 1807 zu Hause ab, 1833 in den Kolonien, Frankreich 1817 und 1848. Unmittelbar darauf ging die Zucker- und Rumproduktion zurück. Zucker wurde jetzt nicht nur aus Indien und Java importiert, sondern Napoleon hatte sich von Haiti abgekehrt und begonnen, in die Zuckererzeugung aus Zuckerrüben zu investieren. 1839 produzierten 457 Fabriken in Frankreich jährlich 32 Millionen Kilo Zucker.

Die Republik Haiti fiel in die Subsistenzwirtschaft zurück, während die Welt Zucker, Rum und Melasse anderswoher bezog: von der aufstrebenden Kolonie Guyana und den spanischen Inseln, auf denen die Sklaverei erst gegen Ende des 19. Jahrhunderts abgeschafft wurde. Das war die Stunde Kubas und schließlich Puerto Ricos.

Amerikas Zuckerimperium

Während Europa den karibischen Zuckerinseln den Rücken kehrte, entwickelte Amerika einen unersättlichen Hunger nach Zucker. Nun bekam Kuba, die größte Karibikinsel, seine Chance, diese Sucht zu bedienen, ebenso wie das noch nicht ausgebeutete Puerto Rico. Die Zuckerhersteller hatten erkannt, dass sich große Mengen preiswerten Zuckers nur auf großen Plantagen mit angeschlossenen Fabriken *(centrales)* produzieren ließen – und wenn man alles vom Anbau bis zum Vertrieb unter Kontrolle behielt. Dank neuer Techniken war die kubanische Zuckerindustrie weltweit auf dem neuesten Stand.

Auf Jamaika erkannte man mittlerweile, dass Rum, für den die Insel inzwischen berühmt war, mehr als Zucker einbringen konnte. Die Nachfrage nach der Spirituose war in England noch immer hoch, und Rumhändler kreierten nun ihre eigenen Sorten. So schuf George Morton in Montrose seinen Old Vatted Demerara (OVD). Lemon Hart tat in London das Gleiche mit jamaikanischen Rums. Der vom kubanischen Zuckerboom erzeugte Anstieg der Rumproduktion scheint Experimente beflügelt zu haben. Bis zum 19. Jahrhundert hatten Rumerzeuger meist auf eine nicht systematische, fast intuitive Weise destilliert. Nun, da die Inseln ihren eigenen Stil entwickelten und der Rum Sache der Pflanzer wurde, spielte die Technik in der Rumerzeugung eine immer größere Rolle.

Verbesserte Destillation

Destillateure auf der ganzen Welt hatten versucht, eine „kontinuierliche" Brennanlage zu bauen, die große Mengen preiswerten Alkohols erzeugte. 1831 ließ sich der irische Steuerbeamte Aeneas Coffey eine kontinuierliche Anlage patentieren, die noch heute verwendet wird. Sie erzeugte nicht nur mehr, sondern auch leichteren Alkohol. Kontinuierliche Anlagen kamen in ganz Europa auf und wurden auch in die Karibik exportiert. Die Steigerung der Zuckerexporte ermöglichte eine höhere Produktion an Rum, doch erst die neue Technik verlieh diesem Exportqualität. Nachweislich gelangten Coffey Stills bereits 1848 nach Kuba, wo man nicht die jamaikanischen und Demerara-Sorten nachahmen, sondern einen leichteren Rum erzeugen wollte.

Moderne Destillerien entstanden in Havanna, Cardenas, Matanzas und Santiago, und der Entwicklungsausschuss der spanischen Krone lobte einen Preis für die Kreation eines neuen Rums aus. Davon erfuhr auch der spanische Emigrant Don Facundo Bacardi. 1862 kaufte er eine Destillerie in Santiago und erzeugte einen revolutionär neuen, leichten Rum. Wie war ihm das gelungen? Es hieß, er habe sich von den Spitzenrums aus Martinique inspirieren lassen; seine Brennerei und das Filtrieren werden ein Übriges getan haben. Vielleicht kümmerte er sich einfach sorgfältiger um die Details.

Jedenfalls gab es nun trockenen, leichten kubanischen Rum. Andere Marken folgten: Matusalem, Camps und 1878 Havana Club. Die Rums der Welt ließen sich nun in vier allgemeine Stile aufteilen, in jamaikanischen, französischen, Demerara und kubanischen Rum. Zwar wurden auch auf Jamaika eine „leichte" Sorte und ein feinerer Stil eingeführt, doch die bekanntesten Rums der Insel blieben die Sorten mit einem vollen Aroma.

Am ursprünglichsten war eine dunkle Sorte, der Wedderburn, wahrscheinlich nach der Familie benannt, die umfangreichen Grundbesitz auf der Insel um die Plantage Blue Castle besaß. Es gab noch

Der Mojito-Cocktail startete die erste kubanische Rumrevolution.

immer zu viele Destillerien (insgesamt 148), und der Konzentrationsprozess hielt das ganze 20. Jahrhundert hindurch an, doch der jamaikanische Stil wurde beibehalten. Natürlich missfiel die Beliebtheit des scharfen jamaikanischen Stils anderen Destillateuren. In Guyana verzweifelten Rumerzeuger schier daran, dass ihre technischen Fortschritte nicht die gebührende Anerkennung fanden. „Obwohl die Pflanzer [von Demerara] versucht haben, die Kunst und Wissenschaft der Herstellung von Rum zu erlernen …, wird jamaikanischer Rum mehr geschätzt, nur dank des äußeren Dufts, der durch Destillieren einer sauren, vergorenen Maische entsteht, die mit verfaulten Schalen versetzt wurde. Laut einer Analyse ist Demerara-Rum vollkommener als jeder Rum, der irgendwo auf den Westindischen Inseln hergestellt wird", schrieb der Pflanzer und Destillateur John Burrowes 1879. Damals deckten Demerara-Brenner großenteils den Bedarf der britischen Royal Navy. Ihr Ansehen nahm zu.

Die Rums wären vielleicht noch besser geworden, aber in England änderte sich die Mode. Verschnittene schottische und irische Whiskys waren die neuen, harten Getränke der Mittelschicht. Der Markt für Rum ging zurück, aber zumindest war er legal. 1919 aber wurde Amerika trocken.

Prohibition und Rumschmuggel

Die amerikanischen Destillateure und Barbesitzer hätten es kommen sehen müssen. Zwar hatte es seit der Kolonisierung des Landes immer schon puritanische Abstinenzler gegeben, doch im späten 18. Jahrhundert begann die so genannte Temperenzbewegung, und der „Dämon Rum" war ihr Hauptfeind. 1833 hatte sie eine Million Mitglieder, und 1851 war der Staat Maine vorübergehend trocken.

Die vom Women's Crusade in den 1870er-Jahren inszenierte direkte Aktion schien von den Destillerien abgeschmettert worden zu sein. Diese Taliban der Abstinenz aus Äxte schwingenden Fundamentalistinnen war aber letztlich leichter zu verkraften als der protestantische Fundamentalismus des Mittleren Westens, der schließlich den Sieg über die „Verkommenheit" der Großstädte davontrug.

Am 29. Januar 1919 wurde das 18. Amendment (Verfassungszusatz) verabschiedet. Ein Jahr später waren Verkauf, Herstellung und Vertrieb von Alkohol verboten. Seltsamerweise durften Rumdestillerien in Amerika weiter produzieren. Die offizielle Begründung: Der Rum werde zum Aromatisieren von Tabak benötigt!

Doch selbst der scheinbare Sieg der Abstinenz-Befürworter rettete Amerika nicht vor den Übeln des Alkoholgenusses. Tatsächlich war dies der Beginn eines dreizehn Jahre währenden Saufgelages. Der Alkohol wurde in den Untergrund und in die Arme eines neuen amerikanischen Unternehmertums getrieben: des organisierten Verbrechens. Mitte der Zwanzigerjahre gab es in New York in mehr Lokalen Alkohol zu kaufen als vor der Prohibition – von schicken Etablissements, die beste Schwarzbrände anboten, bis hin zu Hinterhofkaschemmen, die Methylalkohol für einen raschen Kick an Süchtige und leicht zu täuschende Provinzler verhökerten.

In den Städten wurde der Alkohol mithilfe von Rumschmugglern beschafft, die verpackte Ware vor den Westindischen Inseln aufnahmen und bis zur „Rum Row" transportierten, die zwölf Meilen vor der amerikanischen Küste lag und damit außerhalb der Rechtsprechung der USA. Hier gingen die Rumschmuggler vor Anker und warteten auf die Boote der Schwarzhändler.

Genau genommen beförderten „Rumschmuggler" wie Kapitän Bill McCoy weniger Rum, sondern vorwiegend schottischen und kanadischen Whisky. Doch Rum wurde auch getrunken – in Kuba, und zwar insbesondere eine Marke.

Die Prohibition löste einerseits das Bacardi-Phänomen aus und läutete andererseits das goldene Zeitalter der Rumcocktails ein. In ganz Havanna hörte man das rhythmische Rumbarasseln der Shaker, und eine Schule des Mixens entstand, als Scharen kubanischer, amerikanischer und europäischer Barkeeper in die Boomstadt strömten, ihre Ideen austauschten und ihre Kreationen nach berühmten Kunden wie Caruso, Dorothy Gish und Mary Pickford benannten. Die Cocktailmanie erfasste auch das alte Europa, allerdings geht aus dama-

Links: Relikte aus Kubas „glorreicher Vergangenheit".

Oben: Havanna – die erste Hauptstadt des Rums im 20. Jahrhundert.

ligen Rezeptbüchern hervor, dass Bacardi zwar getrunken wurde, die meisten Europäer jedoch weiterhin Gin in ihren Cocktails bevorzugten.

War die englische Schickeria zwiespältig gegenüber den Reizen von hellem Rum eingestellt, sorgte Frankreich für einen Ausgleich, indem es zunehmend mehr davon trank. Die verheerenden Auswirkungen der Reblausplage auf die Weinindustrie führte dazu, dass man statt Cognac Rum trank, und sein Aroma wurde ein voller Erfolg. Um 1920 kam so viel Rum nach Frankreich, dass die heimischen Weinbranderzeuger eine Importquote durchsetzten. Wieder einmal wurden die Kolonien auf ihren Platz verwiesen.

Niedergang und Aufstieg

Die Große Depression traf die karibische Zuckerproduktion hart, und auch Brennereien mussten schließen. 1932 tat sich auf Antigua eine Gruppe von Rumladenbesitzern zusammen und kaufte eine Brennerei, um ihr Gewerbe zu erhalten. 1902 gab es auf Jamaika hundert Destillerien – 1938 nur noch 29. Um die Überproduktion einzudämmen, wurde ein *rum regulation law* erlassen, und eine Allianz von Destillateuren versuchte, Verkäufe und Preise mithilfe ausgewählter „Erstkäufer" zu kontrollieren. Das Zeitalter der großen Marken und der zentralisierten Brennerei dämmerte herauf.

Da Whiskey und Gin (oft von zweifelhafter Herkunft) in den Prohibitionsjahren den amerikanischen Schnapsmarkt überschwemmten, musste der Rum bis zum Zweiten Weltkrieg warten, bevor er erneut populär wurde. Und selbst das geschah eher zufällig. Es gab keine großen Vorräte an Blended Scotch, denn amerikanische Destillerien hatten die Produktion von Trinkalkohol auf Industriealkohol für die

Rüstung umgestellt. Der US-Markt wandte sich dem Rum zu und importierte zunehmende Mengen aus Puerto Rico, wo damals eine eigens errichtete Bacardi-Fabrik die Steuerbefreiung auf die Rums der Insel ausschöpfte. Rum floss auch aus Guyana, Jamaika und aus Trinidad, das endlich wegen seines leichteren Stils anerkannt wurde – was nicht zuletzt dem Stützpunkt amerikanischer Truppen auf der Insel zu verdanken war.

Die leichte Brigade

Weniger günstig war die Lage für Rum unmittelbar nach dem Krieg, als sich die Geschmäcker Amerikas radikal wandelten. Schwere, süße Getränke waren out, komplizierte Cocktails passé. Angesagt waren hingegen der leichtere Blended Scotch und eine neue, fast geschmacklose Spirituose namens Wodka. Die puerto-ricanischen Rumverkäufe gingen drastisch zurück und wurden nur durch die Etablierung einer inseleigenen Pilotfabrik gerettet, die sich ganz der Kunst und Technik der Rumbereitung verschrieb (siehe Seite 77). Der neue Stil, Steuerbefreiungen und eine PR-Kampagne führten zu einem Boom puerto-ricanischen Rums in den USA – zum Nachteil der Rums fast aller anderen Inseln. Eine Marke profitierte am meisten von diesem Erfolg: Bacardi, inzwischen ein Global Player.

Ab jetzt gaben Getränkeriesen den Ton an. Besonders schnell begriff dies der kanadische Whiskydestillateur Seagram, der Destillerien wie Long Pond auf Jamaika kaufte und Joint Ventures schmiedete, um sich Rumlieferungen für seine Marke Captain Morgan zu sichern, die er 1945 gestartet hatte. In den Sechzigerjahren war Seagram in Puerto Rico, Mexiko, Venezuela, Brasilien und Hawaii präsent.

Captain Morgan Rum kam in England nach 1950 auf den Markt, in Konkurrenz zu Lamb's, einem Demerara-Rum, der von United Rum Merchants (U.R.M.) produziert wurde, einer Vereinigung von Rumbrokern mit dem Zuckergiganten Booker McConnell. Zu den Marken der Firma zählen auch Lemon Hart, Black Heart und Red Heart, Letzterer ein Verschnitt mit einem höheren Esteranteil (siehe Seite 43), eigens für den südafrikanischen Markt produziert.

Die Konzentration in der Produktion ging immer weiter, außer auf Martinique, wo es bis in die Sechzigerjahre noch fünfzig Brennereien gab. Dieser fortschreitende Prozess führte aber nicht unbedingt dazu, dass eine Firma große Mengen einer einzigen Rum-sorte produzierte. Verschnittfirmen in England und Europa benötigten verschiedene Rums, um ihre Marken zu erzeugen. Die Vielfalt an Rums, die wir heute genießen, existiert nur wegen dieser Verschnitte.

Die Markeninhaber hatten indes kein Interesse daran, über einzelne Komponenten zu sprechen. In den Dreißigerjahren hätten Konsumenten den Unterschied zwischen einem jamaikanischen, einem kubanischen und einem Demerara-Rum gekannt, aber in den Sechzigerjahren zählte nur noch die Marke. Jede größere Insel lieferte große Mengen Rum an europäische Blender und eine Auswahl an lokale Marken – gute Beispiele dafür sind Wray & Nephew und Angostura.

1959 stürzte Fidel Castro das korrupte Batista-Regime auf Kuba. 1961 verstaatlichte er die Zuckerproduktion und das Brennen, womit er Bacardi praktisch von der Insel vertrieb. Der Verlust der kubanischen Fabrik der Firma hätte eine erbitterte Fehde auslösen können, wirkte sich aber kaum auf den Vorstoß der Marke ins weltweite Geschäft aus. Im Laufe der Sechzigerjahre wandte sich das junge Publikum zunehmend klaren, leichten Spirituosen zu. Bald war der Brand kein Rum mehr – er war Bacardi.

Markenidentität

Bacardi ist die einzige Rummarke, deren Name identisch mit ihrem Produkt ist, ja sogar über es hinausgeht. Die meisten Menschen verlangen nicht Cola mit Rum, sondern einen Bacardi mit Cola. Die Marke ist allgegenwärtig, wie Nike, McDonald's oder Disney. So entstand ein Zweiklassenmarkt: Es gibt Bacardi, und es gibt „Rum". Aber was ist Rum eigentlich? Er könnte die bestverkäufliche Spirituose der Welt sein, aber seine Identität bleibt vage, sein Selbstbewusstsein bemerkenswert schwach.

In seiner jüngsten Geschichte ist der Rum vor allem darum bemüht, sich seinen Rang einer Spitzenspirituose zurückzuerobern und sich endlich seiner kolonialen Fesseln zu entledigen. Von Anfang an hatte sich die Rumindustrie wie beim Zucker auf die Produktion eines billigen Rohstoffs konzentriert. Das reicht heutigen Destillateuren glücklicherweise nicht mehr.

Qualitätssteigerung war jedenfalls in den Sechziger- und Siebzigerjahren nicht die Devise, als die Rumverkäufe in England boomten – 1979 erreichten sie einen Spitzenwert von über 17 Millionen Litern (3,8 Millionen Gallonen). Dasselbe Phänomen fand sich in Nordamerika, hier ausgelöst durch wachsende Verkäufe von weißem Rum, vor allem Bacardi. In England herrschte mit einem dunklen, stark karamellisierten Verschnitt von Demerara- und jamaikanischen Rums der traditionelle Stil vor – typisch dafür sind Lamb's, Captain Morgan, Black Heart und OVD. Dunkler Rum behauptete sich bis in die Achtzigerjahre, aber auch während der Boomjahre blieb der Rum selbst im Abseits.

Die Popularität bei der Mittelschicht, die er zu Beginn des vorigen Jahrhunderts verloren hatte, hat er nie wieder zurückgewinnen können. Er war nun in jeder Beziehung ein Massenprodukt. Die Markeninhaber glaubten, der Boom würde nie enden. Womit sie sich täuschten, denn als die Zölle wegen der Ölkrise erhöht wurden, stand England plötzlich vor einer Rumschwemme. Hinzu kam, dass eine neue Konsumentengeneration sich von altmodischen Spirituosen wie Gin, Scotch, Cognac und dunklem Rum abwandte. Zu Beginn der Achtzigerjahre befand sich der Rum – mit Ausnahme von Bacardi – in der Krise.

Einige Destillerien wie Mount Gay und Wray & Nephew hatten zwar erkannt, dass sie nur mit eigenen Marken überleben und Gewinne machen konnten. Aber sie bildeten die Ausnahme – die Karibik war noch immer wirtschaftlich von ihren einstigen Mutterländern abhängig. Seit seinem Erscheinen auf dem Weltmarkt wird der Rum von Quoten und protektionistischen Maßnahmen gegängelt.

In den Neunzigerjahren wurde der US-Markt von „inländischen" Rums aus Puerto Rico und Saint Croix beherrscht, während die EU in den Lomé-Abkommen ein zollfreies Quotensystem mit den

Links: Das luxuriöse Innere der alten Zentrale von Bacardi in Havanna.

ehemaligen Kolonialgebieten ausgehandelt hatte, das die Rum- und Zuckerindustrien der Karibik schützte. Natürlich konnte dieser Zustand in einer globalisierten Wirtschaft nicht aufrechterhalten werden. Es kam zu Spannungen. Puerto Rico und Saint Croix blockten den Versuch kolumbianischer Erzeuger ab, Rum in eine Liste von Produkten aufzunehmen, denen eine privilegierte Einfuhr in die USA garantiert wurde, als Dankeschön im Antidrogenkrieg. Mexiko reklamierte, dass es nach dem nordamerikanischen Freihandelsabkommen (NAFTA) seine Rums zu gleichen Preisen verkaufen könnte wie die karibischen Kolonien der USA. In Europa hatte Frankreich die Quote von „dunklen" (d. h. gereiften) karibischen Rums eingeschränkt, um die Rums aus seinen Territorien zu schützen.

Doch dank des Systems von Handels- und Wirtschaftsabkommen konnten sich viele Rumerzeuger über Wasser halten. Sie wussten, würde das System abgeschafft, könnten größere Erzeuger wie Brasilien leicht ihre Großhandelspreise unterbieten – und genau dies geschah. Die Lomé-Konventionen wurden annulliert und ein „freier" Markt geschaffen, den die EU allerdings nicht ganz sich selbst überlässt. 70 Millionen Euro Fördermittel wurden für Produktion und Marketing von Destillerien bereitgestellt; auch für die Schaffung einer karibischen Rummarke ist Geld vorgesehen.

Das moderne Dilemma des Rums

Heute stehen Rumdestillateure vor einer schwierigen Entscheidung. Sie können weiterhin große Mengen an Rum liefern und mit den Brasilianern um immer geringere Gewinnmargen konkurrieren oder ihre eigenen Rums abfüllen und sie international als Marken verkaufen. Bacardi wurde auch deshalb ein Global Player, weil man dort frühzeitig erkannt hatte, dass die Zukunft international und markenorientiert sein würde, außerdem „gehörte" einem ja der Markt für leichten Rum. Das war kein Problem bis 1993, als der französische Getränkeriese Pernod-Ricard ein Joint Venture mit der kubanischen Regierung zur Vermarktung von Havana Club einging. Die Verkäufe von Havana Club waren vielleicht gering im Vergleich zu denen von Bacardi, aber es war eine gefragte Marke – eine Zeit lang mit dem schnellsten Wachstum weltweit.

Wie jede Supermarke strebt Bacardi eine monopolistische Herrschaft über den Markt an. Ohne die Rechte zu haben, startete Bacardi sogar in den USA einen eigenen „Havana Club", die USA passten ihre Gesetzgebung an. Die EU verklagte daraufhin die USA vor der Welthandelsorganisation, mit Erfolg.

Die Konfrontation mit Havana Club hatte den Vorteil, dass Bacardi sich auf seine Rumqualitäten besann. Man brachte einen aromatisierten Rum (Limón) und gereifte Produkte heraus. Außerdem wurde die Marke „kubanisch", wobei man es mit der Herkunft nicht so genau nahm. Havana Club ist nur eine von etlichen internationalen Rummarken in karibischem Besitz. Ein Jahr vor dem Joint Venture traf Yesu Persaud, der Chef von Demerara Destillers Limited (D. D. L.), eine weitsichtige Entscheidung. Er brachte den 15 Jahre alten El Dorado heraus. „Ich wollte beweisen, dass wir ein ebenso gutes Getränk wie Cognac oder Scotch erzeugen können", erklärte er. „Wir müssen Marken verkaufen, um zu überleben, und um zu wachsen, muss man auch ein erstklassiges Produkt haben."

Auch bei Angostura auf Trinidad hat man erkannt, dass die Massenproduktion keine Zukunft hat. Die Muttergesellschaft, C. L. Financial, ist inzwischen Mehrheitseignerin von Todhunter/Cruzan und hat Anteile an St. Lucia Distillers sowie einer Destillerie in Suriname. Die einstige Bacardi-Tochter ist heute ein junger, fortschrittlicher und aggressiver Player mit einer Reihe eigener internationaler Marken.

So viel hat sich verändert, seit der erste Fusel aus einer Brennblase tröpfelte – und doch so wenig. Die alte koloniale Rumkultur sorgte nicht gerade für viel Selbstbewusstsein unter den Produzenten. Aber wenn Rum sein Potenzial verwirklichen soll, muss er aufhören, eine Ware zu sein, und eine wirkliche Marke werden. Im 21. Jahrhundert sollte der Rum endlich seine kolonialen Insignien ablegen, denn mit seiner Vielfalt kann es keine andere Spirituose aufnehmen.

Die Zeit des Rums ist gekommen.

Rechts: Traditionell, modern, leicht, Jahrgangsrum – bei J. M. ist alles zu haben.

Rhum J.M
78.53.40
78.92.55
ASSOUS DE MEDEUIL

Wie Rum erzeugt wird

Die Rumerzeugung ist ein lebendiger Prozess, der ein natürliches Produkt mit menschlicher Arbeit und Erfindungsgabe verbindet. Jeder Erzeuger entwickelt seine persönliche Note durch ein Amalgam von Zufall, Technologie, persönlicher Vorliebe und reinem Kommerz. Zwar fügt jede Destillerie einer Zuckerlösung Hefe hinzu und destilliert dann den sich ergebenden Alkohol, doch in diesem Prozess gibt es fast unendlich viele Variablen. Rohrsaft oder Melasse? Die eigene Hefe oder ein Fertigprodukt? Wie lang dauert die Gärung? Wie stark ist die Maische? Was für einen Typ von Brennanlage verwendet man – eine Brennblase oder eine kontinuierliche Säulendestillation? Verfügt die Brennblase über Destillierkolben? Wenn ja, womit sind sie gefüllt? Aus wie vielen Kolonnen besteht die Säulenanlage – aus einer, zwei, drei oder mehr? Bis zu welcher Stärke wird der Alkohol destilliert? Wird gefiltert? Soll der Rum gelagert werden? Wenn ja, in welche Art von Eiche kommt er und wie oft ist das Fass zuvor gefüllt worden? Wie lange sollte der Rum im Fass bleiben? Eine Menge Entscheidungen müssen getroffen werden, bevor überhaupt an den endgültigen Verschnitt gedacht werden kann.

Das Zuckerrohr

Alles fängt beim Zuckerrohr an. Obgleich es beim Zuckerrohr sicherlich keine Lagen wie beim Wein gibt, beeinflussen doch Bodentyp und Klima den Gehalt des Zuckers im Rohr. Wer einmal verschiedene Jahrgänge von Rhum Agricole (siehe Seite 50) aus Martinique probiert hat, kann die feinen Unterschiede zwischen den Jahren feststellen. Davon abgesehen hat der Anbauort allerdings nur einen geringen Einfluss auf das endgültige Produkt, dafür Gärung, Destillation, Reifung und Verschnitt einen umso größeren. Außerdem sollte man nicht vergessen, dass Zuckerrohr überwiegend zur Zuckergewinnung angebaut wird.

Welche von den vielen Rohrsorten angepflanzt wird, hängt von mehreren Faktoren ab, vor allem davon, welchen Gehalt an Saccharose sie erbringen wird. Auch der Boden spielt bei dieser Entscheidung eine Rolle – manche Rohre eignen sich besser für Lehmböden, andere sind ideal für Bauxit. Wird das Zuckerrohr mechanisch geerntet, nimmt man vielleicht eine selbstabbauende Sorte (die automatisch die toten Blätter abwirft). Die meisten Zuckerrohrfarmer gehen auf Nummer sicher und pflanzen eine Sortenauswahl an, um zu vermeiden, dass die ganze Ernte durch eine Krankheit vernichtet wird.

Auf den meisten Karibikinseln wird das Zuckerrohr von Februar bis Juni oder Juli angebaut, während subtropische Klimate in Südamerika zwei Ernten pro Jahr ermöglichen. Von einem Feld, das abgeerntet werden soll, werden zuerst Proben genommen, und wenn der Saccharosegehalt hoch genug ist (und das Feld mit der Hand geschnitten wird), wird es angezündet, um die abgestorbenen Pflanzen zu beseitigen. Dann machen sich die Rohrschneider an die Arbeit, indem sie mit ihren Macheten zuerst das Rohr möglichst dicht über dem Boden abschneiden, wo die Saccharosekonzentration am höchsten ist, und dann die Spitzen mit den Blättern abhacken. Es ist eine harte, schweißtreibende Arbeit, aber im Durchschnitt schneidet jeder Arbeiter drei Tonnen pro Tag, viele schaffen noch mehr.

Hier kommt es aufs Tempo an – „from kill to mill in twenty-four“, wie die Jamaikaner sagen, denn im geschnittenen Rohr geht der Saccharosegehalt zurück, und Bakterienbefall setzt ein. Die mechanische Ernte hat den Vorteil, dass sie rund um die Uhr erfolgen und das Rohr schneller in die Mühle gelangen kann.

Die Zuckerproduktion

In der Zuckermühle wird das Rohr zerhackt, zerdrückt und gemahlen, um den Saft auszupressen, der dann zu einem Sirup gekocht wird, der etwa 30 Prozent Zucker enthält. Nach der Klärung wird etwas Kristallzucker zugegeben und der Sirup erneut gekocht, und zwar im Vakuum. Es bilden sich Zuckerkristalle, die nach der Abkühlung in einer Zentrifuge vom Sirup getrennt werden. Das Verfahren wird noch zweimal wiederholt, bis aller

Rechts: Zarte junge Schösslinge – gefüllt mit Rumpotenzial.

Zucker, der sich kristallisieren lässt, extrahiert ist. Zurück bleibt eine dicke, klebrige, schwarzbraune Masse – die Melasse.

Nun ist der Rumerzeuger an der Reihe. Heutzutage verwenden die meisten Destillerien importierte Melasse aus Brasilien, Venezuela oder Guyana. Selbst Zucker produzierende Inseln wie Jamaika oder Barbados importieren Melasse. Im Idealfall wollen Destillateure Melasse mit einem Mindestgehalt von 52 Prozent Zucker. Mittlerweile extrahiert die Zuckerindustrie aber effizienter, sodass der Zuckergehalt in der Melasse zurückgeht, was wiederum die Menge Alkohol reduziert, die man aus jeder Tonne gewinnt. Im Durchschnitt ergeben 11,5 Tonnen Melasse eine Gallone Rum (4,54 Liter) von 57 Volumenprozent Alkohol.

In der Destillerie wird der pH-Wert der Melasse überprüft und angepasst, damit er sich optimal für die Hefe eignet – zwischen 4,4 und 4,6. Da keine Hefe in einem so starken Zuckerkonzentrat überleben kann, wird die Melasse mit Wasser verdünnt. Der Verdünnungsgrad hängt auch davon ab, welche Rumsorte („mark") erzeugt wird. Da Melasse einen hohen Anteil an Asche und anderen unerwünschten Verbindungen enthält, die die Fermentation behindern können und zu Ablagerungen in der Brennanlage führen, versuchen die Destillateure, sie mit einer Reihe von Techniken zu klären.

Hefe

Erst wenn zur verdünnten Melasse Hefe gegeben wird, beginnt die Bildung von Aroma. Hefe ist ein lebendiger Organismus, der Zucker aufnimmt und zu Alkohol umwandelt sowie Kohlendioxid (CO_2) und Wärme erzeugt. Für die meisten Rumbrenner nimmt Hefe eine fast mystische Position im ganzen Destillationsprozess ein. Früher griffen Destillateure auf wilde Hefen zurück, wie sie noch immer von Callwood Estate (siehe Seite 81) auf den Virgin Islands verwendet wird. Doch heute kultivieren die meisten eigene Stämme, die ihrer Meinung nach die gewünschten Geschmacksverbindungen erzeugen. Fragt man bei Bacardi nach dem Erfolgsrezept, wird man sogleich einiges über die Bedeutung firmeneigener Hefen erfahren.

Einige Firmen haben jedoch keinen Sinn für diese magischen Hefen und verwenden die abgepackten Hefen eines Hefeherstellers, etwa Cruzan auf Saint Croix oder Foursquare auf Barbados. Gleichwohl haben all diese Erzeuger ausgiebige Versuche angestellt, um den speziellen Hefestamm auszuwählen, der ihnen das gewünschte Ergebnis liefert. Und als andere Firmen wie Mount Gay und West Indies Rum Distillery (W.I.R.D.) von Kultur- auf Industriehefen umstiegen, überzeugten sie sich erst davon, dass die neue Hefe ein identisches Ergebnis wie ihr alter Kulturstamm lieferte.

Wie setzen sich diese Geschmacksverbindungen zusammen? Dazu Jerry Edwards, der Blendmeister von Mount Gay: „Hefe erzeugt nicht bloß Äthanol, sondern andere Alkohole wie Propanol, Bentonol usw. Dann gibt es noch die Alkohole mit höherem Molekulargewicht, die bei höherer Temperatur kochen (Fuselöle), von denen wir im Endprodukt nicht unbedingt viel wollen, sowie Methanol, das wir überhaupt nicht mögen!"

Außerdem löst Hefe auch chemische Reaktionen in der Maische (der am Ende der Gärung erzeugten alkoholischen Flüssigkeit) aus, die Aldehyde, Ester, Säuren und andere Verbindungen erzeugen, die so genannten Congener. Das sind die Geschmacksverbindungen in der Spirituose, und jede Brennerei versucht, sie mit ihrer Hefe, ihrem Gärverfahren und ihrer Destilliermethode entweder zu erhalten oder zu entfernen.

Die Fermentation

Diese Geschmacksverbindungen werden auch aufgrund der Beschaffenheit und Länge der Gärung erzeugt: der Einwirkung der Hefe auf den Zucker. „Das Aroma wird hier geboren", erklärt Juan-Carlos Gonzáles Delgado, der Blendmeister von Havana Club. „Die Länge der Gärung beeinflusst die Konzentration der Säuren und Aldehyde (Ester). Je länger sie dauert, desto höher sind der Säuregehalt und die Konzentration im Aroma – das eigentlich ein Gleichgewicht aus Hunderten von Substanzen ist, die sich gegenseitig beeinflussen."

Das meint auch Alty McKenzie, Appletons Brennmeister auf Jamaika. „Bei der Gärung bereitet

Links: Das Schneiden von Zuckerrohr mit der Hand überlässt man besser den Fachleuten.

man den Rum." Er sollte es wissen: Seine Firma dehnt sie länger aus als alle anderen.

Während sich die meisten Rumbrennereien mit einer Standardgärungszeit begnügen, verwendet man bei Wray & Nephew unterschiedliche Zeiten als Basis ihrer vielfältigen Produkte aus Brennblasen und Säulenanlagen – von etwa dreißig bis zu 72 Stunden oder noch länger.

Die Brix-Grade – der Gehalt von fermentierbarem Zucker im Gemisch – können schwanken; eine Form der semikontinuierlichen Fermentation kann angewandt werden, auch der Einsatz von „Dunder" ist möglich. Das ist der saure, nicht alkoholische Bodensatz in der Brennblase nach erfolgter Destillation, der aufgefangen und zur Konzentration der Essig- und Buttersäuren sowie des Estergehalts (siehe Hoch-Ester-Rums, Seite 43) im Freien in Dundergruben gealtert wird.

Auf Jamaika wird jeder Rumtyp nach der Konzentration der in ihm enthaltenen Ester definiert – den flüchtigen organischen oder Essigverbindungen, die während des Gärungsprozesses erzeugt werden. Common Cleans enthält 80 bis 150 Ester, Plummers um die 150 bis 200, Wedderburns über 200 und Continental Flavoured 500 bis 1700. Der Unterschied zwischen den Sorten hängt direkt mit der Art der Gärung zusammen. Bei einem Plummer dauert sie etwa zwei Tage, bei einem Wedderburn noch länger, um den Säuregehalt zu erhöhen. Continentals benötigen gewöhnlich eine Gärungszeit von fünf bis zehn Tagen, während der Dunder und Zuckerrohrabfälle hinzugefügt werden.

Jede Brennerei wendet die Fermentation an, die ihren speziellen Bedürfnissen entspricht. Ein leichter Rum aus einer Säulenanlage wird meist mit einer kurzen Fermentation bereitet (24 bis 26 Stun-

Oben: An der Härte der Arbeit hat sich seit Jahrhunderten nichts geändert.

den). Schwere Pot-Still-Rums basieren auf längeren Gärzeiten, obwohl Demerara Distillers (D.D.L.) die gleiche Maische für ihre verschiedenen Anlagen verwendet. Cruzan, die eine einzelne extraleichte Sorte (siehe Seite 82) erzeugen, betreiben eine kurze, schnelle und daher potenziell „heiße" Fermentation – das heißt, die Gärbottiche müssen gekühlt werden, damit die Hefen nicht abgetötet werden. Unabdingbar ist daher eine ständige Überwachung.

Das Steuern der Wärme

Wärme ist ein Problem. In der Karibik ist es sehr warm. Das Vergären einer hoch konzentrierten Zuckerlösung bei relativ hohen Außentemperaturen, häufig in offenen Gärbottichen, kann den Fermentationsprozess nicht nur zu sehr beschleunigen (was zum Verderb führt), sondern auch bei frühzeitiger Erschöpfung der Hefe eine schwache Maische ergeben. Dagegen gibt es allerdings Maßnahmen. D.D.L. und W.I.R.D. etwa kühlen die fermentierende Melasse, indem sie diese ständig durch einen Wärmeaustauscher zirkulieren lassen. „Das Problem bei der Batch-Fermentation besteht darin, dass man die Hefe einer großen Menge Zucker auf einmal aussetzt", erklärt Joanne Pooler, Werbechefin bei W.I.R.D. „Sie verhält sich wie ein Kind in einem Süßwarenladen – sie isst alles auf einmal und wird krank."

Die von einer Reihe von Firmen verwendete Lösung ist eine semikontinuierliche Gärung. Richard Seale von Foursquare etwa betreibt einen geschlossenen, gekühlten Fermentierbehälter bei 30 °C, der eine genauere Kontrolle der Gärung erlaubt. Das Melasse-Wasser-Gemisch wird in den Fermenter über einen Zeitraum von rund 17 Stunden tropfenweise eingeführt. Die gesamte Fermentation dauert etwa 36 bis 40 Stunden und ergibt eine Maische von neun bis zehn Volumenprozent, anstelle der sechs oder sieben Prozent bei einer kürzeren Gärung. „Das verlangsamt zwar den ganzen Produktionsprozess", räumt Seale ein, „ergibt aber eine konsistente Maische. Wie die Cognac-Jungs sagen: ‚Man kann einen guten Brandy nicht ohne einen guten Wein machen.'" Alty McKenzie von Appleton gäbe ihm Recht.

Die Kunst der Destillation

In diesem Stadium des Produktionsprozesses hat der Rumdestillateur nun eine schwach alkoholische, zuckrige Flüssigkeit: eine Maische, aber noch keinen Rum. Ein Alkoholgehalt von sieben Prozent bedeutet, dass die Maische zu 93 Prozent aus Wasser besteht. Nun muss der Destillateur durch Destillation das Wasser entziehen und den Alkohol konzentrieren.

Das Prinzip der Destillation ist simpel. Da Alkohol bei einer niedrigeren Temperatur als Wasser kocht – 78,3 °C gegenüber 100 °C –, werden der Flüssigkeit beim Erhitzen Alkoholdämpfe entzogen, während das Wasser großenteils zurückbleibt. Diese Dämpfe lassen sich zu einem Destillat kondensieren. Während die Fermentation eine Vielfalt von Geschmacksverbindungen erzeugt, entscheidet sich bei der Destillation, was man behalten und was man beseitigen will.

Pot Stills (Blasendestillation)

Ursprünglich wurden alle Rums in Pot Stills erzeugt: großen Kupferkesseln, wie sie auch bei der Produktion von Malt-Whisky verwendet werden. Die Pot-Still-Destillation ist ein so genanntes Batch-System, bei der die Maische in einem „Schwung" destilliert wird. Beim traditionellsten Verfahren wird die Maische in die Brennblase gegeben und gekocht, und die Dämpfe werden bei einer Stärke von etwa 23 Volumenprozent gesammelt. Zur Erhöhung der Alkoholkonzentration wird der Prozess wiederholt. Nun kann der Brenner das „Herz" des Destillats (im Durchschnitt 72 Volumenprozent) von den so genannten „hohen" und „niedrigen" Weinen abscheiden, die sich als Vorlauf und Nachlauf vor dem Herzen bilden.

Die Maische besteht aus verschiedenen Alkoholen und anderen Geschmacksverbindungen (den Congeners), die jeweils einen etwas anderen Siedepunkt haben. Die leichtesten (d. h. die mit dem niedrigsten Siedepunkt) müssen zuerst abgeschieden werden. Die flüchtigsten sind schädlich, werden aber bald von zarten, duftenden Verbindungen abgelöst, mit Aromen von Blüten, Äpfeln und vielleicht einem Hauch Banane. Im Laufe des Destillationsprozesses werden zunehmend schwerere (weniger flüchtige) Congener freigesetzt, und das Aroma des neuen Destillats verlagert sich von zart und blumig zu fruchtig. Dann tauchen ölige, vielleicht sogar ledrige Aromen auf, die schließlich übel riechend und unangenehm werden. Diese schwereren Alkohole nennt man „Fuselöle".

So weit, so gut. Die Kunst des Destillateurs besteht aber nun darin zu wissen, welche dieser Congener er erhalten und welche er entfernen muss, um seinen persönlichen Stil zu erzielen. Die Zeitpunkte („Cutpoints"), an denen er das Herz von Vor- und Nachlauf trennt, entscheiden über den Erhalt der unterschiedlichen Congener. Möchte er etwa ein großes, schweres Destillat bekommen, nimmt er einige der angenehmeren Fuselöle mit. Bei einer leichteren Sorte sammelt er mehr höhere Alkohole. Ein schwerer Wedderburn-Rum etwa hat nicht nur einen hohen Estergehalt, sondern im Allgemeinen mehr Fuselöle. Das Ergebnis ist eine reichhaltige, langsam reifende Spirituose. Steve Hoyles, der Blendmeister von Allied-Domecq, erinnert sich an einen Wedderburn, der nach fünfzig Jahren im Fass noch immer fein war.

Die Pot-Still-Destillation für Rum folgt diesem Prinzip mit einer Reihe von Varianten, wobei am häufigsten „Kolben" eingesetzt werden, die ein stärkeres Destillat mit einer einzigen Destillation produzieren. Kolben sind Kupfergefässe, die die niedrigen und hohen Weine aus der vorangegangenen Destillation enthalten. Entweicht der Alkoholdampf aus dem Gefäß, gelangt er in den Niedrigweinkolben, der ein Alkoholgemisch (bei rund 50 Volumenprozent) von niedrigen Weinen und Wasser enthält. Der heiße Dampf bringt die Flüssigkeit im Kolben zum Sieden, wodurch der Alkohol freigesetzt und somit die Stärke des Dampfs konzentriert wird, der nun in den Hochweinkolben gelangt. Dieser enthält ein stärkeres Gemisch von hohen Weinen und Wasser.

Der gleiche Prozess wiederholt sich, und der noch stärkere Dampf kommt in den Kondensator und wird als Rum aufgefangen. In diesem System wird das Herz des Destillats, nachdem dessen „Köpfe" oder Vorläufe abgeschieden sind, mit einer

Rechts: Wenn der Saft fließt, erscheint erstmalig die Seele des Rums.

durchschnittlichen Stärke von 85 Volumenprozent aufgefangen. Sobald es unter diese Stärke absinkt, wird der Cut vorgenommen, und der nächste Teil des Destillats (die „Schwänze") wird für den niedrigen Wein der nächsten Destillation gesammelt. Danach verfährt man für den hohen Wein genauso.

Die Zusammensetzung der Flüssigkeiten in den Kolben wirkt sich entscheidend auf den endgültigen Charakter der Spirituose aus. Man kann sich das Gemisch der Flüssigkeiten in jedem Kolben als Aromastoffe vorstellen. Indem der Brennmeister ihre Zusammensetzung verändert, erzielt er unterschiedliche Ergebnisse. Der Niedrigweinkolben könnte auch fermentierte Maische, Melasse und Dunder enthalten – sogar einige hohe Weine! Das Endergebnis ist eine charaktervolle, aromatische, schwere Spirituose, die typisch ist für Marken wie Appleton, Mount Gay, St. Lucia Distillers und die Foursquare-Rums.

Jeder Destillateur wird mit seinen Kolben ein wenig anders arbeiten. Richard Seale benutzt gekühlte Köpfe auf seinen Kolben, sodass ein Teil des Dampfes im Kolben kondensiert und in die kochende Flüssigkeit zurückfällt – ein Prozess, den man „Reflux" nennt. Dies verbessert die Separierung des Destillats in seine Komponenten und führt durch zunehmenden Kupferkontakt zu einem leichteren Ergebnis.

Wieder anders sind die Pot-Still-Rums aus Guyana: schwerer, aber weniger stechend als die aus Jamaika. Auch die Anlagen sind anders. D.D.L.'s Diamond Distillery setzt zwei Typen von Pot Stills ein, die beide aus grünem Kernholz sind und Kupferhälse haben. Die Single-Anlage besteht aus einem hölzernen Bottich, einem Kolben, einer Rektifiziersäule über dem Kolben und einem Kondensator. Der Hauptunterschied ist neben dem Holz die Verwendung einer Rektifiziersäule aus Kupfer, die praktisch das Destillat noch einmal destilliert. Ihre Funktion wird später eingehend dargestellt (siehe Die Coffey Still, Seite 45). Die sich ergebende Sorte (VSG genannt) ist eine fleischige, reichhaltige Spirituose mit Noten von Unterholz, Obst und einem überraschenden Hauch von Geranie.

Die Doppel-Anlage ist noch komplexer. Hier taucht der Kupferhals des ersten Kessels nicht in einen Kolben, sondern in den Korpus des zweiten Kessels. Der Hals des zweiten Kessels führt erst zu einem Kolben, dann zu einer Rektifiziersäule und dem Kondensator. Beide Kessel sind mit Maische gefüllt und werden mit Wasserdampf erhitzt. Kurz vor dem Sieden wird der Kessel Nummer zwei nicht mehr beheizt, und der Dampf aus Nummer eins, der über den Hals zugeführt wird, kocht die Maische in Kessel zwei. Der ganze Alkohol in der Maische im ersten Kessel wird destilliert, damit man dann alle Alkohole im zweiten Kessel gewinnen kann.

Ansonsten verläuft der Prozess wie bei der Einzel-Anlage. Das Endergebnis ist ein höherer Gehalt an Fuselölen und eine Sorte (PM genannt), die schwer und stark ist und das Aroma von schwarzer Banane und überreifem Obst aufweist. Auch hier lassen sich verschiedene Geschmacksnuancen durch Veränderung der Cutpoints und Variieren des Volumens oder der Zusammensetzung der Flüssigkeit im Kolben erzielen.

Rums mit hohem Esteranteil

Meine Versuche, mehr über die Produktion von Rum mit hohem Esteranteil auf Jamaika zu erfahren, entwickelten sich zu einer Farce. Niemand wollte darüber reden, und ich musste erst einige Details herausbekommen, bevor ich schließlich den Grund verstand.

Jeder Brennmeister möchte natürlich, dass alle Besucher seine Anlage von ihrer besten Seite kennen lernen, und die Bereitung von Rum mit hohem Estergehalt ist nicht angenehm. Sie ist jedoch faszinierend. „Stellen Sie sich Hoch-Ester-Rum als Konzentrat vor", erklärt mir Ben Cross von der Main Rum Company. Er sei im frühen 20. Jahrhundert in der Vale Royal Distillery von Dr. H. Cousins, einem Chemiker der jamaikanischen Regierung, erzeugt worden, um den Rumhandel mit Deutschland aufrechtzuerhalten. Die Deutschen hatten nämlich auf ausländischen Rum eine Steuer aufgeschlagen, um die eigene Spirituosenindustrie zu schützen. Dr. Cousins hatte die Idee, einen ultrakonzentrierten Rum zu produzieren, der in kleinen Mengen

Links: In Bewegung – das Zerkleinern von Zuckerrohr auf Martinique.

Oben: Schnell, heftig, dynamisch – die Fermentation sorgt für Geschmacksstoffe.

dem in Deutschland hergestellten neutralen Alkohol hinzugefügt werden konnte und ein Getränk mit Rumgeschmack ergab: den „Rumverschnitt".

Der Prozess beginnt mit einer ultralangen Fermentation – zwischen fünf Tagen und zwei Wochen. Eine derartige Verlängerung der Gärung führt zu einer sauren Maische, die etwa 500 Ester enthält. Der Fermenter wird mit Melasse, Zuckerrohrsaft, Obst und vor allem Dunder gefüllt, der sich am Boden einer Dundergrube (siehe Seite 38) zersetzt hat. Als Endprodukt der Destillation enthält Dunder einige hoch konzentrierte Säuren, vor allem Buttersäure. „Ein Destillateur hat einmal behauptet, er habe den Boden seiner Dundergrube seit dreißig Jahren nicht mehr gesehen", erklärt Steve Hoyles, der Blendmeister von Allied-Domecq. Jetzt fiel mir wieder der saure, faulige Geruch ein, der mir beim Besuch einer Destillerie in die Nase gestiegen war. Ich war natürlich an einer der Gruben vorbeigekommen! „Es ist wie die Zubereitung einer guten Bouillon", meint Carsten Vlierboom, Blendmeister bei E. & A. Scheer, „die auch schrecklich aussieht und riecht!" Continental-Flavoured-Rum wird auf diese Weise fermentiert und dann in einer Pot Still destilliert. Rums mit einem noch höheren Estergehalt wie Hampden's DOC basieren auf einem 500-Ester-Rum, der zur weiteren Konzentration ein zweites Mal destilliert wird, aber keinesfalls Fuselöle enthalten darf. Zur Unterstützung dieses Prozesses kann der Brennmeister den Hochweinkolben mit einem konzentrierten Gemisch aus Kalksiedesalz und Schwefelsäure mit Hoch-/Niedrigweinen sowie mit Dunder füllen. Das Ergebnis? Stellen Sie sich eine Spirituose vor, die nach Nagellackentferner, Klebstoff und verfaulender Banane riecht. Hoch-Ester-Rum wird auch in Guyana und in der

Galion-Destillerie auf Martinique erzeugt, wo er Rhum Grand Arôme heißt, aber in dieser aromatischen Liga ist Jamaika führend.

Column Stills (Säulendestillation)

Als der Genuss von Spirituosen im 19. Jahrhundert zunahm, suchten die Brennereien nach Möglichkeiten, größere Rummengen effizienter als mit Pot Stills zu erzeugen. 1827 gelang dem schottischen Destillateur Robert Stein der Durchbruch. Drei Jahre später wurde seine Konstruktion vom ehemaligen Generalsteuerinspektor von Irland, Aeneas Coffey, verbessert und zum Patent angemeldet. Die kontinuierliche „Coffey Still" ist noch heute im Einsatz – in der Diamond Distillery produziert die älteste hölzerne Coffey Still der Welt vermutlich seit über 150 Jahren Rum.

Coffeys Konstruktion war einfach genial. Er verzichtete völlig auf Kessel und verwendete zwei miteinander verbundene Säulen, die so konstruiert waren, dass man an einem Ende des Systems nur Maische einfüllen musste, um am anderen die fertige Spirituose zu erhalten. Eine derartige Anlage wurde zwar in erster Linie erfunden, um einen höheren Ausstoß zu erzielen und die Kosten zu senken, hatte aber einen zweiten Vorzug. Da sie die Menge der Fuselöle im Endprodukt reduzierte und den Kupferkontakt erhöhte, konnte ein leichter Rum bereitet werden.

Wie wir noch sehen werden, nutzen Rumerzeuger heute eine Reihe unterschiedlicher Säulenkonstruktionen, um ihre leichten und extraleichten Sorten zu bereiten, aber alle arbeiten nach dem gleichen, von Stein und Coffey entdeckten Grundprinzip. Jede Brennerei, die leichten Rum erzeugen möchte, spielt mit dem Alkoholdampf und verhindert die Destillation der schwereren Alkohole.

Die Coffey Still

Die Coffey Still besteht aus zwei hohen, miteinander verbundenen Säulen: dem Analysator und dem Rektifikator, die jeweils von einer Reihe perforierter Kupferböden horizontal in einzelne Kammern unterteilt werden. Die kühle Maische strömt durch ein gewundenes Kupferrohr durch den Rektifikator und dann oben in den Analysator hinein. Hier beginnt die Maische durch die einzelnen Kammern nach unten zu sickern. Gleichzeitig wird heißer Wasserdampf von unten in den Analysator hineingepumpt. Während er durch die Perforationen aufsteigt, trifft er auf die hinabsickernde Maische und entzieht ihr den Alkohol – aufgrund von dessen niedrigerem Siedepunkt. Bis die Maische den Boden des Analysators erreicht, sind ihr alle Alkohole und Congener entzogen.

Das Alkohol- und Wasserdampfgemisch gelangt sodann aus dem Oberteil des Analysators über ein Rohr in den Boden des Rektifikators und beginnt durch die Kammern dieser Säule erneut aufzusteigen. Dabei trifft der heiße Dampf auf das Rohr, das die kühle Maische enthält. Der Dampf erhitzt die Maische, während am Rohr der Dampf zu kondensieren beginnt (Reflux). Die schwereren Komponenten werden in Flüssigkeit umgewandelt und setzen sich auf jedem Zwischenboden ab, während die leichteren Komponenten erneut verdunsten und in der Säule aufsteigen.

Dieses Zwei-Schritte-vor-ein-Schritt-zurück-Verfahren trennt wirkungsvoll die leichteren Congener von den stärker aromatischen Verbindungen. Der Dampf trifft schließlich auf eine massive Platte und wird in einen Kondensator abgeleitet, wobei er normalerweise 90 bis 95 Volumenprozent aufweist. Senkt man die Platte innerhalb der Säule ab, ist der Rum noch schwerer.

Dies ist eine weitaus effizientere Möglichkeit, spezifische Geschmacksverbindungen im Destillat zu trennen. Durch den Reflux werden nicht nur Tausende von Minidestillationen in Gang gesetzt, durch die beachtliche Höhe der Säulen erreichen auch nur die leichtesten Alkohole und Congener die Sammelplatte (die hochflüchtigen Köpfe destillieren fast sofort, wenn sie den Rektifikator erreichen, und werden zum Analysator zurückge-führt, um erneut destilliert zu werden). Die Säule ist somit eine effiziente Möglichkeit, einen Rum höherer Stärke (d. h. mit einem leichteren Aroma) zu erzeugen.

Er ist, verglichen mit Pot-Still-Rum, leicht, aber alles ist relativ. Die DFA-Sorte aus Diamonds moder-

ner Coffey Still hat Noten von Banane und tropischen Früchten und weist mehr Gewicht auf als die leichtesten Sorten der Firma. Die EHP-Sorte aus der hölzernen Coffey (der Enmore Still) ist eine aromenreiche und kräftig-ölige Spirituose, die einem Verschnitt Gewicht und Substanz verleiht. Bristol Spirits wie auch Cadenhead füllen eine EHP-Sorte ab. Probieren Sie sie, wenn Sie die Möglichkeit dazu haben sollten.

Drei-Säulen-Anlagen

Fast sofort nachdem Aeneas Coffey seine Anlage hatte patentieren lassen, erlebte die Kunst der Destillation eine fruchtbare Phase. Nun ließ sich leichter Rum bereiten, und verschiedene Konstruktionen entstanden. Bacardis Originalanlage – eine Rektifiziersäule über einem Kessel – war nur eine Variante. Ein ähnliches Modell von Vendôme in Kentucky ist vor kurzem bei St. Lucia Distillers installiert worden.

Andere suchten nach Möglichkeiten, die Spirituose noch leichter zu machen, und im 20. Jahrhundert kamen Drei-Säulen-Anlagen meist französischer Bauart auf. Sie funktionieren nach dem gleichen Prinzip wie die Coffey Still, aber mit erhöhter Feinabstimmung. Die Maische gelangt oben in die erste Säule (die so genannte Strippingsäule), in der sich die meisten flüchtigen Alkohole (Köpfe) entziehen lassen.

Dann wandert der Alkoholdampf durch eine Zwischensäule und schließlich in eine Rektifikationssäule. Beide sind mit verschiedenen Öffnungen an speziellen Zwischenböden ausgestattet, aus denen sich bestimmte Alkohole (Fuselöle, hohe Weine, niedere Weine usw.) abziehen lassen. Diese können entweder zur erneuten Destillation ins

Oben: Dampf, Schweiß und der süße Duft von Zuckerrohr parfümieren die Luft in der Simon Distillery auf Martinique.

System zurückgespeist oder zu Industriealkohol destilliert werden. Mit diesem System kann eine Brennerei eine große Vielfalt verschiedener Sorten erzeugen. In Guyana etwa bereitet D.D.L. neun Sorten auf seinen Drei-Säulen-Anlagen.

Richard Seale von Foursquare arbeitet mit einer modifizierten Drei-Säulen-Anlage. Zunächst verwendet er eine Energie sparende Vakuumdestillation, bei der die Luft aus der Säule abgesaugt wird, was den Siedepunkt der Maische auf 80 °C reduziert. Mit allen drei Säulen erzeugt er einen leichten, fast neutralen Sprit, aber wenn er eine etwas schwerere Sorte bereiten möchte, die sich für einen weißen, lagerungsfähigen Rum eignet, destilliert er nur in der ersten und letzten Säule und greift damit praktisch auf Coffeys Prinzipien zurück. Ähnlich operieren auch D.D.L. und Appleton. Auch hier werden die Anlagen nicht bloß zur Erzeugung eines einfachen, leichten Produkts eingesetzt, sondern um eine Sortenvielfalt zu erschaffen, die einem Verschnitt Komplexität verleiht.

Mehr-Säulen-Anlagen

Jede Destillerie versucht natürlich, die technischen Möglichkeiten auszureizen. Und somit genügten die Drei-Säulen-Anlagen nicht den Bedürfnissen von Firmen wie Bacardi, Cruzan und Angostura auf Saint Lucia, die für ihre extraleichten Rums möglichst viele der schwereren Congener abscheiden wollten. Alle drei arbeiten deshalb mit Mehr-Säulen-Anlagen.

„Wenn ich die Destillation erklären soll", meint Guillermo Garcia-Lay vom Großdestillateur Bacardi, „führe ich gerne Michelangelos Bemerkung an, nach der er bei der Bearbeitung eines Stücks Marmor einfach alles weggenommen habe, was nicht nötig war. Nicht anders ist es bei der Rumerzeugung. Man gibt nichts hinzu, nachdem man die Melasse fermentiert hat, sondern man entfernt im Gegenteil Komponenten. Natürlich muss man zunächst den vollen Korb haben – daher ist Hefe so wichtig für das richtige Geschmacksprofil. Hochprozentig destillieren heißt, dass man die gewünschten Komponenten in ein gewisses Gleichgewicht bringt."

Im Prinzip ist es ein Hightechprozess. Beim Mehr-Säulen-System wird die vorerhitzte Maische weit oben in die Strippingsäule eingeführt, während Frischdampf von der Basis aus eingespeist wird. Dies entzieht der Maische den Alkohol und ergibt hohe Weine, die vom Charakter her einem Pot-Still-Rum ähneln. Cruzan leitet sodann den Dampf durch eine Aldehydsäule, die dem hohen Wein die Köpfe entzieht. Bei anderen Konfigurationen wie der bei Angostura sitzt eine Köpfesäule auf der Strippingsäule. Die Maische passiert zuerst diese Anordnung von Zwischenböden, wobei die Köpfe separiert werden. Alle Köpfe aus der folgenden Säule lassen sich auch dorthin leiten.

Bei Cruzan gelangt der Dampf dann in die Rektifikationssäule, wo sich unerwünschte Alkohole entziehen, kondensieren und in die Strippingsäule zurückleiten lassen (Reflux). Das Destillat wird dann kondensiert und bei 94,5 Volumenprozent abgezogen. Mit den beiden zusätzlichen Säulen werden entweder die Fuselöle oder die Köpfe verarbeitet, die sich dann durch Reflux in das System zurückleiten lassen.

Bei Angostura wird das Destillat, das die Strippingsäule verlässt, kondensiert und in eine so genannte Hydroselektorsäule geleitet, um die Fuselöle zu entfernen. Dies funktioniert nach dem Prinzip, dass die schwersten Congener (d.h. die mit den höheren Siedepunkten) flüchtiger werden, wenn sie mit Wasser verdünnt werden. Das Destillat läuft an der Spitze der Säule hinein; gleichzeitig gelangen heißes Wasser von oben und Wasserdampf von unten hinein. Die unerwünschten Congener verdunsten und lassen sich oben an der Säule abscheiden. Von dort wird die schwach alkoholische Flüssigkeit (rund 15 Volumenprozent) auf die Platte fünfzehn der Rektifikatorsäule geleitet, und der Prozess läuft normal weiter, wobei in den letzten beiden Säulen alles Methanol, das im Destillat sein kann, verarbeitet wird und die Fuselöle noch einmal destilliert werden.

Einfach, nicht wahr? Auch hier lassen sich verschiedene Sorten bereiten, indem das Destillat an bestimmten Punkten im Destillationsprozess abgezogen wird. Cruzan erzeugt nur eine Sorte, Bacardi

Links: Eine klassische Kessel-Kolben-Anlage bei St. Lucia Distillers.

hingegen bereitet eine leichte und eine schwere Sorte, während Angostura insgesamt sechs produziert – darunter eine starke aus der Strippingsäule. „Wir haben die Congener, die wir im Endprodukt wollen, promillemäßig voll im Griff", erklärt Gary Nelthropp bei Cruzan. „Bei Pot-Still-Rum lassen sich die Fuselöle und Köpfe nicht so gründlich separieren, wie wir dies hier tun."

Letztlich gibt es kein Patentrezept, wie man Rum bereitet. Viele Wege führen zum Rum. Entscheidend ist, dass die Geschmackssignatur immer gleich bleibt.

Rhum Agricole

Angesichts der komplexen Abläufe der Mehrfach-Säulen-Destillation erscheint die Produktion der Spirituose, den die Franzosen Rhum Agricole nennen, geradezu schlicht. Dabei bereiten die Destillerien auf den französischen Inseln ihren Rum ebenso geschickt und qualitätsbewusst.

Der Rhum Agricole – wörtlich „landwirtschaftlicher Rum" – entstand, als Frankreich seinen Zucker nicht mehr aus karibischem Zuckerrohr, sondern aus der europäischen Zuckerrübe gewann. Der Niedergang der Zuckerproduktion führte dazu, dass für die Spirituosenerzeugung weniger Melasse verfügbar war und die Rumbrenner stattdessen frisch gepressten Zuckerrohrsaft verwendeten.

Rum aus Zuckerrohrsaft wird auch auf den britischen Virgin Islands (bei Callwood), auf Grenada (bei Shillingford), auf Haiti (bei Barbancourt) und in Brasilien (wo er Cachaça heißt) erzeugt, doch seine Destillation läuft jeweils unterschiedlich ab. Eine in Betrieb befindliche Destillerie von Rhum Agricole ist ein faszinierender Anblick – hier kann man den gesamten Prozess von Anfang bis Ende verfolgen: vom Transport des Zuckerrohrs über Bänder zu den Walzen bis zum Ablauf des klaren Destillats. Zunächst passieren die kurzen Zuckerrohrstängel drei (zuweilen vier) Walzenreihen, die allen Saft aus ihnen herauspressen; die zurückbleibende fasrige braune *bagasse* wird getrocknet und als Brennstoff für die Dampfkocher weiterverwendet. Der rehbraune Saft wird dann auf seinen Zuckergehalt untersucht und gegebenenfalls mit Wasser verdünnt.

Handelsübliche Bäckerhefe wird zur Fermentation verwendet, die 24 bis 72 Stunden dauern kann und einen *vesou* (Maische) zwischen 4,5 und 9 Volumenprozent ergibt.

Rhum Agricole wird in Einzelsäulenanlagen destilliert. Der *vesou* gelangt durch zwei Vorlauferhitzer, die *chauffe-vins* (Weinwärmer) und dann durch einen *échangeur* (Austauscher). Bei einer Temperatur von 70 °C wird er in die Mitte der Säule geleitet, während Frischdampf von unten eingepumpt wird. Wie bei jeder Säulendestillation sinkt der *vesou* von Boden zu Boden nach unten und verliert dabei an Stärke, während der aufsteigende Wasserdampf den Alkohol entzieht. Der Alkoholdampf gelangt in einen Köpfekonzentrator, wo die meisten flüchtigen Komponenten entzogen werden. Dann verlässt er die Säulenanlage über eine Rohrleitung und bewegt sich durch die beiden *chauffe-vins,* wo er den einströmenden *vesou* erwärmt. Dort wird er dann kondensiert.

Wie bei jeder Einzelsäulendestillation ist die Stärke des gesammelten Destillats niedrig – nach den Vorschriften der *appellation contrôlée* (die Namen, Herkunft und Komponenten von Weinen und Spirituosen kontrolliert) muss er zwischen 65 und 75 Volumenprozent aufweisen. Das Ergebnis ist ein stark congenerhaltiges Destillat mit einem Estergehalt zwischen 350 und 400.

Das Appellationssystem auf Martinique hat den Vorteil, dass alle neun Destillerien der Insel nach dem gleichen Verfahren arbeiten, obwohl jede mit kleinen Modifikationen ihren unverwechselbaren Rhum erzeugt. Dabei spielen die Dauer der Fermentation und die Stärke des *vesou* ebenso eine Rolle wie die physikalische Konstruktion der Anlage. Eine kleine, gedrungene Säule erzeugt ein schweres (schwaches) Destillat, eine große ein leichteres von höherer Stärke. Auch die Konstruktion der Zwischenböden in der Säule wirkt sich entscheidend auf den Reflux und somit auf die Geschmacksnuancen aus. Die Destillerie Simon etwa verwendet drei verschiedene Anlagentypen, zwei „Créoles", die ein einfaches Destillat liefern, sowie eine „Savalle" und eine „Barbet", die jeweils eine komplexere Sorte hervorbringen.

Rechts: Wohin wohl all diese Rohre führen? Säulenanlagen können schon sehr komplex sein.

Die Reifung

Irgendwann während der Besichtigung einer Rumdestillerie merken Sie, wie Sie zerstreut die glatte Wandung eines Fasses streicheln. Diese Fässer haben etwas Beruhigendes. Vielleicht liegt es an ihrer mütterlichen Wölbung, den geheimnisvollen Veränderungen, die sich in ihrem Innern vollziehen und die man übrigens erst jetzt zu entschlüsseln beginnt. Je mehr wir darüber erfahren, desto bedeutsamer wird die Rolle der Eiche.

Um den Reifungsprozess zu verstehen, sollten wir einfach vergessen, dass das Fass einst Teil eines Baums war, lieber betrachten wir es als ein Paket von Aromen, die alle an den Rum weitergegeben werden. Sogar die Art der Eiche ist wichtig. Die meisten Rums, für die eine Zeit im Eichenfass vorgesehen ist, reifen in einmal benutzten Bourbonfässern aus amerikanischer Weißeiche *(Quercus alba),* die eine unverwechselbare Prägung aus Vanille, Kokosnuss und Gewürzen verleiht. Von ihr hat der Rum auch seine Farbe. Jeder Rum, gleich welchen Stils, ist ja so klar wie Wasser, wenn er die Destillieranlage verlässt.

Der Reifungsprozess vollzieht sich in drei Stufen. Bei der Fassherstellung wird die innere Oberfläche angesengt und dadurch die physikalische und chemische Zusammensetzung des Holzes verändert: Zucker werden karamellisiert, Vanilline verstärkt und Geschmacksverbindungen und strukturbildende Tannine aufgeschlossen. Würde das Fass nicht „geröstet", würde kaum etwas passieren.

Doch das Rösten hat noch eine andere Funktion. Wird junger Brand in ein Fass gegeben, nimmt ihm die karbonisierte Schicht seine aggressiven Noten und fängt Sauerstoff ein, wodurch es zu einem stärkeren Austausch zwischen der Luft und dem Rum kommt. Die Holzkohlefilterung, wie sie von Bacardi und anderen Erzeugern betrieben wird, bewirkt praktisch das Gleiche, aber viel schneller. Indem Bacardi alle Rums filtert und dann in Holz reifen lässt, werden sie so effizient wie möglich geglättet.

Während des gesamten Reifungsprozesses atmet das Fass und saugt den Rum immer tiefer in seine Poren, während der Rum wiederum Verbindungen aus der Eiche löst: Farbe natürlich ebenso wie Gerbstoffe samt diesen prägnanten Geschmacksnuancen und Aromen von Vanille, Kokosnuss, Gewürzen, Schokolade, Kaffee, Orangenschale und süßer, frischer Eiche selbst. Auch Alkohol verdunstet aus dem Fass – das ist der so genannte „Anteil der Engel".

Im Laufe der Reifung ereignet sich aber etwas viel Spannenderes als bloße Verdunstung. Der Rum nimmt nicht nur die Charakteristika seines Fasses an, sondern Luft, Alkohol und die dem Holz entstammenden Verbindungen beginnen zu interagieren. Das ist die wahre Magie, mit deren Hilfe komplexe neue Geschmacksnuancen erzeugt werden. Dazu Jerry Edwards von Mount Gay: „Während dieses interaktiven Prozesses werden die vegetabilen Noten, die man bei jungem Pot-Still-Rum bekommt, in fruchtige Ester umgewandelt. Je schwerer der Rum ist, desto länger dauert das. Im Laufe der Zeit tritt ein neuer Geschmack auf, der an Sahnekaramellbonbons erinnert."

Am besten lässt sich dieser Prozess nachvollziehen, wenn man einen Rhum Agricole Blanc probiert und mit einem Vieux (gereiften) Rum derselben Firma vergleicht. Es ist die gleiche Spirituose, aber das prägnant Vegetabile ist verschwunden. Je länger der Rum im Fass bleibt, desto mehr entzieht er natürlich der Eiche. Er wird dunkler, tanninreicher und „holziger", bis man nur noch Holzsplitter und keinen Rum mehr schmeckt. „Bedauerlicherweise ist ein über sechs bis acht Jahre alter Rum aus feuchtheißem Klima oft nicht mehr angenehm und kann nur noch verschnitten werden, um ein gutes Ergebnis zu liefern", erklärt Tom Valdes bei Cruzan. „Wir lagern zwar einige Rums länger als acht Jahre, verwenden sie aber nur als Geschmacksstoffe im Endverschnitt."

Und seit Cruzan einen leichten Rum erzeugt, ist der Brand rascher als bei einem schweren Pot-Still-Rum „eichig". Dieser Prozess wird nicht bloß vom Fass selbst, sondern auch von der Außentemperatur in Gang gesetzt. Ein Rum, der fünf Jahre lang im kühlen Klima von Schottland oder England gereift ist, wird merklich weniger holzig sein als der gleiche Rum, der in der feuchtheißen Karibik reifte. Das Verstehen und Beherrschen des „tropischen

Links: Fässer werden in der J. M. Distillery auf Martinique erneut geröstet.

Reifens", wie Joy Spence, Blendmeisterin von Wray & Nephew, es nennt, ist der Schlüssel zum Stil ihrer komplexen, gereiften Sorten. „Ein Jahr tropischen Reifens entspricht drei Jahren in Schottland", erklärt sie. „Aufgrund der Feuchtigkeit dringt der Rum weiter in die Eichenporen ein. Wir haben aber auch hohe Verluste durch Verdunstung – sechs Prozent pro Jahr."

Dieser dramatische Volumenverlust bedeutet, dass Firmen, die ihre Rums über längere Zeit reifen lassen, die Fässer regelmäßig mit Rums aus der gleichen Charge auffüllen müssen. Außerdem geben häufiger verwendete Fässer immer weniger an den Rum ab. Und umgekehrt: Ein Fass, das zum ersten Mal mit Rum gefüllt wird (ein *first fill*), ist sehr aktiv und gibt viel Farbe, Geschmack und Tannin ab.

Doch wenn das gleiche Fass zum zweiten Mal gefüllt wird, geht der Gehalt dieser aktiven Komponenten zurück. Schließlich erreicht man ein Stadium, in dem das Fass nichts mehr abgibt. Dann wird es entweder zerlegt und verkauft oder erneut geröstet, wodurch es verjüngt wird. Viele Erzeuger rösten ihre Fässer neu, vor allem Havana Club, da man wegen des US-Boykotts auf Kuba nur schwer an neue amerikanische Eiche herankommt.

Die Holzklassen

Der Umstand, dass das Geschmacksprofil des Rums davon beeinflusst wird, wie oft das Fass zuvor verwendet wurde, räumt den Blendern einen größeren Spielraum ein. Bei Mount Gay kann Jerry Edwards unter drei Klassen von Eichenfässern wählen. Die „A-Klasse" *(first fill)* vermittelt dem Rum Holzkohlenoten, neben Vanille, Bourbonnoten und Gewürzen. Die „B-Klasse" *(second fill)* gibt weniger ab, die „C-Klasse" *(third fill)* noch weniger. Jeder Mount-Gay-Verschnitt ist nicht bloß ein Gemisch aus verschieden alten Pot-Still- und Säulenanlagen-Rums, sondern besteht aus Rums, die in unterschiedlichen Fassklassen eine unterschiedlich lange Lagerung erfahren haben.

„Wenn man bloß A-Fässer verwendet, erhält man üppige, eichige, tanninreiche Rums, die viele Menschen nicht mögen würden", erklärt Edwards. Er weist auch darauf hin, dass Alter und Reife nicht identisch sind. „Alter ist eine zeitliche Aussage – Reife eine Qualität, die der Rum im Laufe dieser Zeit erlangt. Ein Rum kann fünf Jahre alt sein, aber die Reife eines siebenjährigen Rums haben, oder er kann fünf Jahre alt sein und die Reife eines zwei Jahre alten Rums haben. Es ist genauso wie bei uns Menschen!" Daher verschneidet er nach der Reife, nicht nach dem Alter.

Nicht alle Firmen verwenden amerikanische Weißeiche. Barbancourt auf Haiti nimmt nur Eiche aus dem Limousin, die eine etwas offenere Struktur hat und daher einen besseren Austausch mit Sauerstoff ermöglicht sowie verschiedene Aromen und einen relativ hohen Tanningehalt abgibt. Und bei Clément auf Martinique verwendet man eine Mischung von Limousin-Eiche und amerikanischer Eiche. Neuer Brand wird zunächst eine Zeit lang in Limousin-Eiche gelagert, bevor er weiter in älteren, ehemaligen Bourbonfässern reift. Ist das französische Eichenfass ganz neu, verbringt der Rum nur vier Monate im Fass, um die Tanninauszüge zu minimieren; wird das gleiche Fass wieder gefüllt, kann der Rum sechs Monate darin bleiben, und beim dritten Mal ist der Tanningehalt so weit zurückgegangen, dass der Rum vor der Reifung in amerikanischer Eiche zehn Monate im Limousinfass verbringen darf.

Übrigens hat Clément auch die „Reifung" seiner weißen Rums im Edelstahltank eingeführt. Jeder Tank hat im Inneren ein perforiertes Röhrchen und oben ein Ablaufventil. Während eines längeren Zeitraums – zwölf Monate bei Grappe Blanche – fließt ein sanfter Strom gefilterter Luft durchs Röhrchen und erzeugt kleine Bläschen, die durch den Rum wandern. Auf diese Weise werden unangenehme Ester entfernt.

Das Reifen in ehemaligen Sherryfässern aus europäischer Eiche wird bei der Rumerzeugung selten praktiziert, obwohl der unermüdlich erfinderische Richard Seale seinem XO-Verschnitt von Doorly ein kurzes „Finish" in Sherryfässern gönnt und mit Madeiratrommeln und französischer Eiche experimentiert. Bei richtigem Handling kann dieses inzwischen allgemein bei Malt Whisky angewandte

Rechts: „Genau richtig!" Überprüfung von austretenden Gerüchen bei der Destillerie Wray & Nephew auf Jamaika.

NET
GROSS
TARE

Verfahren dem fertigen Rum subtile Geschmacksnoten von Sherry (oder Portwein, Madeira, Wein) vermitteln. Lässt man den Rum allerdings zu lange in solchen Behältnissen, können die Aromen am Ende zu sehr dominieren. Auch Bristol Spirits versucht derzeit, einige seiner älteren Rumsorten auf diese Weise aufzufrischen.

Ausgiebiges Probieren bestätigt, dass die am komplexesten gereiften Rums aus Destillerien stammen, die sich am meisten mit ihrem Holz befasst haben. Allerdings hat die Kommerzialisierung des Rumhandels und das verspätete Setzen auf Spitzenqualität in Großbritannien dazu geführt, dass dem Holz bei der Rumproduktion nicht die Aufmerksamkeit zuteil wird, die es verdient. Es gibt noch zu viele Rums auf dem Markt, die in erschöpften und einfach schlechten Fässern „gereift" wurden. Soll sich Rum zu einer Premium-Spirituose entwickeln, muss die Industrie die Komplexitäten der Eiche beherrschen.

Das Blending

Letztlich verdankt ein Glas Rum seinen Geschmack einer einzelnen Person, dem Blendmeister. Indem er auf nichts weiter als seine Nase und seine Erfahrung vertraut, fügt er verschiedene Sorten und Jahrgänge zu einem konsistenten Produkt zusammen. Doch jedes Fass hat ein etwas anderes Geschmacksprofil, und manche Sorten werden vielleicht gar nicht mehr erzeugt.

„Da alle Fässer leicht unterschiedliche Ergebnisse liefern, würde die alleinige Verwendung von zwei Jahre altem Rum für unseren zweijährigen Rum zu großen Abweichungen vom Standard führen", meint Tom Valdes von Cruzan. „Die Aussage ‚zwei Jahre' bedeutet nur, dass der jüngste Tropfen Rum in der Flasche zwei Jahre alt ist – der Verschnitt besteht tatsächlich aus Rums, die bis zu vier Jahren alt sind. Der fünf Jahre alte Estate Rum ist in Wahrheit fünf bis zwölf Jahre alt."

Das Blending bei Cruzan richtet sich wie bei den übrigen Topfirmen nicht nach einem Rezept, sondern nach dem Geschmack. Die Blender versuchen, ihren Marken Komplexität zu vermitteln, indem sie Rums verschiedener Stile, Reife und Fassgrade verwenden. Sie können eine einzelne Sorte verschiedener Jahrgänge (Cruzan) nehmen oder einen Verschnitt aus leichtem Säulenanlagen-Rum (für Duft und Feinheit) und schwererem Pot-Still-Rum (für Gaumengewicht und tiefere Geschmacksnoten) probieren. Steve Hoyles von Allied-Domecq etwa lässt seinen leichten Rum nur sechs bis zwölf Monate reifen, um seine Frische zu erhalten, aber dann verschneidet er ihn mit einem leichten Pot-Still-Rum von zwei oder drei Jahren, einem Wedderburn von vier und einem guyanischen Pot-Still-Rum von sieben Jahren.

Stellen Sie sich diesen Rum wie einen Blended Whisky vor: Leichter Rum ist das Korn, Pot-Still-Rum das Malz. Dazu Hoyles: „Für einen Blender entspricht die Verwendung eines Wedderburn oder Continental Flavoured einem Tropfen Laphroaig in einem Whiskyverschnitt." Das ist nicht übertrieben. Stark verdünnt verliert die beißende DOK-Sorte von Hampden ihre Noten von Nagellackentferner und frischem Glanzlack und offenbart eine zuvor verborgene Ansammlung von Aromen: Ananas, Blüten und süße Früchte.

Juan-Carlos González Delgado bei Havana Club geht sogar noch weiter mit einem Verfahren, das ich nirgendwo sonst so vorgefunden habe. Havana Club ist ein Verschnitt von gereiftem Aguardiente (das der Brennanlage mit 75 Volumenprozent entnommen wird) und extraleichtem Alkohol (96 Prozent). Zuerst werden verschiedene Altersstufen von Aguardiente miteinander und dann mit verschieden großen Mengen leichten Alkohols und etwas Wasser verschnitten, um die Stärke zu reduzieren. Dieser Primärverschnitt wird erneut gelagert. Vor dem Abfüllen erfolgt dann ein letzter Verschnitt des Fasses.

González Delgado möchte, dass die leichten Rums das Aroma des frischen Destillats und ganz leichte Noten der Eichenreifung haben. Das Gegenteil ist bei den añejo (gereiften) Rums erwünscht – sie sollten einen reifen Brand und ausgewogene Eichenaromen aufweisen.

Blender wollen und müssen die Anzahl der Geschmacksnuancen maximieren, die ihnen zur Verfügung stehen. Bei D.D.L. in Guyana sind auf einer

Links: Schnell und doch genau wird bei Wray & Nephew auf Jamaika gearbeitet.

Tafel im Büro des Spirituosendirektors George Robinson die Bestellungen europäischer Kunden notiert, mit der jeweiligen Menge der Sorten EHP, SVP und so fort. Der Erfolg von Firmen wie D.D.L. und Wray & Nephew verdankt sich der Tatsache, dass sie so viele Sorten wie möglich am Leben erhalten.

Europäische Blender wie Steve Hoyles oder Carsten Vlierboom von E. & A. Scheer haben es auch nicht leichter. Sie stellen zwar einen konsistenten Verschnitt aus einer großen Auswahl von Sorten aus der ganzen Karibik her, sie haben aber keinen Einfluss auf die Geschehnisse vor Ort. Was geschieht also, wenn eine Destillerie schließt oder ein Hurrikan die gesamte Zuckerrohrernte vernichtet? Sicherlich würden es die Kunden nicht akzeptieren, wenn sich ihr Lieblingsrum merklich veränderte.

„Ich produziere einen Rum mit einem spezifischen Geschmack", erklärt Carsten Vlierboom, „der aus zwei Zwischenverschnitten von verschiedenen Sorten besteht. Nun können die Rums in diesen Zwischenverschnitten zwar variieren, aber der Geschmack muss der gleiche bleiben." Er muss also wissen, wie spezielle Volumina bestimmter Sorten miteinander interagieren, und wenn Sorte A verschwindet, kann sie etwa durch einen Verschnitt von zwei anderen ersetzt werden, wobei der Endverschnitt konsistent bleibt.

Das ist natürlich eine Meisterleistung. „Es ist ein kreativer Prozess", meint Vlierboom. „Früher gab es auf Jamaika dreißig Destillerien, heute sind es noch fünf, und viele Sorten sind verschwunden. Was mache ich da als Blender – aufgeben? Nein. Irgendwie versuche ich, das Problem zu lösen."

Diese Menschen sind die wahren Helden der Rumerzeugung, der gute Geist innerhalb dieses scheinbar kalten, technischen Prozesses. „Es gibt so viele kleine Dinge, die den Prozess entscheidend beeinflussen", erklärt González Delgado von Havana Club. „Die Hefe, die winzigen chemischen Reaktionen, die Eiche: all diese kleinen Dinge wirken zusammen, beeinflussen einander." Der Rum-Blender ist der virtuose Beherrscher dieser Veränderungen.

An einheitlichen Bestimmungen mangelt es dagegen nach wie vor. Zwar ist es in einigen Ländern – etwa den amerikanischen Virgin Islands, Jamaika, Barbados, den französischen Antillen, Guyana, Großbritannien – gesetzlich vorgeschrieben, dass die Altersangabe auf dem Etikett von der jeweils jüngsten Komponente bezeichnet wird, doch bei anderen Rums hat man das unausweichliche Gefühl, dass eine möglichst beeindruckende Zahl aus der Luft gegriffen wurde. Andere Angaben bezeichnen das Durchschnittsalter der verschnittenen Rums – üblich bei soleragereiften Rums (siehe Seite 108) –, während wieder andere sich auf den ältesten Rum im Verschnitt beziehen.

Je eher Altersangaben, zugelassene Mengen von Zuckercouleur-Zugaben und „andere Zusätze" generellen Kontrollen unterliegen, desto besser ist dies für den Rum.

Die Ironie der Geschichte bleibt, dass Blender im Unterschied zu Marketingabteilungen und Konsumenten eigentlich gar keine Altersangaben mögen. Ihr Blending gilt dem Geschmack und der Reife, nicht dem Alter.

Rechts: Das flüssige Gold ist endlich fertig.

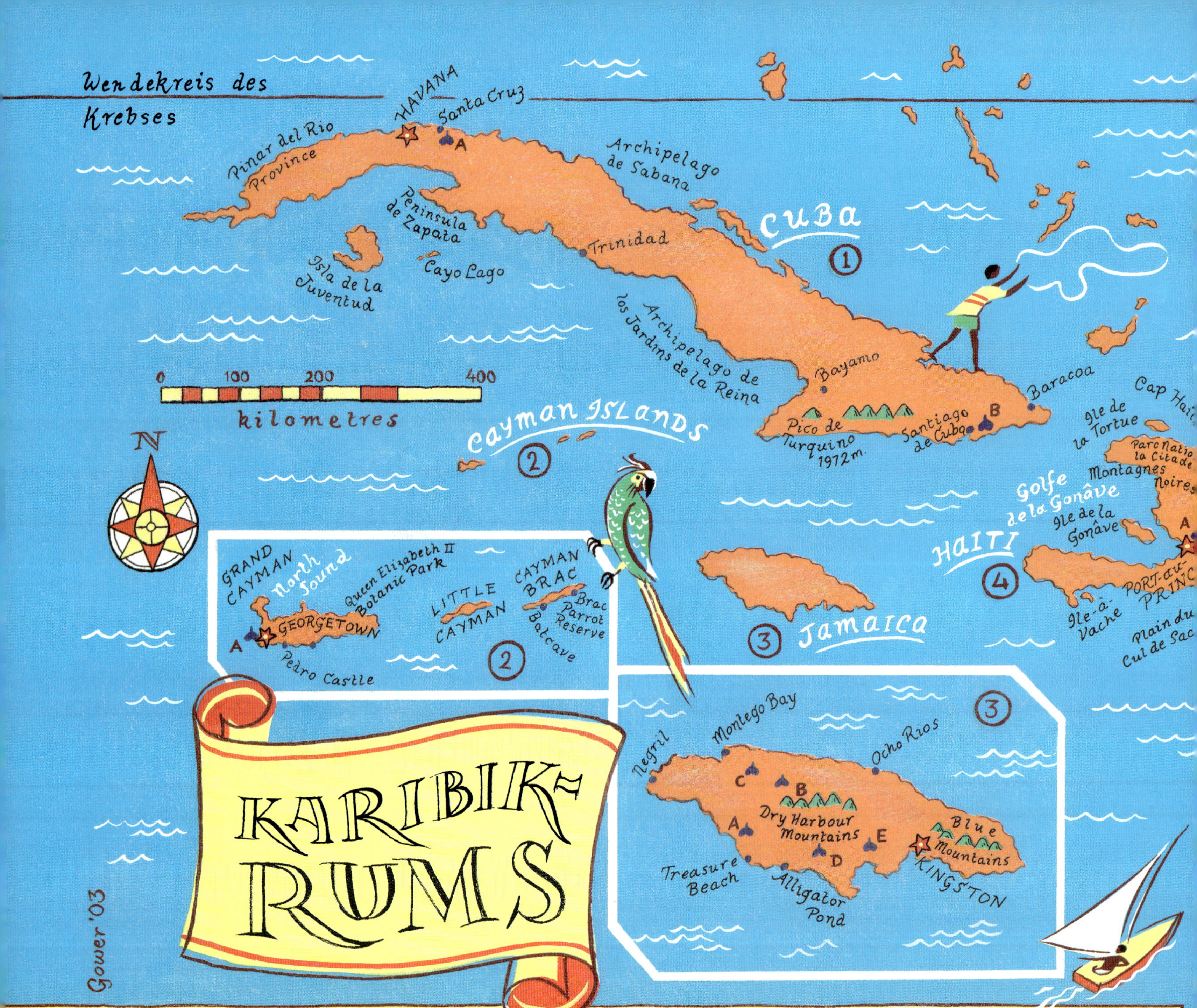

1. A Havana Club
   B Havana Club
2. A Tortuga Rum
3. A Appleton
   B Long Pond
   C Hampden
   D Monymusk
   E New Yarmouth
4. A Barbancourt
5. A Bermudez
   B Bougal
   C Barcelo
6. A Serralles
   B Bacardi
   C Fernandez
7. A Callwood
8. A Antigua Distillery
9. A Severin
   B Simmonet
   C Damoiseau
   D Mon Repos
   E Montebello
   F Bologne
   G Pere Labat
   H Bielle
10. A Shillingford
    B Macoucherie
    C Belfast
11. A J.M.
    B Saint James
    C Galion
    D La Favorite
    E Simon
    F La Mauny
    G Trois Rivières
    H Dillon
    I Neisson
    J Depas
12. A St Lucia Distilleries
13. A St Vincent
14. A Grenada Sugar Factory
    B River Antoine
    C Dunfermline
    D Westerhall
15. A Mount Gay
    B West Indies Rum Distillery
    C Foursquare
16. A Angostura
    B Caroni
17. A Santa Teresa
    B Pampero
    C Licorerias Unidas
    D Carupano
18. A Diamond

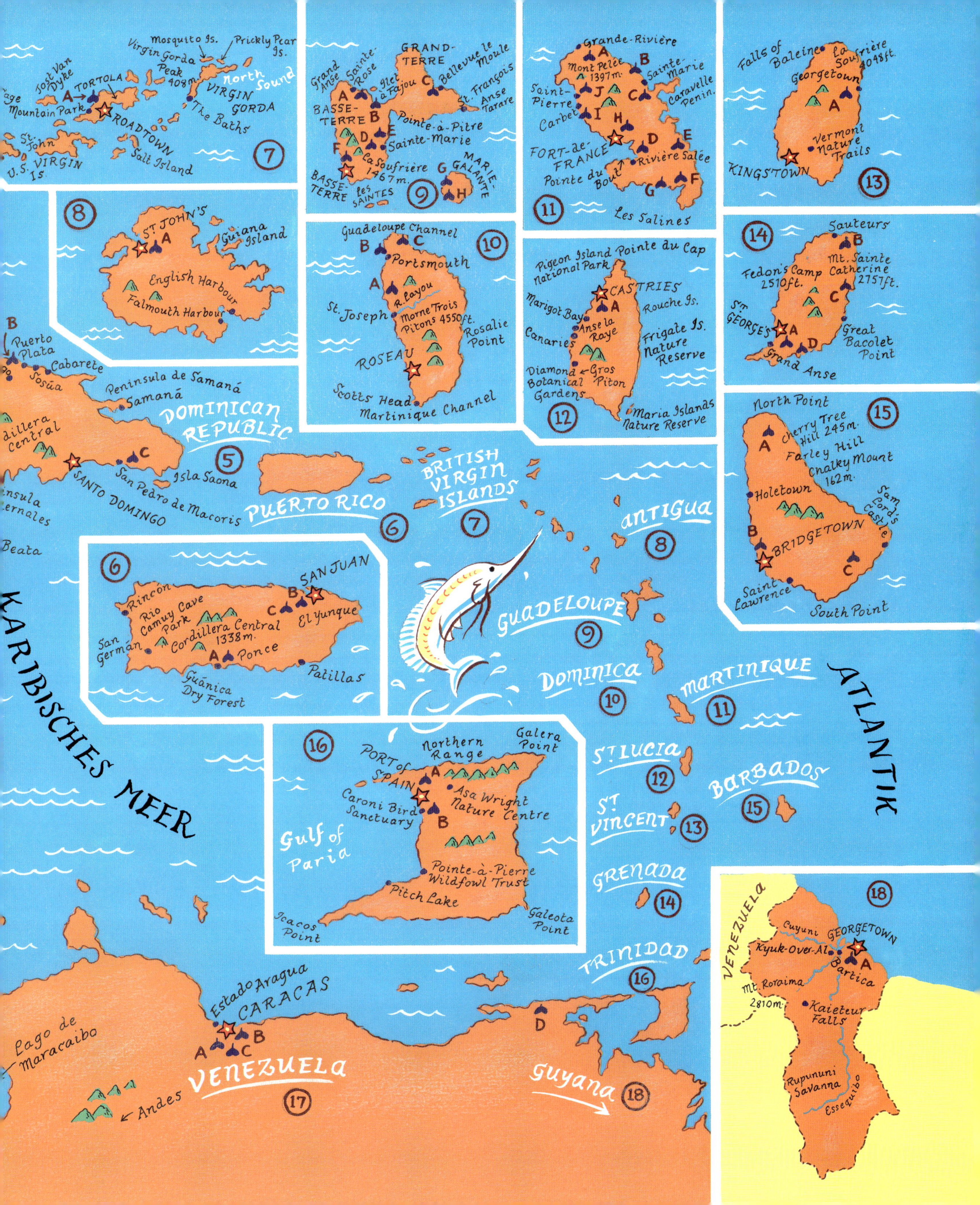

Mosquito Is.
Prickly Pear Is.
Virgin Gorda Peak 408m.
Jost Van Dyke
TORTOLA
North Sound
VIRGIN GORDA
Mountain Park
ROADTOWN
The Baths
St. John
Salt Island
U.S. VIRGIN IS.
7
GRAND-TERRE
Grand Anse
Sainte-Rose
Ilet à Fajou
Bellevue le Moule
St. François
Anse Tarare
BASSE-TERRE
Pointe-à-Pitre
Sainte-Marie
La Soufrière 1467m.
MARIE-GALANTE
BASSE-TERRE
Les SAINTES
9
Grande-Rivière
Mont Pelée 1397m.
Sainte-Marie
Saint-Pierre
Caravelle Penin.
Carbet
FORT-de-FRANCE
Pointe du Bout
Rivière Salée
Les Salines
11
Falls of Baleine
La Soufrière 4048ft.
Georgetown
Vermont Nature Trails
KINGSTOWN
13
8
ST JOHN'S
Guiana Island
English Harbour
Falmouth Harbour
Guadeloupe Channel
10
Portsmouth
R. Layou
St. Joseph
Morne Trois Pitons 4550ft.
Rosalie Point
ROSEAU
Scotts Head
Martinique Channel
Pigeon Island National Park
Pointe du Cap
CASTRIES
Marigot Bay
Rouche Is.
Anse la Raye
Canaries
Frigate Is. Nature Reserve
Diamond Botanical Gardens
Gros Piton
Maria Islands Nature Reserve
12
14
Sauteurs
Fedon's Camp 2510ft.
Mt. Sainte Catherine 2757ft.
ST GEORGE'S
Great Bacolet Point
Grand Anse
North Point
15
Cherry Tree Hill 245m.
Farley Hill
Chalky Mount 162m.
Holetown
Sam Lord's Castle
BRIDGETOWN
Saint Lawrence
South Point
Puerto Plata
Cabarete
Sosúa
Peninsula de Samaná
Samaná
Cordillera Central
DOMINICAN REPUBLIC
5
Isla Saona
SANTO DOMINGO
San Pedro de Macoris
Beata
PUERTO RICO
6
BRITISH VIRGIN ISLANDS
7
ANTIGUA
8
6
SAN JUAN
Rincon
Rio Camuy Cave Park
El Yunque
Cordillera Central 1338m.
San Germán
Ponce
Patillas
Guánica Dry Forest
KARIBISCHES MEER
GUADELOUPE
9
DOMINICA
10
MARTINIQUE
11
ATLANTIK
16
Northern Range
Galera Point
PORT of SPAIN
Asa Wright Nature Centre
Caroni Bird Sanctuary
Gulf of Paria
Pointe-à-Pierre Wildfowl Trust
Pitch Lake
Icacos Point
Galeota Point
St LUCIA
12
St VINCENT
13
BARBADOS
15
GRENADA
14
TRINIDAD
16
18
VENEZUELA
Cuyuni
GEORGETOWN
Kyuk-Over-Al
Bartica
Mt Roraima 2810m.
Kaieteur Falls
Rupununi Savanna
Essequibo
Estado Aragua
CARACAS
Lago de Maracaibo
VENEZUELA
17
Andes
Guyana
18

Kuba

Oben: Absolut cool – das ist Kuba!

Rechts: Die Folgen des US-Embargos sind unübersehbar.

Kuba geht unter die Haut und berührt die Seele. Wenn man um Mitternacht in Havanna aus dem José-Martí-Flughafen tritt, taucht man ein in ein die Sinne betäubendes Dampfbad. Es riecht nach Blüten und Staub, nach Abgasen und Schweiß, aber auch – erstaunlich! – nach Minze. Aber vielleicht gaukelt einem der Gaumen bereits den ersten Mojito vor …

Pauschaltouristen, die nichts weiter wollen als Sonne, Sand und Meer, werden diesen ersten überwältigenden Ansturm nie erleben. Sie bekommen nicht die üppige Landschaft zu sehen, wo Palmen wie grüne Feuerwerke aus der Erde schießen. Sie begegnen den Menschen nicht, schlendern nicht durch die Straßen von Santiago und Cienfuegos und durch die Gassen im *barrio* von Alt-Havanna. Das harte und doch wildromantische Leben des realen Kuba werden sie nie kennen lernen. Nie werden sie mit völlig Fremden nachts auf dem Malecón von Havanna tanzen und schwarzgebrannten Rum trinken, der den Leib von innen kühlt und die Seele zu den Sternen erhebt. Und vor allem werden sie sich nicht küssen auf dem Malecón, so wie es jeder Kubaner irgendwann einmal tut.

Den Varadero-Strand-Touristen entgeht all dies. Mit Bussen werden sie zur Bar Floridita gekarrt, wo sie an ihren eiskalten Daiquiris nippen und dann die Straße auf Hemingways Spuren hinabschlendern, um sich ihren Mojito in der Bodeguita del Medio zu genehmigen. Verstehen Sie mich nicht falsch – jeder Besucher von Havanna sollte dies tun. Aber die Touristen werden nicht mit den Barkeepern reden, keinen Mary Pickford und keinen Mulata probieren und sich höchstwahrscheinlich auch nicht in die Bar Monserrate verirren, einer meiner Lieblingskneipen weltweit, in der man das wahre Havanna erlebt. Die Hausband spielt ohrenbetäubend laut; an der Bar sitzen Nutten, Musiker, Köche, Stricher und Familien, die einfach in Ruhe essen wollen. Man kommt ins Gespräch, Gelächter wird laut. Draußen ruckeln die Straßenbahnen vorbei, Fahrräder schlängeln sich durch die Fahrrinnen, alte Autos röhren wie Panzer, die Luft ist rauchgeschwängert, und die Musik hämmert und swingt. Sie werden berauscht – nicht vom Rum (obwohl der hilft), sondern von der schieren Kraft des Lebens, von dem Gefühl, dass die Freude irgendwie einen Teil des Leids auslöschen wird.

Das Leben hier ist wie fast überall in der Karibik nicht leicht, und Amerikas Embargo kubanischer Handelswaren macht es nicht eben einfacher. Der Rum gehört wie immer dazu.

Die Wiege der Cocktailkultur

Barbados war vielleicht zuerst dran, Jamaika besonders erfindungsreich, und Martinique und Guyana versprühen ihren eigenen Charme – aber Kuba ist die Insel, die Rum zum modernen Klassiker machte. Die größte karibische Insel ist die Wiege der meisten großartigen Cocktails auf Rumbasis und die Heimat einiger der besten Barkeeper der Welt. Das ist freilich eine Ironie der Geschichte, denn angesichts seiner Größe betrat Kuba relativ spät die Szene der Rumbereitung. Wurden um 1778 noch knapp 50 000 Gallonen Aguardiente exportiert, waren es um die Wende zum 19. Jahrhundert bereits 3,8 Millionen. 1861 waren 125 Destillerien an die Zuckerplantagen angeschlossen, und es gab auch schon einige Großunternehmen (siehe Seite 25). Inzwischen produzierte Kuba nämlich ein Drittel des Rohrzuckers der Welt.

Oben: Musik, Rum, neue Freunde und Lebenslust – all das gibt es in der Bar Monserrate.

Die Einführung von Säulenanlagen

Kubanischer Rum, wie wir ihn heute kennen, war der dritte allgemeine Rumstil. In den 1860er-Jahren konnte man eine Reihe „britischer" Pot-Still-Rums auf Melassebasis trinken, sie kamen aus Jamaika, Guyana und Barbados. Dann importierte Kuba, das bereits über eine der modernsten Zuckerindustrien verfügte, eine neue Technologie: die kontinuierliche oder auch Säulendestillation. Sie ermöglichte es kubanischen Destillateuren, einen neuen, leichteren, weicheren und süßeren Rumstil zu kreieren. Man könnte ihn einen „spanischen" Stil nennen – aber das würde ich in Gegenwart eines kubanischen Brenners nicht empfehlen.

Der Erste (oder einer der Ersten, je nachdem, wem man glaubt), der diesen leichten Stil zur Perfektion führte, war der spanische Auswanderer Don Facundo Bacardi. Kubas Rum war nun etwas Besonderes in der Karibik, und obwohl bald Säulenanlagen auf anderen Karibikinseln installiert wurden, hatten Kubas leichte, süße Rums der Konkurrenz die Schau gestohlen.

Das zeigte sich vor allem während der Prohibition, als Havanna ein Weltzentrum kreativer Bars wurde und dieser Stil sich fest etablierte. Zwar gibt es nicht mehr so viele Rumsorten wie in den Dreißigerjahren des letzten Jahrhunderts, aber noch immer können Sie unter rund vierzig verschiedenen kubanischen Marken wählen, die alle nach demselben Prinzip bereitet werden. Am besten verkörpern dies die subtilen, seidigen, gereiften Rums von Havana Club. Es ist das Verdienst des genialen Blendmeisters der Firma, Juan-Carlos González Delgado, selbst in schwierigen Zeiten, in denen Investitionen und Holz knapp sind, hochwertige, gereifte Spirituosen zu erzeugen.

Der offenkundige Vorteil des US-Embargos besteht darin, dass Havanna als eine der wenigen Hauptstädte der Welt von den Auswirkungen der Globalisierung verschont blieb und seine eigene schillernde Individualität bewahrt hat. Keine Einkaufsarkaden, kein Nike-Town und keinen Gap-Store gibt es in der Stadt, dafür aber jede Menge Nachfolger des Cocktail-Königs Constante Ribalagua und anderer Größen der Dreißigerjahre in den Bars. Ob Sie nun die unendlichen Variationen des Daiquiris in der kühlen Art-déco-Atmosphäre des Floridita (der „Blümchenbar"), die Mojitos in dem mit Graffiti übersäten Labyrinth der Bodeguita del Medio, den Signature-Cocktail in der Bar Monserrate oder Drinks aus einer der anderen großen Bars der Stadt probieren – überall erscheint die Arbeit des Barkeepers als hohe Kunst von klassischer Einfachheit (auch wenn dies vielleicht manchmal eher der Not gehorcht).

Das Geheimnis der Erzeugung eines großartigen, gereiften Rums – und ebenso eines großartigen Cocktails – liegt im Blending. Und das spiegelt sich hier in der Bevölkerung wider. Flanieren Sie einmal durch irgendeine kubanische Stadt und schauen Sie sich die Menschen an. Schwarze, Mulatten, Latinos, Inder, Chinesen … Kuba ist ein Völkerverschnitt. Juan-Carlos ist davon überzeugt, dass erst die Kombination der einzelnen Bestandteile und die Reaktion zwischen ihnen zu einem großen Rum führen. Auch das Land hält seit der Revolution nicht wegen seiner übermäßig repressiven Regierung zusammen, sondern wegen dieses Blendings der einzelnen Mitglieder, die alle an die Unabhängigkeit glauben.

Kuba überrascht stets aufs Neue. Gerade hängen Sie noch schweren Gedanken nach, im nächsten Moment werfen Sie den Zigarrenrollerinnen Kusshände zu – und dann wieder stecken Sie urplötzlich in einer Diskussion über Weltpolitik mit jemandem, der nichts als plaudern möchte. Kuba beängstigt, verführt, macht sich lustig und lässt Sie dann verdutzt mitten auf der ramponierten Straße stehen. Es schleicht sich in Ihr Leben ein wie eine süße, irrlichternde Droge.

Eigentlich genauso wie der Rum.

Jamaika

Oben: Eine Lizenz? – Gleich morgen wird sie beantragt!

Rechts: Entspannen auf jamaikanische Art in Falmouth.

In der Luft hängt der Geruch von Grillfleisch; eine kleine Flasche (eine „Q“) Appleton V/X steht vor mir. Jason dient sich den Leuten als Fotograf an. Vor sich hat er einen Overproof mit Cranberry. Die Diskussion ist gerade bei der Politik angelangt, es wird hitziger und ist doch irgendwie immer noch fröhlich. Der Nachmittag gleitet sanft in den Abend hinüber. Diese Szene ist typisch für Jamaika: aufgedreht und gleichzeitig locker. Britische Zurückhaltung und höfliche Manieren haben wenig Wert hier, auf Jamaika macht man nicht „dicht“; man steht gleich auf der „Veranda“, wo man streitet und lacht, ein Glas Rum neben sich.

Ohne Rum geht nichts auf Jamaika. Dies ist das Land mit der höchsten Bardichte der Welt. Mit legalen Bars wohlgemerkt. In den meisten Kneipen ist auf einem hübsch gemalten Schild zu lesen: „Es ist meine Absicht, eine Lizenz zu beantragen …“ Wenn man noch die klapprigen Rumbuden hinzuzählt, die an jeder Straßenecke stehen, kommt man höchstwahrscheinlich auf eine Bar für jeweils drei Leute.

Rum ist für die jamaikanische Kultur von so grundlegender Bedeutung, dass selbst Nichttrinker eine Flasche Wray & Nephew Overproof im Haus haben – als Medizin: Man verreibt Rum auf dem Kopf gegen Erkältungen und gegen Kahlköpfigkeit, und man „tauft“ jedes neu errichtete Gebäude mit ihm. Dieser rituelle Umgang rührt an afrikanische Wurzeln. Insgesamt scheint kein anderes Land eine solch komplexe Beziehung zu einer Spirituose zu unterhalten wie Jamaika.

Der starke, ruhige Typ

Seinen Erfolg verdankt der Rum wohl teilweise seiner Stärke. „Das ist echter Rum“, hörte ich so manches Mal sagen. Auch über „JB“. Verlangen Sie den einmal in einer Bar an der Nordküste, und nach einem misstrauischen Blick wird eine Flasche unter der Theke hervorgeholt und ein kräftiger Schluck Schwarzbrand eingeschenkt. JB (was so viel wie John Crow Batty oder Vulture's Arse – Geierarsch – bedeutet) ist illegal gebrannter oder halb legal erworbener neuer Rum direkt aus der Brennerei. Er fährt wie ein Blitz in die Kehle. „Runter damit, Mann!“, rufen sie lachend, während man nach Atem ringt. Der Schmerz lohnt sich. Das Eis ist gebrochen, und die Veranda steht sogleich für Gespräche offen.

Um Jamaika wirklich kennen zu lernen, muss man die abgeriegelten All-inclusive-Resorts verlassen. Begeben Sie sich nach Kingston, hinauf in die Berge oder hinunter an die ruhige Südküste, wo man Ihnen eine Q-Flasche Rum und etwas luftgetrocknetes Schweinefleisch oder Huhn reicht, gekrönt von einer höllisch scharfen, süchtig machenden Pfeffersauce, und lassen Sie sich vom Leben umspülen. Eine kurze, holprige Fahrt bringt Sie durch ein Land mit hoch aufragenden Bergen, dichten Wäldern und versteckten Siedlungen, vorbei an Rumhütten, Menschen, die eiskalten „Jelly“ (frische Kokosnuss) anbieten, an Shrimpsverkäufern, Garküchen und dem surrealen Anblick eines Rastafaris, der, eine Vase Plastikblumen auf dem Kopf balancierend, die Straße entlangschlendert.

Vertraute Namen tauchen auf: Paisley, Dumfries, Perth, wild wuchernde Orte mit grob gezimmerten Hütten, die sich an die fruchtbaren Hügel klammern, gleich daneben die neuen Villen der wohlha-

Celebrate

benden Rückwanderer. Hier ist es zum Verzweifeln arm und reich zugleich. Die Ortsnamen künden von der Zeit der Sklaverei, der anhaltenden Armut, dem Schicksal eines Landes, das noch immer von europäischen Zuckerfirmen ausgeblutet wird. Dass die größten Häuser von Rückwanderern erbaut werden, weist vor allem auf die Tatsache hin, dass man von hier fortgehen muss, um Erfolg und Wohlstand zu erlangen.

Vor einem landeseigenen Zuckergut empfängt uns ein verblüffend blondes Kind, rasch gefolgt von seiner ebenfalls blonden Mutter. „Willkommen im neuen Simbabwe", sagt sie, macht kehrt und geht davon. Wie sich herausstellt, wurde das Gut zwangsweise verstaatlicht. Hat sie Recht?, frage ich die Einheimischen in der nächsten Bar. „Nee, Mann", lautet die Antwort. „Die ruinieren das Gut. Die Leute leiden." Eine Frau zitiert Bob Marley: „Dem belly full, but WE hungry." (Sinngemäß: Sie schlagen sich den Bauch voll, aber wir haben Hunger.)

Wirtschaftliche Probleme

Doch so einfach ist es nicht. Die sehr arbeitsintensive Zuckerindustrie steht vor dem Kollaps. Modernisierung wäre eine Lösung, würde aber zu Arbeitsplatzverlusten in den ärmsten Teilen des Landes führen. Würden die multinationalen Zuckerkonzerne endlich den Bau einer Zuckerraffinerie (dem profitablen Teil der Produktion) auf Jamaika zulassen, würden nicht nur Jobs gerettet, sondern vielleicht auch Geld reinvestiert. Bis dahin dümpelt die jamaikanische Zuckerindustrie vor sich hin.

Immerhin hält die Rumindustrie die meisten Zuckerfabriken über Wasser. Es ist keine Übertreibung zu sagen, dass E. & A. Scheer, der europäische Großimporteur, die Rumerzeugung (und damit die Zuckerproduktion) in Hampden in Gang hält, während die Zucker- und Rumproduktion in Long Pond und Monymusk ihre Existenz allein Captain Morgan verdankt.

Diese Großdestillerien sorgen nicht nur für die dringend benötigten Arbeitsplätze, sondern vor allem auch dafür, dass die klassischen Rums nach wie vor bereitet werden. Alle drei Anlagen produzieren herausragende Exemplare der klassischen Pot-Still-Rums Jamaikas. Sollten sie schließen, würde ein jahrhundertealtes Erbe, ein Teil von Jamaikas Individualität, ja seine ungestüme, ungebändigte Seele ausgelöscht. Der Verlust käme dem Verlust einer jeden Malt-Destillerie auf Islay gleich.

Rettung bringen werden nur massive Investitionen und einige ziemlich harte Entscheidungen, wie sie zum Beispiel Wray & Nephew auf Appleton Estate getroffen hat. Hier wurde die Zuckerfabrik modernisiert, im Anschluss die Brennerei. Der Rum mag zwar den Zucker nie an ökonomischer Bedeutung übertreffen, doch er spielt eine zunehmend wichtige Rolle bei der Sanierung von Jamaikas Wirtschaft.

Es ist schon merkwürdig, an all das zu denken, während man in dem herrlichen, versteckten Tal steht, in dem Appleton Estate liegt. Die Zuckerrohrfelder schimmern in der Sonne; die Luft ist erfüllt von einem berauschenden Parfüm aus Melasse, Banane und tropischen Früchten.

Der Exportzuwachs bei Appleton-Marken ist ermutigend. Wer die ruhige, präzise Art beobachtet, mit der Alty McKenzie und Joy Spence ihre Rums kreieren und mit der Joy die Vielfalt der Sorten zu komplexen Verschnitten nutzt, der wundert sich nicht, dass die Appleton-Rums zu den großartigsten Rums der Karibik zählen.

Und natürlich sind sie auch durch und durch jamaikanisch – von diesem Land erwartet man keinen anonymen, geglätteten Rum. Trinkt man ihn solo, bemerkt man nicht automatisch, wie sehr die Verwendung von Hoch-Ester-Rums jamaikanische Verschnitte hebt, aber im Vergleich mit den Rums anderer Inseln bekennt sich dieser Rum sofort zu seiner Identität: „Ich bin aus Jamaika!" Seltsamerweise erinnern mich jamaikanische Rums an torfige Islay-Malts, nicht wegen des Aromas, sondern weil sie hartnäckig an einem scheinbar unpopulären Stil festhalten. Auf Jamaika weiß man, dass man mit diesen Rums außergewöhnlich charaktervolle Spirituosen vorzuweisen hat. Die traditionellen Pot-Still-Rums sind nur ein Stil unter vielen anderen Stilen und Reifegraden, die Joy Spence in die Palette von Wray & Nephew einbringt. Eine komplexe Melange aus einem wunderbaren Land.

Rechts: Rum, Reggae und Rolling-Stones-Titel – Jamaika hat es.

Todays MENU
Fried
Chicken ← $160-L.
130-SM.
CURRY GOAT $200
STEAM FISH: DONE TO ORDER
FRIED FISH
PORK
JERK ← 1lb $350
STEW ← $200
SOUP – GOAT HEAD
L $100
S $50
SPECIAL
CURRY GOAT
HEAD + Belly

Dominikanische Republik/Haiti

„Haiti? Da musst du hin, Mann! Das ist der wildeste, verrückteste Ort, den du jemals sehen wirst!" Sprach mein jamaikanischer Freund und breitete tolle Geschichten aus, die selbst den abgehärtetsten Reisenden noch einmal darüber nachdenken lassen würden, ob er den Flieger nach Port-au-Prince überhaupt nehmen sollte. Zumindest sollte er wohl gewaltig auf der Hut sein und mit einem unerschütterlichen Humor gewappnet für diese Reise in ein vergessenes und verarmtes Land. Als die erste Heiterkeit verflogen war, wandte sich die Begeisterung meines Freundes zwei Dingen zu: der Schönheit dieses Landes und seiner leicht beunruhigenden Angespanntheit. Zwei gegensätzliche Aspekte, die nebeneinander bestehen – aber das ist ja seit dem Beginn des 19. Jahrhunderts typisch für die Insel Hispaniola.

Alles auf Haiti ist in Gegensätze aufgespalten. Es ist bitterarm – das ärmste Land Lateinamerikas –, aber seine Elite ist reich. Es ist die Wiege der Demokratie und des schwarzen Nationalismus in der Karibik, doch seine Menschen lebten bis vor kurzem noch unter Diktatoren. Es ist die Hälfte einer Insel, die am Ende des 18. Jahrhunderts der Motor der Zuckerproduktion in der Region war. Heute hat sein östlicher Nachbar, die Dominikanische Republik, eine Touristenindustrie, aber auf Haiti werden keine Strandparadiese und karibischen Flitterwochen angeboten. Es ist das Land armer Flüchtlinge, des Voodoo à la Hollywood. Sogar sein Rum ist anders. Bereitet die Dominikanische Republik Rums im kubanischen Stil, ist Haitis Rum „französisch".

Die vergessene Insel

Rumtrinker übersehen die Insel gern. Eigentlich ist sie die zweitgrößte in der Karibik und besitzt mit Santo Domingo die älteste Stadt, aber insbesondere ihr haitianischer Teil bleibt rätselhaft.

Die spanische Kolonie Hispaniola, die Christoph Kolumbus auf seiner ersten Reise im Auftrag der spanischen Krone 1492 entdeckte, war eine der ersten Inseln, auf der überhaupt Zucker angebaut wurde – schon 1516 arbeitete hier eine Zuckermühle. Wahrscheinlich wurde kurz danach auch eine Art Rum bereitet. Im 18. Jahrhundert wurde die Insel in den von Frankreich kontrollierten Westteil (Saint-Domingue genannt) und in eine kleine spanische Kolonie im Osten unterteilt.

Zucker, Tabak, Indigopflanzen, Kaffee und natürlich Rum, Plantagenprodukte von hoher Qualität und gutem Preis, machten europäische Kaufleute und die ortsansässigen Plantagenbesitzer steinreich. Wie weiter vorne dargestellt (Seite 20), war die haitianische Revolution der Katalysator für eine Neubewertung des Zuckers und eine neue Sicht auf die Karibik. Mit Pierre-Dominique Toussaint l'Ouverture starb die Idee der Befreiung der Schwarzen und der Gleichheit in der Karibik. Haiti bezahlte für seine Aufsässigkeit. Die Welt kehrte dem Land den Rücken zu.

Nur wenig besser erging es dem dritten unabhängigen Staat in Lateinamerika, der Dominikanischen Republik. Bis die Amerikaner das Land Ende des 19. Jahrhunderts ihrem Zuckerimperium einverleibten, blieb es wie Haiti eine vorindustrielle Agrarwirtschaft. Wie auch Kuba und Puerto Rico in den Dreißigerjahren des letzten Jahrhunderts unterstand es der strikten fiskalischen Kontrolle Nordamerikas, seine Wirtschaft wurde von riesigen

Oben: Warten auf die abendliche Party – Santo Domingo.

Rechts: Einfach relaxen!

Zuckerfirmen beherrscht, und bis in die Sechzigerjahre hinein wurde es von einem brutalen Diktator regiert.

Während Haiti vergessen blieb, schien die Dominikanische Republik für Immigranten attraktiv zu sein. Männer wie Armando Bermúdez, Don Andrés Brugal Montaner und, im 20. Jahrhundert, Julián Barceló verließen Spanien, um in der Karibik reich zu werden. Bermúdez setzte seine Pot Still 1852 in der Gebirgsstadt Santiago in Betrieb. Brugal, der sein Handwerk auf Kuba gelernt hatte, kam ein paar Jahre später nach Puerto Plata. Noch heute werden dort die Brugal-Rums gereift.

In vielerlei Hinsicht gleicht die Geschichte von Julián Barceló der seiner Vorgänger – mit einer Ausnahme. 1929 verließ er seine Heimat Mallorca nicht, um Zucker zu produzieren, sondern Rum. Ein Jahr nach seiner Ankunft vernichtete ein Hurrikan die Zuckerernte – aber Rumbrenner geben nicht so schnell auf. Heute ist Barceló international gesehen der aktivste Rumerzeuger der Dominikanischen Republik. Warum ist es diesem Land dennoch nicht gelungen, mehr Anhänger für seine Rums zu finden? Wie immer liegt es letztlich am Zucker.

Ein gut gehütetes Geheimnis

Als unabhängiges Land kam die Dominikanische Republik nicht in den Genuss der Steuerbefreiungen, die zu Beginn des 20. Jahrhunderts Kuba und noch großzügiger Puerto Rico gewährt wurden. Während Letzteres die USA mit seinen Rums beliefern konnte und Kuba (vor Castro) sich den Ruf der „Partyinsel" des Rums erwarb, ging der Zucker der Dominikanischen Republik nach Europa. Und sein Rum? Der blieb da.

Wer jemals Urlaub in der Dominikanischen Republik gemacht hat, wird die Rums probiert und genossen haben, die stilistisch ihren kubanischen Vettern ähneln: weiche, in amerikanischer Eiche (oft lange) gereifte Spirituosen von sanfter Eleganz. Der Binnenmarkt wird heute von Brugal beherrscht (der Firma gehört auch die Marke Macorix), während Barceló nach neuen Märkten Ausschau hält und bereits in Spanien Einzug gehalten hat. Auch Bermúdez konzentriert sich auf die zunehmend gesunde Heimatfront. Mit dem Wachsen des Tourismus werden auch die Rummarken der Dominikanischen Republik bekannter, und es ist höchste Zeit, dass die Rums (und Zigarren) des Landes ernster genommen werden.

Studiert man Aufstieg und Fall karibischen Zuckers, fällt eines ins Auge: Jedes Mal, wenn die Zuckerindustrie eine neue Heimat fand, wurde auch ein neuer Rumstil geboren. Dabei glänzte jede Insel nur kurz auf, aber der Rum blieb als flüssiges Vermächtnis der Geschichte zurück. Keine Insel konnte den Zucker lange beherrschen. Reiche gingen unter, Handelsbedingungen änderten sich, Bündnisse verlagerten sich, das Land wurde ausgelaugt. Aber jede der großen Zuckerinseln – Barbados, Jamaika, Puerto Rico und Kuba – machte sich einen Namen für die Bereitung eines eigenen Rums. Die einzige Ausnahme war Hispaniola.

Dabei entstehen hier durchaus wunderbare Rums. Haiti bereitet einen der großartigsten Rums der Welt: Barbancourt. Die Firma wurde 1862 von Dupré Barbancourt gegründet, der aus der Charente stammte und die Cognac-Technologie nach Haiti importierte. Noch heute betreibt die Firma eine doppelte Destillation und reift ausschließlich in Limousin-Eichenfässern. Barbancourts Neffe Paul Gardère begann in Port-au-Prince zu destillieren, doch sein Sohn Jean verlegte die Brennerei nach Plaine de Cul de Sac. Inzwischen leitet Jeans Sohn Thierry die Firma. Für den im „französischen" Stil erzeugten Barbancourt wird *vesou* (Maische, siehe S. 50) aus Zuckerrohr verwendet, das nicht nur von der eigenen Plantage stammt, sondern auch von 200 weiteren Pflanzern zugeliefert wird.

Der Rum wird zuerst in einer Säulenanlage destilliert und erhält sein Finish in einer Pot Still (wo er bei 90 Volumenprozent abgezogen wird). Das Destillat wird dann bei sehr niedriger Stärke (50 Volumenprozent) in Fässer abgefüllt, eine Technik, die lange Reifung erfordert. Die Beharrlichkeit der Familie Gardère ist bewundernswert. Sie produziert nicht bloß Rum, sondern bereitet eine Spirituose mit einer Finesse, die auf der Welt ihresgleichen sucht. Und das ist der letzte, überraschende Widerspruch dieses zu leichtfertig ignorierten Landes.

Links: Ist das noch gerade, oder habe ich schon zu viel intus …?

Puerto Rico

Kuba und Puerto Rico veränderten das Image des Rums. Sie entwickelten einen neuen Stil, bei dem die Technik eine ebenso wichtige Rolle spielte wie die Intuition, und schufen einen Rum, der leichter war und den veränderten Geschmacksbedürfnissen eines neuen Publikums entsprach.

Puerto Rico sorgte entscheidend dafür, dass man im Amerika der Nachkriegszeit wieder Rum konsumierte. Binnen weniger Jahre wurde aus der ausgebeuteten Zuckerkolonie der Rumproduzent für einen Massenmarkt. Die Geschichte seines Rums ist die Geschichte der Spirituose in nuce: Innovation und Entschlossenheit, die von Kolonialismus, Globalisierung und Protektionismus beeinflusst werden – und das Ergebnis können Sie trinken!

Doch die Ursprünge des puerto-ricanischen Rums liegen im Dunkeln. Erst seit dem Zuckerboom des 19. Jahrhunderts gibt es Belege für eine Destillation, die von ausländischen Zuckerrohrpflanzern (Franzosen, Briten, Holländern, Amerikanern und Spaniern) quasi als Dreingabe zur Zuckertechnologie mitgebracht wurde. Den größten Einfluss hatten wohl die spanischen Einwanderer.

1865 importierte Don Juan Serrallés eine Destillieranlage der französischen Still-Pioniere Egrot Frères und installierte sie auf der familieneigenen Hacienda Mercedita. Am Ende des Jahrhunderts wurde die Marke Ron Barrillito von Pedro Fernandez vermarktet und ein Teil des Rums nach Spanien und probehalber in die USA exportiert. 1897, ein Jahr bevor Amerika definitiv die Kontrolle über die Insel erlangte, verkauften puerto-ricanische Destillateure 18 000 Gallonen ihres Rums an ihre nächsten Nachbarn.

Das war nicht gerade ein ermutigender Start für eine der bemerkenswertesten Verbindungen, die der Rum schaffen würde, und es sollte noch viele Jahre dauern, bis Amerika ernsthaft puerto-ricanischen Rum zu trinken begann. Es gab zwar Marken, aber das waren lokale Brände für Einheimische, die sowieso eher schwarzgebrannten Rum tranken. Zucker war das Hauptexportgut eines armen Landes, dessen „Bestverdiener", die Zuckerrohrarbeiter, 35 Cent am Tag verdienten und sich Markenprodukte keiner Art leisten konnten.

Weil Puerto Rico de facto eine amerikanische Kolonie war, wurde es zum wichtigen Standbein im Zuckerimperium der USA. 1899 kontrollierte die Zuckerindustrie 15 Prozent der Anbauflächen. 1930 waren es 44 Prozent, und dank der von der US-amerikanischen Regierung festgelegten günstigen Quoten produzierte die Insel sogar 40 Prozent mehr Zucker als Kuba.

Die Zuckerfirmen liefen sehr gut, und die amerikanische Zuckerlobby wollte es dabei belassen – erfolgreich wehrte sie alle Versuche der nationalistischen Bewegung Puerto Ricos ab, die volle Eigenstaatlichkeit zu erlangen, und verbot Serrallés, seinen raffinierten Zucker in die USA zu exportieren. Wie in den Tagen des europäischen Merkantilismus waren nur die Rohstoffe gefragt, nicht die Weiterverarbeitung.

In den Dreißigerjahren war Puerto Rico ausgelaugt. Die Insel glich einer einzigen großen Plantage und war völlig vom Zucker abhängig. Während der Prohibition durfte man nicht einmal Rum erzeugen, doch trotz der Armut und der fehlenden Exportmöglichkeiten schafften es die puerto-ricanischen Destillerien noch immer, sich gut über Wasser zu halten. Die USA erkannten, dass nur ein massives

Oben: Ein Blick über die üppige karibische Landschaft.

Rechts: Plausch beim Friseur.

Oben: Sonne, Seefahrt und Zuckerrohr versinnbildlichen die reiche Geschichte des Rums.

Investitionsprogramm Puerto Rico durchs 20. Jahrhundert bringen konnte, und so ließ das Finanzministerium der puerto-ricanischen Regierung eine jährliche Summe zukommen, die den amerikanischen Steuereinnahmen am puerto-ricanischen Rumimport entsprach.

Mündigkeit

Diese großzügige Steuerumschichtung sollte zweierlei bewirken: die Rumproduktion ankurbeln und die Insel wieder aufbauen. Rum, der immer hinter dem Zucker rangiert hatte, stand plötzlich im Mittelpunkt. Nach der Aufhebung der Prohibition errichtete Serrallés eine neue Destillerie in Ponce. Mittlerweile hatte man bei Bacardi mitbekommen, dass puerto-ricanische Rums nicht mit US-Einfuhrsteuern belegt wurden – im Unterschied zu dem Rum, den das Unternehmen auf Kuba produzierte. 1936 war eine kleine Fabrik auf dem Grund eines alten spanischen Gefängnisses in der Hauptstadt San Juan errichtet worden, und Bacardi sparte pro Flasche einen Dollar Importsteuer.

Letztlich war Puerto Rico der Ausgangspunkt für die globale Vorherrschaft Bacardis. Doch zuvor führte der Zweite Weltkrieg dazu, dass man in Amerika verstärkt Rum aus Puerto Rico trank – die inländische Whiskeyproduktion war erneut eingestellt worden und der Scotch-Import bestenfalls sporadisch. Zwischen 1943 und 1946 wurden 16,7 Millionen Gallonen importiert.

Das heißt aber nicht, dass es von nun an bergauf ging. Während des Kriegs tranken die Leute wahllos, und die Nachfrage nach Rum war so hoch, dass die Qualität absackte. Als endlich wieder Frieden herrschte, war es mit der Loyalität gegenüber dem Rum vorbei. Die Verkäufe brachen ein.

Außerdem hatte Amerika seine Vorliebe für alles, was „light“ war, entdeckt. Der Wodka begann seinen Aufstieg, die Verkäufe von Blended Scotch (weniger von Bourbon) nahmen zu, und schwere Rums alten Stils kamen aus der Mode. Um den amerikanischen Verbraucher zurückzugewinnen, wandte man auf Puerto Rico eine Doppelstrategie an. Die Konsumenten wurden mit einer ausgefeilten PR-Kampagne *(Puerto Rico Rum Program)* und verbesserter Qualität umworben, finanziert wurde die Kampagne von den US-Steuergeldern.

Zum Glück war Puerto Rico die Heimat eines der Stars der Rumbereitung, Rafael Arroyo, der 1936 als Erster die Rumproduktion mit wissenschaftlichem Ernst untersucht hatte. Nach dem Zweiten Weltkrieg gewannen seine Studien mehr Relevanz als zuvor, und noch heute gelten sie als Pflichtlektüre für Rumdestillateure. 1953 wurde die Planta Piloto de Ron (Pilotfabrik für Rum) mit dem Ziel gegründet, jeden Aspekt der Rumerzeugung zu untersuchen und alle Informationen kostenlos an Destillateure weiterzugeben. Das Ergebnis war die Kreation eines leichten Rums, der noch immer die Welt beherrscht. Heute produziert Puerto Rico über anderthalb Milliarden Liter pro Jahr, die großenteils in die USA exportiert werden.

Mitte der Fünfzigerjahre hatte man auf Puerto Rico erkannt, dass nicht die Zuckerproduktion, sondern das Destillieren eine profitable Zukunft verhieß. Am Ende des Jahrzehnts war der Zucker tot, und die Rumfirmen importierten ihre Melasse aus der Dominikanischen Republik. Der moderne Rum wurde aus einer Synthese von Marketing und Produktoptimierung geboren.

1958 eröffnete Bacardi seine riesige Destillerie in Catano – ein eindeutiger Beweis für den weitsichtigen Ehrgeiz der Firma. Hier wird der gesamte für die USA bestimmte Bacardi produziert und bringt Regierung und Herstellern gewaltige Einkünfte ein. Serrallés ist mit Don Q der größte Verkäufer auf der Insel, der lebende Beweis für das von Arroyo verkündete Qualitätsprinzip. Sein Grand Añejo bezeugt, dass diese Insel Rums auf Weltklasseniveau produziert und dass leicht nicht gleich geglättet sein muss.

Virgin Islands

Die heutigen amerikanischen Virgin Islands (V.I. of the United States) haben eine ebenso verwirrende wie merkwürdige Geschichte – ein Netz von wechselseitigen Ansprüchen spannt sich über diese Inseln, deren koloniale Herren sich die Klinke in die Hand gaben. Sieben Nationen haben in der Vergangenheit auf der größeren, westlichen Gruppe der Jungferninseln geherrscht: Spanien, England, Holland, Frankreich, Malta, Dänemark und schließlich die USA, die diesen erstklassigen tropischen Grundbesitz 1917 für 25 Millionen Dollar erwarben.

Die Zuckerproduktion und damit die Destillation wurden zwar im frühen 17. Jahrhundert von den Franzosen gestartet, gewannen aber erst an Bedeutung – und Volumen –, als britische Pflanzer auf die Inseln kamen. Jede Plantage produzierte nicht nur Zucker, sondern bereitete auch ihren eigenen Rum, der den Quellen zufolge einem schweren jamaikanischen Pot-Still-Rum ähnelte. Diese Rums genossen wie ihre jamaikanischen Vettern hohes Ansehen in den Kolonien von New England. George Washington, der in Mount Vernon eine große Plantage besaß, hielt so viel von den Rums aus Saint Croix, dass er sogar seine Truppen damit versorgte.

Oben: Ein Schrein für den Rum.

Rechts: Das Leben kann so einfach sein in der Karibik.

Gegen Ende des 18. Jahrhunderts wurde das Zuckerrohr von 114 mit Windkraft und 144 von Tieren angetriebenen Mühlen ausgepresst. Rum wurde ein zunehmend wichtiger Bestandteil der Wirtschaft, gegen Grundgüter getauscht und in großen Mengen verkauft – doch dann fiel der Zuckerpreis.

Der Saint-Croix-Rum heute

Die Plantagenwirtschaft ist längst Geschichte, das Zuckerreich von Saint Croix Legende, die neuen großen Häuser gehören Millionären, die sich damit ihr kleines privates Paradies geschaffen haben, und die Ruinen der Windmühlen und Fabriken sind archäologische Fundstätten. So wie sich die Insel vom Zuckerboom des späten 18. Jahrhunderts entfernt hat und nun vom Tourismus lebt, hat sich auch die Kunst der Rumerzeugung verändert. Dass sie heute wieder so bedeutend ist wie zu George Washingtons Zeit, ist der Familie Nelthropp zu verdanken, die auf Saint Croix nun schon in siebter Generation destilliert.

Die Zeiten, als jede Zuckerfabrik ihre angeschlossene Pot Still hatte, sind vorbei. Seit dreißig Jahren wird hier kein Zuckerrohr mehr angebaut. Doch dank der Cruzan-Destillerie der Nelthropps (die zwar dem Importeur Todhunter gehört, aber noch von der Familie geführt wird) ist der Rum immer noch von zentraler Bedeutung für die Identität von Saint Croix. Der Stil hat sich zwar geändert – die schweren Pot-Still-Rums sind mit den Windmühlen verschwunden –, doch die Aufmerksamkeit fürs Detail ist geblieben.

Die Cruzan-Rums (der Name verweist auf die Einwohner von Saint Croix) haben einen leichten Körper. Sie werden in einer ausgetüftelten Fünf-Säulen-Anlage destilliert und dann zu einer Fülle verschiedener Geschmacksnuancen, Aromen und Strukturen verschnitten. Im Unterschied zu anderen Erzeugern wird hier nur eine Art Destillat bereitet; man verwendet auch keine geheimen Hefekulturen. Der Schlüssel zum modernen Cruzan-Stil sind die Destillation und das komplexe Blending von Rums unterschiedlicher Altersstufen.

Alle Rums werden mindestens zwei Jahre lang in dampfgereinigten Bourbonfässern gereift. Mit

einem leichten Destillat entfernt sich Cruzan bei seinen Spitzenrums von der ausgedehnten Lagerung im Holzfass, obwohl der zweijährige mit etwas vierjährigem verschnitten ist und der fünfjährige wie das Single-Fass eine kleine Menge zwölfjährigen Rum enthält (das Single-Fass ist ein Verschnitt verschiedener Altersstufen, der sein „Finish" in einem neuen Fass aus Weißeiche erhält).

Warum diese stilistische Kehrtwende? Wie ihre Nachbarn auf Puerto Rico erkannten die Nelthropps, dass man in den USA der Nachkriegszeit leichte Spirituosen bevorzugte. Vielleicht spielt auch eine Rolle, dass man sich nicht nur auf die Herstellung eines leichten Rums kapriziert, sondern auch dessen Herkunft und Bedeutung für die ganze Insel würdigt. Während sich Premium-Rum global ausbreitet, hält Cruzan noch immer die Fahne von Saint Croix hoch.

Die britischen Virgin Islands

Ganz anders verhält es sich auf den britischen Virgin Islands (B.V.I.), einer Gruppe von dreißig Inselchen, von denen 16 bewohnt sind. Tradition und Erinnerungen an die rumgetränkten Tage der Marine sind hier noch lebendig. Von den Spaniern auf der Suche nach Bodenschätzen nur halbherzig eingenommen und besiedelt (zu Beginn des 17. Jahrhunderts gab es auf Virgin Gorda ein Kupferbergwerk), waren die B.V.I. kurz eine holländische Kolonie, bevor die Engländer 1680 die Kontrolle übernahmen und mit dem weitermachten, womit die Holländer begonnen hatten: mit Zuckerplantagen und Rumbrennereien, die vorwiegend auf der Hauptinsel Tortola standen.

Die Zuckerkrise im 19. Jahrhundert war ein schwerer Schlag für die Inseln. Erst Mitte des vorigen Jahrhunderts entwickelten sie sich zum Se-

Oben: Zeit für einen Sundowner!

gelparadies unserer Tage, zum Traumziel für Ökotouristen und sicheren Hafen des Offshorebanking.

Tortola mag die Inkarnation einer hippen Karibikinsel sein – die letzte Rumdestillerie (von ehedem sieben) unterhält enge Verbindungen zur Vergangenheit. Callwood erhebt den Anspruch, die älteste ununterbrochen laufende Destillerie der Ostkaribik zu sein, und sie bereitet als eine der wenigen britischen Brennereien Rum aus Zuckerrohrsaft statt aus Melasse. Die handwerkliche Rumerzeugung hat sich hier in ihrer 400-jährigen Geschichte kaum verändert – so wurde Rum hergestellt, bevor Säulenanlagen und Marketingabteilungen die Oberhand gewannen. Dieser Rum spricht von seiner Vergangenheit, von der Persönlichkeit der Menschen, die seinen ursprünglichen Stil geprägt haben – und ist damit das genaue Gegenteil von Cruzan. Hier dürfen die wilden Hefen, die auf dem Zuckerrohr leben, noch ungebremst ihre Arbeit verrichten, und die lange Fermentation vermittelt dem fertigen Produkt ihre eigenen Geschmacksverbindungen. Die Pot Still wird direkt beheizt; der Rum läuft direkt ins Fass. Callwoods von Hand abgefüllte und etikettierte Rums gehören definitiv in den Barschrank jedes Rumliebhabers.

Auf Tortola wird auch Pusser's Rum verschnitten und abgefüllt. Ironischerweise wurde dieser berühmte britische Rumstil, der über 300 Jahre die Royal Navy begleitete, von einem Kanadier gerettet. Der Pusser (korrekterweise „Purser“) an Bord britischer Schiffe gab die tägliche Rumration aus (siehe Seite 119). Als diese Praxis am 31. Juli 1970 abgeschafft wurde, richtete die britische Admiralität einen Fonds zugunsten der Seeleute ein, den so genannten Tot Fund – ausgestattet mit der nicht unerheblichen Summe, die man für eine Jahrescharge Rum ausgegeben hätte.

Pusser's Rum hingegen drohte das Aus, bis Charles Tobias, ein Ex-US-Marine, von der Navy das Recht erwarb, den Namen zu verwenden, sich verpflichtete, das Rezept (auf der Basis von sechs verschiedenen Rums aus Guyana und Trinidad) beizubehalten und von jeder verkauften Kiste einen Betrag dem Tot Fund zu stiften. Damit war die auf Tortola beheimatete Marke gerettet.

Guyana

Guyana, an der Ostküste des nördlichen Südamerika gelegen und früher auch Demerara genannt, hält karibischen Klischees nicht stand. Hier gibt es keine Korallenstrände und keine Brandung: nur ein Netz von Kanälen und das Schwappen von kaffeebraunen Flüssen gegen die Kais. Namen von Siedlungen huschen vorbei: Supply, Relief, Canaan und Garden of Eden. Hindutempel und Moscheen grenzen an evangelische Kirchen und kleine Friseurläden. Und auf den Boulevards von Georgetown ertönt am Sonntag der Wettstreit zwischen den klerikalen Klängen aus der großen hölzernen Kathedrale und den aufgeregten Kricket-Reportagen aus Hunderten von Radios.

Oben: Die Farbe Grün – wie der Regenwald – grundiert auch die Landesflagge.

Rechts: In Guyana wird Zuckerrohr noch immer von Hand geschnitten.

Guyana liegt zwar in Südamerika, versteht sich aber als karibisch und ist ebenso sehr ostindisch wie afrikanisch. Das Land ist unabhängig, hat sich aber den kolonialen Lebensstil bewahrt. Obwohl die Holländer 1650 entlang der gleichnamigen Flüsse die Territorien Essequibo, Demerara und Berbice errichteten, wurde Rum erst erzeugt, als englische Zuckerrohrpflanzer einige Jahrzehnte später eintrafen. Im 18. Jahrhundert exportierte jede Plantage Rum und kennzeichnete ihre Ware mit Kürzeln, die noch heute verwendet werden. Albion wurde „AN", Port Morant „PM", Uitvlugt „ICB/U", Enmore war „EHP" und Blairmont ein „B" in einem Karo. Im 19. Jahrhundert machte der Demerara-Stil den Löwenanteil britischen Marine-Rums aus.

Der Schatz von Demerara

Wie überall in der Karibik wird die neuere Geschichte des guyanischen Rums von einem Konzentrationsprozess geprägt. 1971 waren die einstmals 200 Brennereien des Landes auf drei geschrumpft: Enmore, Uitvlugt und Diamond. Heute stellt nur noch Diamond, im Besitz der privat geführten Demerara Distillers (D.D.L.), Rum her.

Diamond unterscheidet sich von jeder anderen Destillerie in der Karibik. Überall in dieser Region gibt es die Ruinen alter Brennereien, deren Stills längst verschwunden sind und an deren Brände sich kaum noch jemand erinnert. Das ist hier anders. In Guyana wissen Männer wie George Robinson, der Spirituosendirektor von D.D.L. ist, um die Bedeutung von Tradition, Geschmack und Vielfalt. Robinson war früher übrigens ein erstklassiger Kricketspieler – was man seinem ruhigen und beharrlichen Führungsstil anmerkt.

Er steht im Still-Haus von Diamond und lacht, als ich mit offenem Mund dastehe und staune. Hier gibt es hölzerne Einzel- und Doppel-Pot-Stills, Savalle-Säulenanlagen, Coffey-Stills, eine Hoch-Ester-Anlage, ein kleines Paar Kupfer-Pot-Stills, und an der Rückwand steht wie ein riesiger Aktenschrank die Enmore-Still: die letzte funktionierende hölzerne Coffey-Still der Welt, die seit 1880 Demerara-Rum produziert. Das hier ist kein Museum, diese Maschinen laufen noch immer – dank D.D.L., wo man den außergewöhnlichen Schatz von Destillierapparaten in Guyana erkannte, aber auch dank der Blendmeister, die auf ihre Sortenvielfalt bestanden. Jeder Rumstil braucht seine spezielle Still. Als die Destillerie von Port Morant („PM") schloss, gingen ihre hölzernen Doppel-Pot-Stills zuerst an Uitvlugt und im Jahr 2000 dann weiter an Diamond, als D.D.L. Uitvlugt dichtmachte. Und auch die Single-Pot-Still ging von Versailles via Uitvlugt an Diamond. Ebenso die Enmore und die Savalles.

Unverwechselbare Sorten

Jede Sorte ist nicht etwa eine Variation zu einem Thema, sondern einzigartig – allein aus den Savalle-Stills kommen neun von den vielen Sorten, die hier erzeugt werden. Jede erlaubt einen neuen Blick in die Vergangenheit: Man ahnt, wie die Destillateure die vorliegenden Rohstoffe mit neuen Techniken kombinierten, wie sie improvisierten, was bewusst oder zufällig dazu führte, dass jede Plantage ihre eigene Variante des Demerara-Stils bereitete – obgleich nur wenige Leute wissen, was das eigentlich ist.

Tatsächlich sind Demerara-Rums lange von Karamell übertönt gewesen, und ihr subtiler, weicher Stil von mittlerem Körper kam nicht zum Ausdruck. So war es zumindest bis 1992, als D.D.L. sich von den Zwängen der Massenproduktion befreite. Unternehmenschef Yesu Persaud hatte eine Vision: Wenn man wachsen wollte, konnte man das nur mit hauseigenen Premiumprodukten tun. Er startete mit 15-jährigem El Dorado, der allgemein als Qualitätsmaßstab für gereifte Rums gilt. Die El-Dorado-Palette umfasst derzeit einen hervorragenden zwölfjährigen, einen gefährlich trinkbaren fünfjährigen und seit kurzem einen weißen, goldenen und dunklen Standard-Rum.

D.D.L. verfügt über eigene Vertriebsfirmen in Europa, den USA und in Indien. Natürlich wird das Massengeschäft fortgesetzt – schließlich kann nur D.D.L. diese Sorten herstellen –, aber Persauds Anliegen ist, dem Rum wieder mehr Seriosität zu verschaffen. „Mit unserer Entscheidung für die Premiumsorten wollten wir zeigen, was echter Rum ist“, erklärt er. „Wir wussten, dass Rum eine Ware war und dass ein Wandel bevorstand. Ich wollte den anderen voraus sein.“

Das bedeutete auch einen Bruch mit der Vergangenheit. Guyana war Plantagenwirtschaft in Reinkultur. In den Sechzigerjahren des vorigen Jahrhunderts baute die britische Firma Booker McConnell 80 Prozent des Zuckers von Guyana an und erzeugte auch den Großteil seines Rums, der dann in London vorwiegend von United Rum Merchants verkauft wurde – zu dessen Gründungsmitgliedern Booker zählte. Nach der Verstaatlichung 1976 wurden die zum Booker-Konzern gehörenden Guyana Distilleries (eine Fusion der Destillerien in Skeldon, Port Morant, Blairmont und Albion mit Sitz in Uitvlugt), die Demerara Distillers derselben Firma (mit Sitz in Enmore) und Diamond Liquors (die Rumabteilung der Zuckerfirma Sandbach Parker) unter einer einzigen staatlichen Holding zusammengeführt. Vorstand der Guyana Liquor Corporation wurde Yesu Persaud.

Wie Persaud es schaffte, die guyanische Regierung zum Minderheitseigner zu machen, ist ein Kunststück für sich, an dessen Ende D.D.L. stand, eine neue Größe in der Welt des Rums. „Es war hart“, erinnert er sich an die Zeiten, als die Wirtschaft Guyanas marxistisch geführt wurde. „Alle schrieben uns schon ab, aber wir überlebten.“

An der Pier im Hafen von Parika beobachten George Robinson und ich, wie eine überladene Fähre den Essequibo durchquert, um die benachbarten karibischen Inselstaaten anzusteuern. Ich denke an die anderen Schiffe, die dieses Land mit den Reichtümern dieses Landes verließen, und an die, die hier einliefen, an Bord Sklaven, zur Arbeit verpflichtete mittellose ostindische Arbeiter und weiße Pflanzer, die an den lieblichen Gestaden von Demerara reich werden wollten.

Wir begeben uns in den Mitarbeiterklub bei Uitvlugt, wo ein Barkeeper im weißen Jackett uns Drinks auf die verlassene Terrasse bringt. Während die Sonne untergeht, plaudern wir über Kricket, Zucker und Rum, die Vergangenheit und die Zukunft von D.D.L., eine der vielversprechendsten Firmen in der Welt des Premium-Rums. „Die Zeit für echten Rum ist gekommen“, hat Yesu Persaud gesagt, wir glauben das auch.

Links: Tempel und Palmen – Guyana ist ein Schmelztiegel der Kulturen.

Martinique

Große Maschinen haben etwas Schönes, finde ich. Diese nostalgische Sichtweise entspringt sicherlich der Sehnsucht nach der „guten alten Zeit“ vor der Computerisierung, außerdem lässt sich die Welt aus Rädern, Walzen, Öl und Zahnrädern einfach leichter verstehen als das Innenleben eines Rechners. Alte Maschinen sind real – irgendwie lebendig. Während ich dies denke, stecke ich mittendrin in Dampf, Vibration und Energie. Eine berauschende Süße erfüllt die Luft. Eine Reminiszenz aus Kindertagen wird wach, an alte Raddampfer – aber hier wird Rum erzeugt, im Stil von Martinique.

Mit winzigen Sägezähnen bestückte Walzen pressen den Saft aus dem Zuckerrohr. Fließbänder transportieren die trockenen Fasern ab, die als Brennstoff für die Boiler dienen, die wiederum die Maschine in Gang halten, das Rohr zerdrücken, die Destillierapparate erhitzen. In diesem Kreislauf von Industrie und Natur geht nichts verloren.

Irgendwie ist es stimmig, dass die französischen Inseln ihren Rum aus Zuckerrohrsaft bereiten – schließlich wird Wein auch aus Traubensaft gemacht. Melasse lässt sich lagern, bei Bedarf verwenden, irgendwo einkaufen. Zuckerrohrsaft muss sofort verarbeitet werden; man muss in der Nähe der Felder sein, nehmen, was der Jahrgang hergibt. In ihrer Regenwaldlichtung erscheint die Produktionsstätte von J. M. wie ein echtes Rum-Château. Ein altes Geschäft, sollte man meinen, aber Rhum Agricole – Rum aus Zuckerrohrsaft – ist als kommerzielles Produkt noch relativ neu. Rum war von Anfang an ein Nebenprodukt der Zuckererzeugung, hergestellt ausschließlich aus Melasse – und außer ein paar Schwarzbrennern wäre niemand auf die Idee gekommen, aus diesem kostbaren Saft einen Schnaps zu brennen.

Doch der Rhum Agricole ist heute typisch für Martinique und strengen Appellationsvorschriften unterworfen, die aus ihm ein ebenso berühmtes französisches Produkt machen wie es Bresse-Hühner, Morbier-Käse oder St.-Émilion-Wein sind. Wie es dazu kam, ist eine Geschichte von Neuanfang, Krieg, Geschäft und Politik. Ganz normal also für den Rum.

1880 waren auf Martinique 500 Destillerien registriert, mit der größten Konzentration um Saint Pierre an den Hängen des Mont Pelée. Alle erzeugten Rum: die zentralisierten Zuckerfabriken, die kleinen Zuckermühlenbesitzer und eine zunehmende Zahl unabhängiger Brenner. Die Reblausplage in Frankreich hatte im Mutterland den Bedarf nach einer neuen Spirituose geweckt, der Rum boomte. Als man dann in Frankreich auf die Zuckerrübe umstieg und keinen Kolonialzucker mehr benötigte, überholte der Rum den Zucker.

Den drohenden Ruin vor Augen, verlegten sich Zuckerpflanzer und Brenner darauf, ihren Rum aus Zuckerrohrsaft zu bereiten, eine Praxis, die sich nach dem Ersten Weltkrieg – und dem erneuten Aufkommen der Zuckerrübe – verstärkte. Unter den Erneuerern ragten Männer wie Jean Neisson, Victor Depaz, Henri Dormoy und der bemerkenswerte Homère Clément heraus: Mulatte, Arzt, radikaler Politiker, Plantagenbesitzer und Vater des Rhum Agricole in einer Person. Heute ist sein Gut für die Öffentlichkeit zugänglich, und man kann das elegante Haus besichtigen, das auf die (inzwischen stillgelegte) Destillerie hinabschaut, malerisch umrahmt von riesigen Palmen vor einem Hintergrund aus blauem Zuckerrohr.

Oben: Kompakt und schmuck: die J.M. Destillerie auf Martinique.

Rechts: Alles muss wie geschmiert laufen.

Es ist ein friedlicher Ort, ideal für den Rum, der dort in charaktervollen Eichenfässern reift. Die Stille in den Lagerhäusern der Insel steht überhaupt in Kontrast zu der schieren Energie des Erzeugungsprozesses, zumal die Destillerien auf Martinique recht klein sind und sich alle Produktionsschritte, vom Zerschneiden des Rohrs über die Fermentation bis zu den komplexen Prozessen der Destillation, auf engem Raum vollziehen.

Frankreich in der Karibik

Martinique ist völlig anders als die anderen Inseln und erscheint doch seltsam vertraut mit seinem eleganten Flughafen, den gepflegten Straßen und dem feinen Essen mit köstlichen Saucen. Und dann dämmert es mir: Ich bin in Frankreich, plus Bananen und Zuckerrohr. Martinique wirkt wohlhabend, dabei nicht protzig, sondern komfortabel und normal – wie Frankreich selbst. Doch bei all dem Changieren zwischen der Kultur Frankreichs und Martiniques ist der Rum oder Rhum, wie er hier heißt, seit über 350 Jahren unleugbar ein vitaler Bestandteil dieser Insel. Zuerst als Kraftspender für die Sklaven, dann als Getränk für die Pflanzer und nach der Revolution als wichtiges Exportgut für das Mutterland.

Etwa zur Halbzeit seiner Geschichte auf Martinique verschaffte die Reblaus dem Rum neuen Auftrieb, auch der Krimkrieg mit seinem Rumbedarf für die französische Armee wirkte sich positiv aus. Im Ersten Weltkrieg herrschte in den Destillerien Hochbetrieb, weil das Militär Industriealkohol benötigte. Neue Marken waren der Initiative von Händlern zu verdanken, die vorwiegend in Bordeaux, aber auch in Marseille saßen, wo Paulin Lambert den Saint James gründete. Zwar gingen

Oben: So idyllisch wohnte man auf dem Gelände der Destillerie Clément auf Martinique.

die Mengen nach 1918 zurück, doch in den folgenden beiden Jahrzehnten wurden viele der heutigen Rhum-Agricole-Marken gegründet.

Nachkriegserfolge

Das Leben nach 1945 war hart. Als Frankreich zum Schutz seiner heimischen Spirituosenindustrie die Einfuhrquoten beschränkte, machten viele Destillerien Konkurs. Die Überlebenden der 124 Brennereien, die 1940 in Betrieb gewesen waren, erkannten, dass sie beim Zuckerrohr autark werden und in Qualität investieren mussten. Heute gibt es neun Destillerien – Neisson, Depaz, J. M., Saint James, Dillon, La Favorite, Simon, Trois Rivières und La Mauny –, die 17 Marken erzeugen (Saint James produziert auch Maniba, Madkaud, Hardy und Bally, Simon auch Saint-Etienne und Clément, Trois Rivières auch Bernous und Duquesne). Die einzige Zuckerraffinerie in Galion erzeugt den Hoch-Ester-Rum auf Melassebasis, den Grand Arôme.

Die Franzosen sprechen in Bezug auf Wein gern vom *terroir* und meinen damit den Ort seiner Entstehung, der wie eine Kapsel die Einflüsse von Boden, Sonne und Regen umfasst. Das *terroir* ist auch in den größten Rums von Martinique spürbar. Der Biss von einem fünfzigprozentigen Weißen scheint Ihre Nase in die Erde zu stoßen, die pflanzliche Note mischt sich mit diesem Rohrsaftaroma, das Sie zuvor in der Destillerie gerochen haben und das auch an Blüten, helles Obst und im Falle von J. M. an einen weißen Pfefferbaum erinnert. Dieser Rum versucht erst gar nicht, mit unaufdringlicher, lieblicher Leichtigkeit zu punkten, sein Auftritt ist glanzvoll, kühn und stolz. Als Longdrink erscheint er freilich milder und lässt sich in aller Ruhe süffeln.

Hinter mir bricht sich der Atlantik unermüdlich am Riff. Unten im Städtchen spielt jemand Saxophon wie Albert Ayler. Dort, im „wirklichen" Martinique, trinken sie ihn natürlich pur. Hier oben probiere ich jede Variante. Der Kreis weitet sich. Da gibt es weiße Rums aus einer einzigen Rohrsorte, subtile, parfümierte, gereifte Exemplare, veredelte Jahrgangsrums. Das ist der Himmel. Morgen früh springen die Maschinen wieder an, und der ewige Kreislauf setzt sich fort.

Coca-Cola
Coca-Cola

Guadeloupe

Guadeloupe, das wie ein Schmetterling auf den karibischen Wellen sitzt, verfügt ebenfalls über eine hohe Dichte an Destillerien. Rein mengenmäßig erzeugt es sogar etwas mehr Rum als Martinique. Doch anders als diese Insel ist Guadeloupe relativ unberührt vom Massentourismus – obwohl die Hotels und Restaurants des französischen Überseedepartements einen hohen Standard haben.

Während Martinique kosmopolitisches Flair verströmt, herrscht auf Guadeloupe eine eher ruhige, ländliche Atmosphäre. Hier scheint die kreolische Kultur noch ganz bei sich zu sein. Zumindest entspricht das, was wir sehen, unserer Vorstellung von einer karibischen Idylle.

Die Insel teilt sich auf in zwei sehr unterschiedliche Hälften. Der Ostteil, Grande-Terre, ist flach, tief liegend und korallenhaltig. Die weniger entwickelte westliche Seite, Basse-Terre (in altem Französisch so viel wie „wind-" oder „westwärts") mit der gleichnamigen Hauptstadt, ist vulkanisch. Hier gibt es noch viele Destillerien zu erkunden, während man Vulkangebirge und enge Buchten umrundet.

Die Rumindustrie kam kommerziell erst so richtig in Gang mit dem Befall der französischen Weine durch Mehltau und Reblaus, aber von Anfang an hat Guadeloupe immer mehr Rhum Traditionnel auf Melassebasis bereitet als Rhum Agricole aus Zuckerrohrsaft. Immerhin: Als es gegen Ende des 19. Jahrhunderts zum ersten großen Rumboom auf Martinique kam, waren die Brennereien dort auf die Melasse ihrer nördlichen Nachbarin angewiesen. Heute ist die Trennung klarer. Erzeugten beide Inseln Ende der Neunzigerjahre des 20. Jahrhunderts rund 66 000 Hektoliter reinen Alkohol, so bestand dieser auf Martinique zu 85 Prozent aus Rhum Agricole. Auf Guadeloupe wurden nur 30 Prozent aus Rohrsaft erzeugt, doch mit dem Niedergang der Zuckerproduktion wächst der Anteil des Rhum Agricole stetig.

Diese Rums aus Rohrsaft sind zweifellos die besten der Insel. Die meisten Destillerien spezialisieren sich darauf und überlassen die Produktion von Rhum Traditionnel Firmen wie Simmonet, wo man Rhum Agricole während der Erntezeit und Rhum Traditionnel in der übrigen Zeit erzeugt, sowie Damoiseau, dem größten Erzeuger der Insel, der Rhum Traditionnel nur für Lieferungen in großen Mengen produziert.

Alle Rums (außer den kleinen Mengen von Rhum Léger, einem leichten, hoch rektifizierten Rum) werden im französischen Standardstil hergestellt: mit Einzelsäulenanlagen, die ein Destillat liefern, das oft eine relativ geringe Stärke hat, aber hocharomatisch ist. Eine Ausnahme ist Montebello, dessen Verbundsäulen ein leichteres, zarteres Destillat hervorbringen.

In vielerlei Hinsicht entspricht der Unterschied zwischen „französischem" Säulenanlagen-Rum und Standard-Säulenanlagen-Rum dem zwischen Cognac und Armagnac. Während Cognac in Pot Stills erzeugt wird, verwendet man für Armagnac kleine Säulenanlagen, um ein Destillat von geringerer Stärke zu erzielen. Seine reichhaltigen Aromen werden erst nach vielen Jahren im Fass abgebaut. Kein Wunder also, dass alle Erzeuger von Guadeloupe auch vieux (gereifte) Rums produzieren, die per Gesetz in Fässern mit einem Volumen von weniger als 650 Litern mindestens drei Jahre reifen müssen.

Für mich kommen einige der besten derartigen Rums von der Nachbarinsel Marie-Galante, auf der es trotz ihrer geringen Größe noch drei Erzeuger gibt: Magdala, Bielle und Père Labat.

Rhum Traditionnel aus Guadeloupe verkauft sich in Frankreich seit vielen Jahren sehr gut, wobei er vorwiegend in der Küche und weniger hinter der Bar verwendet wird. Inzwischen bemüht man sich, dem Rhum Agricole mehr Aufmerksamkeit und Wertschätzung zu verschaffen, besonders den gereiften Sorten. An den Rums mangelt es nicht – was man jetzt benötigt, ist Zeit, Geld, eine Klassifikation im Sinne einer Herkunftsbezeichnung (Appellation d'origine) wie auf Martinique sowie, wenn man das hier so empfehlen darf, eine größere Bereitschaft, mit der Außenwelt in Kontakt zu treten. Sobald dies geschehen ist, wird Guadeloupe zu Recht als Spitzenerzeuger geschätzt werden.

Links: Zeit für einen Ti-Punsch!

Barbados

Hier fing alles an. Für den Reisenden in Sachen Rum ist die Landung auf Barbados wie eine Heimkehr – woran auch 747 mitreisende blasse Briten auf der Suche nach Sonne nichts ändern. Hier ist man der Heimat des Rums so nahe wie sonst nirgendwo. Vom Flughafen aus begeben sich die Touristen direkt an die Traumstrände der Südküste, ich aber fahre unverzüglich in die Zuckerrohrfelder. Erntemaschinen verschlingen das Rohr, Traktoren und Laster rattern über die Behelfsstraßen zu den Zuckerfabriken, von denen eine tatsächlich so heißt wie die aus Bristol kommende Familie meiner Frau.

Beeindruckend, wie Riesenwinden und quietschende Förderbänder die Stängel ins Maul der Fabrik befördern. Doch der Zucker liegt im Sterben. Heutzutage müssen die Destillerien der Insel ihre Melasse großenteils anderswo einkaufen, obwohl etwa Richard Seale von der Foursquare Distillery das Ende einer alten Kultur nicht betrauert. „Das Image des Rums war fest an den Zucker geschmiedet", erklärt er. „Das hat uns niedergedrückt. Im 21. Jahrhundert wollen wir nicht wieder vor dem Problem stehen, dass der ganze Mehrwert im Ausland erwirtschaftet wird. Die alte Rumkultur liegt im Sterben, weil der Zucker im Sterben liegt – und das ist gar nicht so schlecht."

Auf Barbados, einem beinahe mythischen Ort, wurde englischen Kaufleuten erstmals klar, dass sie mit Zucker Millionen verdienen konnten – und das ohne großen Aufwand. In dem 1639 erschienenen Buch „The Distiller of London" findet man gleich zwei Rezepte für „Barbadoes Water", einen Drink aus Zitronat, Zimt, Bergamotte, Gewürznelken, Safran (für die Farbe), rektifiziertem Alkohol und Zucker. Natürlich weist das darauf hin, wie gefragt Barbados im London dieser Zeit war, auch ist die erste Verwendung einer größeren Menge Zucker als Hommage an diesen mythischen Ort zu verstehen, und „last, but not least" begegnet uns hier ein merkwürdiger Vorfahre des Rums, der sich wie ein Geist aus der Zukunft in dieser süßen Gewürz-Spirituose niedergelassen hat.

Barbados-Rum heute

Selbst als Jamaika und dann Guyana Barbados mengenmäßig überholten, erzeugte und exportierte die Insel weiterhin ihre Rums, und auch ihre Destillateure hielten der Tradition die Stange. Die heute existierenden drei Destillerien – Mount Gay, West Indies Rum Distillery (W.I.R.D.) und Foursquare – verfügen über Pot Stills. W.I.R.D. verwendet auch eine alte Säulenkonfiguration für eine „schwere" Sorte, während Foursquare dazu eher zwei als drei Säulen einsetzt.

Doch auf Barbados sind Tradition und Erneuerung eng verwandt. Als dieses Buch entstand, bekam W.I.R.D. neue, moderne Gäranlagen, Mount Gay erweiterte seine Fasskapazität erheblich, während es bei Foursquare, der modernsten Rumfabrik der Karibik, geschlossene Gärbehälter für semikontinuierliche Fermentationen, Vakuum-Destillationsanlagen, komplexe Pot-Destillation und Experimente mit verschiedenen Fasstypen gibt. Dies alles entspricht Richard Seales leidenschaftlichem Glauben an die Premiumqualitäten von Rum und seiner strikten Ablehnung der alten Willfährigkeit der Rumindustrie gegenüber den Großeinkäufern.

Bei W.I.R.D. denkt man anders. Schließlich verfügt man über einen Exklusivvertrag für den be-

Oben: Nicht Kanonen, sondern bloß Destillationssäulen liegen vor der Mount Gay Distillery auf Barbados.

Rechts: Straßenszene à la Barbados.

kannten Rumlikör Malibu und ist sich auch sonst seiner Rolle als Hauptlieferant großer internationaler Marken bewusst.

Schwarzer Rum

Barbados und der Rum sind eine Einheit. Oder wie der Rundfunkjournalist David Ellis zu mir sagt: „Der Rum ist unabdingbar für unser Lebensgefühl.“ Er deutet auf eine Flasche Mount Gay. „Diese Marke bedeutet mehr für uns, als man auf den ersten Blick meint. Wegen unserer kolonialen Vergangenheit, der Sklaverei ... Verstehst du, dieser Rum ist schwarz. Er gehört uns, und sein internationaler Erfolg ist eine große Sache.“

Mount Gays Begründer, Aubrey Ward, war ein weißer Pflanzer und angeblich Vater von ungefähr neunzig Kindern. Als er starb, hinterließ er das Gut seinen Nachkommen. Die Destillerie St. Lucy wird noch immer von seinem Sohn Carl geführt. Deshalb ist David auf die Marke stolz, nicht nur, weil sie international Erfolg hat (dank dem Getränkeriesen Rémy-Cointreau, inzwischen Mehrheitsaktionär von Mount Gay), sondern weil die Wards ihren Wurzeln treu geblieben sind und den Menschen vor Ort beistehen. Mount Gay ist lokal und international zugleich.

Bei einer Veranstaltung von Mount Gay hielt ein Minister eine witzige, selbstironische Rede auf den Rum. Er sprach davon, wie schwer es kleinen Ländern falle, auf einem globalisierten Markt zu überleben, und wie wichtig es sei, dort draußen eine Marke mit der Karte des Landes auf dem Etikett zu haben – und tatsächlich prangt ja die Karte der Insel auf jeder Mount-Gay-Flasche! David, Clement vom Fisherman's Pub und ich gingen an die Bar, bestellten noch einen Rum und brachten einen Toast auf die Wards aus.

Doch auch die anderen Kaufleute sollen erwähnt werden: die Seales, Valdemar Hanschell, die Fields und die Doorlys, die den Rum von Barbados förderten. 1906 wurde den Destillerien per Gesetz verboten, ihre Rums in Behälter von weniger als zehn Gallonen (45,4 Liter) abzufüllen. Kaufleute aus Bridgetown kauften einfach Rums, verschnitten sie und setzten ihre eigenen Namen aufs Etikett. Viele dieser Marken existieren noch heute: Mount Gay, der offiziell 1926 herauskam, Hanschell Innis' Cockspur, E.S.A. Fields und Doorly's. Die letzten beiden gehören inzwischen Richard Seale.

Der Tourismus sei ja schön und gut, sagen meine Freunde auf Barbados, aber im Rum liegt unsere Zukunft. Endlich verabschiedet sich Barbados von der alten Kolonialhaltung, die für Richard Ligon noch selbstverständlich war (siehe Seite 13), als er von den „zehntausend Acres Land“ schrieb, „die den Kaufleuten von London gehören“. Wir befinden uns in der postkolonialen Ära, wo Rum der Schlüssel ist zu Stolz und Selbstvertrauen der Bewohner. Er ist keine beliebige Ware, wie der Zucker, sagen sie auf Barbados, sondern unser Herz, unser Blut, unser Stolz. Zucker ist altes Geld – er steht noch immer für Sklaverei. Oder wie der Dichter Kamau Braithwaite über seine Heimat schrieb:

Denn an ihrem Handgelenk
trägt sie den Schatten der Kette

Seltsame Gedanken an einem Ort, wo das Meer die Farbe Türkis neu definiert und Gelassenheit vorherrscht. Sogar die Taxifahrer lassen sich hier Zeit. Die Menschen grüßen einen aus reiner Freundlichkeit. Barbados hat viele Gesichter. An einem Abend kann es gekühlter Chardonnay, Thunfisch-Sashimi und Mahi-Mahi sein, während die dunklen Wellen den weißen Sand umspielen, am nächsten die lärmende Fischbude bei Oistin's. Sie können sich in die Kühle der Plantage von Villa Nova zurückziehen oder an die tosende Atlantikküste fahren, auf der Suche nach Rumläden, wo man Ihnen Lebensmittel verkauft, während Sie in der Nachmittagshitze eiskaltes Banks-Bier trinken und sich mit weißem Rum von Fields benebeln. Dann taucht wieder ein neues Barbados auf, mit Kricket im Fernsehen und Dominoklicken im Hinterzimmer. Sie können sich darauf einlassen, ruhig ein wenig tiefer im porösen Korallenkalkstein von Barbados graben.

Ich sitze da und denke an Jerry Edwards von Mount Gay, an Richard Seales Leidenschaft und radikale Visionen und daran, dass der Barbados-Rum eine glänzende Zukunft hat.

Links: Feldarbeiterin auf Barbados.

Saint Lucia

Aus dem Dunst des Meeres erhebt sich ein
gehörntes Eiland mit tiefen grünen Häfen . . .
Ein Ort des Lichts mit leuchtenden Tälern
unter geballtem Gewölk . . .
Aus ihrem Gebirge sprudeln Quellen in
moosbärtigen Wäldern

Seit ich zum ersten Mal Derek Walcotts „Omeros" (Homer) gelesen habe, wollte ich den Geburtsort des Nobelpreisträgers für Literatur kennen lernen – und den Schauplatz seines epischen Gedichts. Es zeichnet ein lebendiges Bild einer Insel, die von Regen gepeitscht wird, mit tiefen Wäldern und taudicken Lianen, einer vulkanischen Landschaft aus Schwefel, Brandung und dunkelblauen Hügeln. Von Fischern ist die Rede, von Ausländern und Obeah-Frauen, die alle einen Platz auf dieser Welt suchen. „Omeros" handelt vom Gefühl des Angekommenseins und zugleich von der Vertreibung: das klassische karibische Dilemma.

Die Insel enttäuscht nicht. Im Innern schlängeln sich Straßen durch den Regenwald, der ab und an Ausblicke in tiefe Täler und unglaublich schöne, von Palmen gesäumte Häfen gewährt; die zwei Vulkankegel, französisch „Pitons" genannt und Wahrzeichen der Insel, ragen wie „Hörner" aus dem Ozean. Es gibt Bananenplantagen und Rumläden, wo die Menschen jeden Freitagabend sitzen und ihren frittierten Fisch mit Bounty-Rum oder der gewürzten Eigenmarke des Ladens hinunterspülen. Diese ist meist mit etwas dominikanischem *bois bandé* angereichert, das angeblich ein Aphrodisiakum ist. Natürlich verkauft sich alles prächtig, was diese Rinde enthält, und die findigen Destillateure von Saint Lucia verwenden es in zwei Produkten: 7th Heaven und Kwèyòl. Wirkt es? „Da müssen Sie jemand Älteren als mich fragen!", bekommt man generell zur Antwort.

Auf der Fahrt zur Insel habe ich einen Artikel über Marketing gelesen, in dem die Autorin empfiehlt, nicht einfach zu sagen: „Dies ist eine Banane", sondern vielmehr zu fragen: „Was ist eine Banane?" Und genau das tun Geschäftsführer Laurie Barnard und sein Team bei St. Lucia Distillers seit etlichen Jahren. Sie verkaufen nicht einfach Rum – sie fragen: „Was ist Rum?"

Teilen und vermehren

Der Schlüssel zum Firmencredo heißt Diversifikation. Derzeit werden 21 Produkte herausgebracht: gewürzte Rums, aromatisierte Rums, Cremeliköre auf Rumbasis und Sirupe ebenso wie reine Rums, vom sanften Bounty bis zum tiefen, toastigen Admiral Rodney und dem komplexen, eleganten Chairman's Reserve (meinem Lieblingsrum). Wenn es nach Barnard geht (und das tut es meistens), ist mit noch mehr zu rechnen. Er würde gern Zuckerrohr anbauen, um einen Agricole zu produzieren, liebäugelt mit der Idee von Bio-Rum und hat gerade eine neue Pot Still gekauft.

Wie praktisch alle Rumerzeuger steht auch St. Lucia Distillers vor einem Dilemma. Man möchte das solide Massengeschäft nicht aufgeben, braucht aber, um zu florieren und sich von der Konkurrenz abzuheben, mehr als eine Marke. Der Vorteil beim Rum ist, dass man angesichts der Vielzahl von Chancen nicht lange über unbesetzte Nischen nachdenken muss.

Merkwürdigerweise hat man auf Saint Lucia erst seit kurzem das heimische Produkt schätzen gelernt. Trotz der normalerweise erbitterten Rivalität zwischen den Inseln verkaufte sich noch vor zehn

Oben: Ein „nationales" Symbol.

Rechts: Fischerboote, bereit zum Auslaufen.

REPENT AND BE BAPTIZE
JESUS SAVE

Oben: Das karibische Paradies schlechthin.

Jahren Rum aus Barbados am besten. Warum? Laurie Barnard ist ganz offen: Das eigene Produkt war nicht gut genug. Auch das muss man den Saint Lucianern lassen: Sie wissen genau, was ein guter Drink ist. Es genügte ihnen nicht, dass ihre Heimat Rum erzeugt – es sollte auch der beste Rum sein. Was heute, ihrer Meinung nach, auch der Fall ist.

Es waren einmal drei Destillerien ...

Rum war auf Saint Lucia ein Spätzünder, da auch der Zucker erst im 19. Jahrhundert Hauptprodukt wurde. Am Ende des Zweiten Weltkriegs gab es aufgrund anhaltender Probleme in der Zuckerindustrie nur noch drei Destillerien: Cul de Sac und Roseau im Westen und Dennery (von Barnards Großvater geleitet) an der Atlantikküste. 1959 kaufte der holländische Bananenproduzent Geest die Täler von Cul de Sac und Roseau; 1963 wurde das Zuckerrohr von den Bananen überholt. Dennery hatte die Zuckerproduktion bereits 1957 eingestellt, produzierte aber bis 1972 Rum. Für die Rumherstellung musste die Melasse nun freilich eingeführt werden. Ein Joint Venture zwischen den Barnards und Geest konzentrierte die Produktion dann auf die Destillerie Roseau, die dank ihres Tiefwasserhafens die Melasse gleich weiterverarbeiten konnte. 1993 zog sich Geest zurück. Fünf Jahre später erwarb Angostura einen Anteil von 24,9 Prozent.

Das Gelände von Roseau bietet heute lebendigen Geschichtsunterricht. Bananenplantagen säumen die Straße, und neben der Destillerie verfällt das Mauerwerk der alten staatlichen Zuckerfabrik. Das Dach ist verschwunden, die Walzen rosten vor sich hin. Ein Kapitel wurde abgeschlossen.

Heutzutage ist Saint Lucia ein Touristenmagnet. Die Hauptstadt Castries ist ein Paradies für Schnäppchenjäger, die auf den riesigen schwimmenden Malls im Hafen zollfrei einkaufen und sich dann in ihre mehrstöckigen Herbergen zurückziehen. Geld kommt auf diese Inseln, um fast sofort wieder zu verschwinden. Saint Lucia könnte ein archetypisches Inselparadies sein, ist aber auch ein kleiner Staat: 156 000 Menschen mitten im Meer, die, wie Barnard es ausdrückt, in einer großen, vom Big Business beherrschten Welt zu überleben versuchen.

Während die Zuckerfabrik an Roseaus Vergangenheit erinnert, verweist die Destillerie auf die Zukunft. Hier wird Rum in seiner ganzen Vielfalt, wenn auch in kleinem Maßstab, erzeugt. Es gibt eine Zwei-Säulen-Anlage, eine kleine, vollkommen geformte Pot Still mit zwei Kolben von John Dore und das Prachtstück: eine nagelneue Vendôme-Pot-Still aus Kentucky.

Man setzt drei Hefearten ein. Die Anlagen liefern sechs verschiedene Sorten; mehr wird möglich sein, wenn die Vendôme ihr ganzes Potenzial entfaltet hat. Die Firma bedient nicht nur den Markt für aromatisierte, gewürzte Rums und Rumliköre, sondern kommt auch der steigenden Wertschätzung der von Pot Stills erzeugten, intensiven Rums entgegen. „Die Leute wählen Pot-Still-Rums ganz bewusst aufgrund des Geschmacks“, erklärt die Produktionsmanagerin Marie-Celin Lawrence. „Auf der kontinuierlichen Anlage können Sie Melodien erzeugen. Sie können sie wie eine Flöte spielen, aber Sie werden nicht die tiefen Töne herausholen, die Ihnen eine Pot gibt.“ Diese Pot-Still-Melodie verleiht von Hause aus weichen, eleganten Rums wie Chairman's Reserve und Admiral Rodney Größe und Charakter.

Die Produkte sollen ihre Herkunft nicht verleugnen, sondern im Gegenteil eine Verbundenheit mit ihrer karibischen Heimat ausstrahlen. „Cognac, Armagnac, Malt Whisky – all diese Spirituosen lassen sich als Spitzenprodukte in kleinen Mengen und dennoch gewinnbringend verkaufen, weil sie in ihrem Geburtsort verwurzelt sind“, meint Barnard. „Warum sollte das beim Rum anders sein?“

Trinidad

Hüte dich vor der *madness,* hatte Alex mich gewarnt. Natürlich gab ich nichts auf seine Warnung – was ich sofort bereute. Die Pfeffersauce setzte meinen Mund in Brand und hinterließ eine Feuerspur in meiner Kehle. Ich schmeckte zwar kaum die würzigen Kichererbsen, aber das hielt mich nicht davon ab, augenblicklich einen weiteren *doubles* zu bestellen. Das ist Trinidad. Hier macht man lächerliche, leichtsinnige Sachen – *just for fun.* „Mann, die wissen, wie man Partys feiert", sagte ein Freund auf Saint Lucia. „Ja, das können die", warf ein Bekannter aus Barbados ein. „Sie feiern Partys, und wir arbeiten." Damit haben die Leute auf Trinidad aber kein Problem ...

Das heißt nicht, dass man auf Trinidad den Rum nicht ernst nehmen würde. Das tut man – sowohl vom Konsum her als auch vor allem hinsichtlich der Methode seiner Zubereitung. Dies ist das Land der Mehrsäulenanlagen. Wer einmal vor der mehrstöckigen Anlage von Angostura gestanden hat, die zusammengekniffenen Augen in den Himmel gerichtet und vollkommen darauf konzentriert, dem Labyrinth der sich um die silbernen Säulen windenden Rohre zu folgen, weiß, wovon ich spreche. Das ist Rumerzeugung als Wissenschaft – Angosturas Methode seit den Vierzigerjahren des vorigen Jahrhunderts. Im Gespräch mit Produktionschef Patrick Patel ist von Puerto Ricos Pilot Plant (siehe Seite 77) die Rede, von Gaschromatographie, Massenspektrometrie und Kapillarsäulen. Es ist ein ernstes Geschäft, in dem, wie Patel es formuliert, „die Nase sich mit wissenschaftlicher Forschung verbündet".

Mit einem Bitter fing alles an

Alles lief wie geschmiert für Angostura, als seine Produktion zu 80 Prozent aus hochwertigem, leichtem Rum für den Massenmarkt bestand. Bacardi hatte bis 1997 das Mehrheitsrecht in der Firma und ließ die gesamte, für die Karibik bestimmte Produktion hier herstellen. War es da nötig, internationale Marken zu entwickeln?

Und dann waren da noch die Bitters. Wenn Sie die Büros von Angostura betreten, schlägt Ihnen der vertraute Duft sofort entgegen: absolut exotisch, alles durchdringend. Auf jedem Tisch in der Kantine steht eine Flasche; sogar in den Kaffee kommt ein Spritzer davon (was ich nur wärmstens empfehlen kann) – und zwar bevor Sie zu den Drinks kommen. Was wären Barkeeper ohne Dr. Johann Siegerts aromatische Bitters? Dabei kurierte der idealistische Preuße in seiner Funktion als Generalstabsarzt mit seinen Tropfen zunächst nur die fiebrigen Infektionen, an denen Simón Bolívars Truppen litten.

Siegerts Söhne verlegten das Geschäft 1875 nach Trinidad und diversifizierten nach dem Ersten Weltkrieg in Rum. Den kannte die Welt freilich nicht. Sie hatte vergessen, dass es der Rum aus Trinidad war, der die Andrews Sisters zu „Rum and Coca-Cola" inspirierte; der Rum, den amerikanische Militärangehörige im Zweiten Weltkrieg tranken. Heute erscheint die letzte Zeile des Refrains besonders bedeutsam: „working for the Yahnkee dollaaaah". Auf Subventionen kann man heute nicht mehr bauen. Um auf einem freien globalisierten Markt bestehen zu können, muss man eine eigene, unverwechselbare Identität entwickeln. Also traf man in der Firma die einzig richtige Entscheidung: Angostura sollte zu einer internationalen Marke werden.

Oben: Drink long, drink deep!

Rechts: Eine flamboyante Idee – die Vorbereitung der Fässer.

Die Firma hatte zwar dreißig Sorten auf dem lokalen Markt, hielt aber keine für den internationalen Gaumen geeignet. Trotz einer Vorliebe für Pfeffersaucen schätzt man auf Trinidad, wie fast überall in der Karibik, leichten Alkohol. Das neue Exportangebot weist am oberen Ende einen zwölf Jahre alten Rum (1824) auf, dann ein Trio von (gereiften) weißen, goldenen und dunklen Rums als Einführungsmarken, einen Añejo (gereiften) für Lateinamerika und für das mittlere Marktsegment den Rum, der für mich die vielversprechendste Marke ist: 1919. Damit wird Angostura sich weltweit einen Namen machen, und doch muss ich hier meine Schwäche für die heimischen Marken Black Label und Royal Oak bekennen.

In diesem Unternehmen sprudelt es nur so vor Ideen. Die Mutterfirma C. L. Financial wurde in Rekordzeit zum Global Player; sie kontrolliert Todhunter/Cruzan, besitzt die Scotch-Destillerie Burn-Stewart, Hine Cognac und hat Anteile an Destillerien auf Saint Lucia, in Suriname und in Polen. Vor allem sitzt sie auf Trinidad. Heute zeigt Angostura der Welt echten Trini-Rum.

Die Ursprünge feiern

Trinidad ist urbaner als die meisten anderen Inseln – ein brodelnder Eintopf der Kulturen, der seine Schärfe auch dem massiven Zustrom besitzloser indischer Arbeiter verdankt, die zwischen 1838 und 1924 in der Zuckerindustrie beschäftigt waren. Darum aß ich zum Frühstück die beliebten *doubles* (entspricht dem indischen *channa batura*) und kippte Rum und Bier zum nationalen Fast Food *roti*. Das Essen ist weder indisch noch afrikanisch, kreolisch, südamerikanisch oder europäisch, sondern einfach Trinidad, und dieses starke Identitätsgefühl feiert sich im Karneval selbst.

Auf allen Karibikinseln gibt es den Karneval, aber nirgendwo wird er so ausschweifend wie hier gefeiert. Er ist eine Verschmelzung von europäischen (französisch-katholischen) und afrikanischen Elementen und soll eigentlich die Fastenzeit einläuten, entstand aber aus dem einen Tag im Jahr, an dem maskierte Sklaven ihre Herren verspotten durften. Diese Wurzeln hat er sich bewahrt. Die großen, fantastisch gekleideten Festgruppen kommen aus den armen Vorstädten, hänseln und necken die wohlhabenden Zuschauer und setzen sich selbst in Szene. Alle Grenzen verschwimmen, die gesellschaftlichen Schranken fallen im Rhythmus der Musik, die ganze Insel stampft, tanzt und trinkt. Noch seltsamer ist die Eröffnungsfeier, *J'ouvert,* die in den frühen Morgenstunden beginnt, wenn Zombies, Duppys und Teufel durch die Straßen ziehen, mit Dreck und Körperfarbe beschmiert wie Urzeitkreaturen.

Und Angostura? Auch in dieser Firma gräbt man nach etwas Vergessenem. Reinen Rum zu machen ist die eine Sache, aber die erfolgreichsten internationalen Marken verfügen über einen zusätzlichen Reichtum, der ihnen Charakter verleiht. Wie bei *J'ouvert* geht es um das Wiederentdecken von Wurzeln, die Bereitung von Pot-Still-Rums, ums Schwerwerden und dann ums Feiern.

Wäre es doch auch so bei der anderen Destillerie der Insel, bei der staatlichen Caroni. Während ich dies schreibe, wird über ein Umstrukturierungsprogramm für die Zuckerindustrie nachgedacht, und danach wird sie vielleicht verkauft, erhalten – oder geschlossen. Tatsächlich verfügt Caroni über die Erfahrung (und Bestände) mit gereiften Rums, die Angostura benötigt. Caroni-Rums werden nach Europa und auf andere Karibikinseln exportiert, die sie als eigene Kreation abfüllen. Man hat großartige Rums, bleibt aber im Morast der Unentschlossenheit stecken.

Ich weiß noch, wie ich an einer Straßenecke herumstand. Wir plauderten über die Qualität des Schlamms für *J'ouvert,* den Sound der Band, die wieder und wieder einen kniffligen Riff übte, über die Leute hinter den Kulissen im Festlager, die mit Glitter übersät, von Federn und Kronen umgeben sind, und die Leute, die sich draußen mit ihren Dollars anstellen, um das Kostüm des Jahres zu erstehen. Und danach?, frage ich Alex. „Vielleicht gibt's keine Party mehr – vielleicht einen ganzen Monat lang nicht", erwidert er, als ob dies eine Schande für sein Land wäre.

Die Welt bräuchte mehr Orte wie diesen, mehr Rumerzeuger mit der gleichen Einstellung.

Links: Fantastische Kostüme – der Karneval ist Trinidads Seele.

Andere karibische Inseln

Oben: Der Autor als Anhalter.

Rechts: Ein toller Fang.

König Zuckerrohr regiert nicht mehr in der Karibik, und die alte symbiotische Beziehung zwischen Zucker und Rum wurde gelöst. Auf manchen Inseln gibt es gar keine Zuckerplantagen mehr und auch keinen Rum. Zuerst ging das Rohr, die Zuckerfabriken wurden stillgelegt, dann starb die Hefe, und die Destillierapparate erkalteten – ein Stück kulturelles Erbe verschwand. Zucker mag eine internationale Ware sein, aber Rum lebt von seinem Ursprung – er wurde aus lokalen Zutaten bereitet und vom lokalen Klima beeinflusst. Einheimische haben ihn hergestellt und gepflegt, in dem Stil, den sie liebten.

Heute zwingt die Zuckerkrise viele Inseln, sich nach neuen, profitableren Verdienstmöglichkeiten umzuschauen und ihre Zuckerrohrfelder zu roden. Bauxit, Leichtindustrie, Gewürze, aber vor allem der Tourismus haben König Zuckerrohr gestürzt. Doch man muss die Melasse nicht vor Ort haben, um Rum zu produzieren. Auch das Verschneiden eines Rums auf einer Insel kann das historische Erbe der Rumerzeugung retten. Bermuda ist so ein Fall. Es gibt dort kein Zuckerrohr, keine Destillerie, aber dennoch einen eigenen Rum, auf den man stolz ist: Gosling's Black Seal. Carriacou hat ihren Furcht einflößenden Jack Iron, der auf Trinidad erzeugt wird. Die Tortuga Rum Company auf den Kayman-Inseln produziert ihre Palette durch Verschneiden von jamaikanischen und barbadischen Rums.

Saint Kitts ist ein wenig anders. Hier gibt es eine Destillerie, doch sie erzeugte keinen Rum, sondern starken Rohrbrand, der als C.S.R. (Cane Spirit Rothschild) verkauft wurde. Die Fabrik wird heute als Joint Venture von Demerara Distillers in Guyana geführt, produziert aber zurzeit nicht. Was demnächst passiert, ist nicht ganz klar.

Die Rum-Patrioten

Klar ist hingegen, dass jede Insel ihren eigenen Rum erhalten will. Gottlob sind Brenner ein sturer Schlag. Es hat eben etwas, diese klare, unschuldig aussehende Flüssigkeit aus der Still tröpfeln zu sehen, während sich ihr gerade geborenes Aroma mit den Düften der Insel mischt, und so machen sie weiter, allen Hindernissen zum Trotz.

Ein bezeichnendes Beispiel dafür, wie Rum zum Opfer der Wechselfälle auf dem Zuckermarkt wurde, ist die Geschichte der St. Vincent Distillers. Saint Vincent zählt zu den Inseln, die kurzfristig unter der Herrschaft der Kariben standen, bevor sie zum Zankapfel zwischen Frankreich und England wurde, bis England sie schließlich 1763 annektierte. Zucker war zwar ein wichtiger Bestandteil der Landwirtschaft, wurde aber nie zur Monokultur ausgebaut – das gebirgige Saint Vincent galt als „unfruchtbare Insel" (im Sinne der Zuckerproduktion), und andere Produkte wie Pfeilwurz gewannen an Bedeutung.

1963 nannte sich die 1900 erbaute alte Destillerie Mount Bentinck Estate in St. Vincent Distillers um. Leider war dies genau das Jahr, in dem die letzten Zuckerrohrfelder von Saint Vincent Bananen weichen mussten. Zwangsläufig schloss die Zuckermühle, aber für die Rumerzeugung konnte importierte Melasse verwendet werden – und das wird sie noch heute.

Die karibischen Inseln sind dem Welthandel auf Gedeih und Verderb ausgeliefert. In den Achtzigerjahren konnten kleine Bananenplantagen wie die

PILSNER
Lager

Oben: Die wahre Karibik findet man in den Seitenstraßen.

auf Saint Vincent nicht mehr mit den gewaltigen, US-kontrollierten Ländereien in Mittel- und Südamerika konkurrieren. Also kehrte das Zuckerrohr auf die Insel zurück, die Destillerie wurde modernisiert, und 1985 floss erneut Rum aus heimischer Melasse aus der Zwei-Säulen-Anlage. Man muss wohl einen ausgeprägten Sinn für Ironie besitzen, um auf dieser Insel zu überleben, denn gerade als wieder der erste autochthone Rum erzeugt wurde, wurde die Mühle geschlossen, das Rohr herausgerissen, und die Bananen kamen zurück! Die meisten hätten spätestens jetzt aufgegeben, aber gottlob ist die Familie Greaves, seit 1996 Besitzer der Destillerie, aus härterem Holz geschnitzt. Als Lebensader von Saint Vincent muss der Rum überleben.

So wie er es auf Dominica tut. Diese dicht bewaldete, gebirgige Insel war ebenfalls in karibischer Hand, bis sie 1763 von den Briten annektiert wurde. Wie auf Saint Vincent war Zucker nie das einzige angebaute Produkt. Im 18. Jahrhundert wurde das Zuckerrohr durch Kaffee ersetzt. Dennoch blieb der Rum. Heute gibt es zwei Hersteller. Die Marke Red Cap von Belfast ist ein Verschnitt von Rums aus Guyana, Trinidad und Barbados, aber das Macoucherie Estate im Besitz der Familie Shillingford bereitet seine Rums nicht nur aus heimischem Zuckerrohr (das auf dem Gut angebaut wird), sondern auch aus Zuckerrohrsaft, was auf einer „britischen" Insel ungewöhnlich ist.

Das grüne Grenada gleicht einem lebendigen Rummuseum. Dem südlichsten Staat unter den Kleinen Antillen ist es gelungen, seine reiche Tradition der Rumerzeugung zu bewahren – was sich in den Destillationsanlagen der Insel widerspiegelt. Die bedeutendste und bekannteste Marke, Clarke's Court, wird in einer „modernen" Zwei-

Säulen-Anlage produziert; die anderen Destillerien wie River Antoine, Westerhall und Dunfermline sind noch in Privatbesitz. Dank der Fruchtbarkeit der Insel gibt es auf Grenada keine Monokultur wie so oft in der Karibik. Kakao, Obst und Gewürze werden angebaut und eben auch Zuckerrohr, sodass die Güter ihren Zuckerrohrsirup für ihre Pot-Still-Rums selbst erzeugen können.

Das karibische Karussell

Die Rumgeschichte von Antigua mag ein wenig anders verlaufen sein, weist aber ein ähnliches Leitmotiv auf: Aufgeklärte, sture Einheimische verteidigen ihr Erbe. Auf Antigua wurde wahrscheinlich schon Rum erzeugt, kurz nachdem um 1650 das erste Zuckerrohr angebaut worden war. 1764 gab es 300 Plantagen auf der Insel; 1897 wurde Zuckerrohr von 6000 Hektar Land in 78 Fabriken verarbeitet. 1939 gab es nur noch zwei. Das Ende der Rumproduktion war absehbar.

Die Zentralisierung mag ökonomisch sinnvoll gewesen sein, aber als die Zuckerfabriken schlossen, reduzierte sich auch die Zahl der Rums, die lokale Barkeeper verschneiden und zu ihren eigenen Marken aromatisieren konnten. 1932 tat sich auf Antigua eine Gruppe von Ladenbesitzern zusammen, die die nötigen Plantagen erwarb und kurzerhand ihre eigene Destillerie baute. Ihre beiden Caballero-Rums – ein gereifter und ein weißer – wurden in Pot Stills aus Muskovade-Melasse bereitet; doch aufgrund des Drucks, leichte und trockene Rums für den US-Markt zu erzeugen, wurden die Pots in den Fünfzigerjahren durch eine kupferne Säulenanlage ersetzt, der Name Caballero in Cavalier geändert, und im Lauf der Zeit kam die Exportpalette von English Harbour hinzu. Das alles sind wunderbare Rums, und doch frage ich mich manchmal, wie weit wohl die Antigua Distillery mit den Pot-Still-Rums aus Muskovade-Melasse gekommen wäre …

Aber nichts bleibt, wie es ist. Heute gibt es auf der Insel kein Zuckerrohr mehr, der Tourismus treibt die Wirtschaft an, und dieser wiederum wird zum Teil vom Rum angetrieben. Vielleicht ändert sich doch weniger, als man denkt.

Südamerika

Für die meisten Menschen ist Rum ein typisch karibisches Produkt – und doch wird in Lateinamerika mehr Zuckerrohrbrand erzeugt als irgendwo sonst. Zwar wird man nicht alles als Rum klassifizieren, doch er bleibt die Spirituose der Wahl von Mexiko bis Patagonien. Abgesehen von Guyana (siehe Seite 82), entsprechen lateinamerikanische Rums dem leichten, sanften „spanischen" Stil, wie er zuerst auf Kuba und Puerto Rico entstand. Die Zuckerrohr-Brandys (Aguardiente) sind noch leichter und bilden wie im Fall von Cachaça eine ganz eigene Untergruppe von Rum. Doch davon später mehr.

Mexiko

Die frühen spanischen Siedler waren eher auf Gold als auf Zucker aus, aber Zuckerrohr wurde bereits in der jungen mexikanischen Kolonie angebaut. Obwohl das Destillieren zur Zeit des Merkantilismus eigentlich verboten war, unterzogen die Kolonisten doch bald jede Feldfrucht dieser alten maurischen Methode. Ob es nun Getreide, Obst oder Zuckerrohr war, das man destillierte, Hauptsache war, die Sklaven konnten es trinken. Dieser derbe Rum wurde gesüßt (und zuweilen gewürzt) und ergab ein Getränk namens Chinguirito, das die Siedler offensichtlich selbst als Alternative zu den heimatlichen Brandys tranken.

Jedenfalls sollte es noch viele Jahre dauern, bis sie den vergorenen Saft der Agaven, den *pulque*, probierten und zu Mezcal destillierten.

In Mexiko konsumiert man nach wie vor Zuckerrohrbranntwein. Das Land produziert davon jährlich über 45 Millionen Liter, und diese Getränke verkaufen sich noch immer besser als der berühmte Tequila. So ist es kein Zufall, dass die Wahl 1929 zuerst auf Mexiko fiel, als sich Bacardi von Kuba aus nach neuen Standorten für Destillerien umsah. Fast vier Jahrzehnte später errichtete Seagram in Ixtapaluca bei Mexico City eine riesige Destillerie.

Heute gibt es jede Menge Produzenten von Aguardiente de Cana (sowie von Verschnitten aus Aguardiente und Mezcal), unter ihnen auch Bacardi, dessen Rum-Tequila-Mix Ciclón vor kurzem herauskam. Zu den heimischen Rumerzeugern zählen Huasteca (Potosí) am Fluss Valles und die Destillerie Veracruz in der Zuckeranbauregion Córdoba. Letztere bewahrt das spanische Erbe, indem sie das Solera-System zur Reifung des Rums einsetzt. Wenn zum Beispiel der sechsjährige Rum abgefüllt wird, werden die Fässer zur Hälfte geleert und dann mit dreijährigen Rums aufgefüllt, die in einer höheren Etage lagern. Diese wiederum werden mit einjährigem Rum aufgefüllt und dessen Fässer schließlich mit neuem Destillat.

Diese Methode des Blendings wurde ursprünglich im spanischen Jerez entwickelt und sorgt für gleich bleibend guten Geschmack. Streng genommen ist damit die Altersangabe auf dem Etikett nicht korrekt, da in der Flasche auch die jüngeren Rums enthalten sind, die beim Aufbau der Solera ins Fass kamen.

Guatemala

Einer Flasche Zacapa Centenario begegnet man in Europa mit Skepsis. Es könnte die Basthülle der Flasche sein, aber ich vermute, dass man aus Guatemala einfach keinen guten Rum erwartet. Dabei beweist ein Schluck seine Weltklasse.

Während seiner Kolonialzeit hatte sich Guatemala als Kaffeeproduzent hervorgetan. Zwar wurden

Oben: Frische Produkte sind nicht nur fürs Auge verführerisch.

Rechts: Musik und Rum sind vollkommene Partner.

Oben: Die großen Rumrouten werden noch immer befahren.

auch damals schon Rums erzeugt, aber erst im letzten Jahrhundert errichtete man kommerzielle Destillerien. Licorera Guatemalteca (1914) war einer der Pioniere, und die anderen Haupterzeuger (Zacapaneca, Quezalteca, Euzkadi) kamen in den Dreißigerjahren dazu.

Wie fast jedes kleine Land stark von der Landwirtschaft abhängig und auf Deviseneinkünfte angewiesen, fusionierte Guatemala diese Firmen nach dem Krieg unter dem Dach einer zentralen Organisation und verpasste ihr den wenig romantischen Namen Industria Licoreras de Guatemala. Doch was man an Romantik verlor, gewann man in Form technischer Verbesserungen und einer rasanten Qualitätssteigerung dazu. Heute stammt praktisch jede Flasche Rum, die in Guatemala getrunken wird, aus diesem Haus, was wiederum der Grund dafür sein mag, dass Zacapa Centenario bis vor kurzem ein streng gehütetes Geheimnis war. Mit einem Durchschnittsalter von 23 Jahren wird dieser Rum in einer Doppel-Solera gereift, und zwar in Lagerhäusern in 2332 Meter Höhe. Ob nun die Solera, die älteren Fässer oder die kühle Temperatur die mit tropischer Alterung verbundenen Probleme aufwiegen – das Ergebnis jedenfalls kann sich sehen lassen, obwohl es die anderen ebenfalls ausgezeichneten nationalen Marken überschattet. Denn auch Botrán und Colonial haben diesen eleganten, süßen und sanften lateinamerikanischen Stil.

Nicaragua

Zum ersten Mal stieß ich auf Flor de Caña aus Nicaragua, als ich für eine pro-sandinistische Veranstaltungsreihe in Bristol alkoholische Erfrischungen besorgte. Salsa, Jazz und ausgiebige Mengen

von Nicaragua Libre beflügelten damals die Solidaritätsveranstaltungen, die nach Somozas Absetzung zugunsten des Aufbaus dieses kleinen Landes abgehalten wurden.

Eines Abends probierte ich ihn pur: eine Offenbarung! Das war so ein köstlicher, ätherischer und bezaubernder Rum, dass ich ihn nie wieder mixte.

Die Firma, die ihn samt einer gleichermaßen eindrucksvollen Palette erzeugt, die Compañía Licorera di Nicaragua, wurde 1890 in Chichigalpa gegründet, nahm aber die kommerzielle Rumproduktion erst 1937 auf. Die Destillerie, die mit Pot Stills begann, wurde 1963 und erneut zwischen 1994 und 1996 auf Vordermann gebracht, um sich besser auf dem internationalen Markt zu positionieren. Wie die meisten lateinamerikanischen Rums sind all ihre Rums gereift – sogar der weiße Rum bleibt vier Jahre im Fass.

Ecuador

Rum wird praktisch in jedem südamerikanischen Land erzeugt, von Französisch-Guayana (siehe Guadeloupe, Seite 91), Suriname und Guyana (Seite 82) bis Kolumbien, Peru, Bolivien und Argentinien. Ecuador ist da keine Ausnahme. Hier gibt es noch fünf Erzeugerfirmen, deren wichtigste Desarrollo Agropecuario ist.

Ihre Marke San Miguel wurde im späten 19. Jahrhundert zuerst von der Plantage selbst kreiert und erzeugt. Nach der Jahrhundertwende war Desarrollo Agropecuario wie viele andere Destillateure davon überzeugt, dass die Produktion von Rum finanziell vernünftiger sei als die von Zucker, und schaffte englische Stills an. Heutzutage stammen diese Anlagen, die in der Nähe der Zuckerrohrfelder in der Flussebene des Guayas liegen, aus Italien, aber wie in Guatemala findet die Lagerung in den Bergen statt: in Cuenca, rund 2300 Meter über dem Meeresspiegel. Der Schlüssel zu diesen köstlichen, erstklassigen Rums liegt – wie bei so vielen Rums dieses leichteren Stils – darin, dass unterschiedlich alte Rums miteinander verschnitten werden und man sich derart, statt verschiedene Sorten hervorzubringen, auf eine Marke konzentriert. Diese Rums sollte man im Auge behalten.

Zwei andere südamerikanische Länder ragen nicht bloß wegen ihres Rums, sondern aufgrund der schlichten Tatsache heraus, dass ohne sie die karibische Rumindustrie großenteils zusammenbrechen würde. Angesichts des Rückgangs der karibischen Zuckerproduktion ist sie nämlich zunehmend auf venezolanische und vor allem brasilianische Melasse angewiesen, ein Umstand, der viele erfahrene Rumerzeuger ein bisschen nervös macht.

Venezuela

Venezuelas Stellenwert in der Geschichte des Branntweins hat weniger mit Rum zu tun als vielmehr mit der Erfindung des deutschen Arztes Johann Siegert, der 1823 auf der Basis von lokalem Rum und unter Verwendung von Wurzeln, Rinden und Gewürzen einen Medizinaltrank herstellte (siehe Seite 100). Die Firma seiner berühmten Bitters, Angostura, übersiedelte zwar 1875 nach Trinidad, doch Venezuela ist weiterhin ein wichtiger Rum- und Zuckererzeuger. Zwei seiner Hauptproduzenten, Carúpano und Santa Teresa, waren Ende des 18. Jahrhunderts Zuckerplantagen, Carúpano im gleichnamigen Tal, Santa Teresa in Aragua.

Venezuela ist ein wichtiger Markt nicht bloß für Rum, sondern auch für Scotch. Kein Wunder, dass der Großkonzern Diageo an Pampero beteiligt ist, obwohl das ehemals kanadische Getränkeunternehmen Seagram durch sein Joint Venture mit Liquorerias Unidas (Cacique) zuerst dabei war. Der kanadische Einfluss macht sich in der Anlage der Destillerie bemerkbar, die (außer Guyana) als einzige in Südamerika schwere Pot-Still-Rums produziert, man erzeugt aber auch Sorten aus kontinuierlichen Säulenanlagen. Der beste unter den Pot-Still-Rums ist die Spitzenmarke Diplomático Reserve.

Brasilien

Brasilien erzeugt einen Großteil der Melasse der Welt und ist überhaupt der größte Produzent von Zuckerrohr, aber streng genommen ist Cachaça, seine bekannteste Spirituose, kein Rum. Im 15. Jahrhundert wurde in Bahía ein vergorenes Zuckerrohrgetränk *(garapa doida)* in Holztröge geschüttet und an Sklaven und Vieh verteilt. Später entstanden dann im Süden in den Goldbergwerken von Minas Gerais Destillieranlagen. Mit der Vereinigung von Technik und Zutaten war der Cachaça geboren, mit dem man Sklaven erwarb und sie anschließend berauschte, während ihre portugiesischen Herren damals noch feinen Madeira schlürften. Heute macht Brasilien mit Cachaça ein Riesengeschäft.

Cachaça kann aus Zuckerrohrsaft, Zuckersirup oder Melasse erzeugt werden. Die großen kommerziellen Marken (51, Ypioca, Velho Barreiro, 3 Fazendas, Pitú, Tatuzinho) werden in Säulenanlagen hoch rektifiziert. Nach der Destillation wird diese Art Rum verschnitten, seine Stärke mit Zuckersirup und Wasser reduziert und dann gefiltert. Die besten Produkte sind sauber und ziemlich süß; die schlechtesten grob und charakterlos.

Ganz anders verläuft die Produktion von traditionellem Cachaça wie Germana. Hier wird die Fermentation von einem Starter aus Zuckerrohrsaft und Mais ausgelöst, der ein gemischtes Destillat und damit keinen Rum erzeugt. Die Maische wird dann in Pot Stills oder Säulenanlagen destilliert und kann gereift werden. Eine gewisse Ähnlichkeit mit französischen Rums ist nicht zu leugnen, unverkennbar sind erdige, vegetabile Noten. Statt weiterer Fachsimpeleien folgt hier das Caipirinha-Rezept: Man nehme ein paar Limetten, schneide und zerdrücke diese mit etwas Zucker, gebe dann ein paar Eiswürfel und einen Schuss guten Cachaças dazu und spiele im Traum Beachfußball mit Ronaldo …

Einst eine rein brasilianische Spezialität, ist der Cachaça heute in der Welt bekannt – dank seinem Cocktail-Star, dem Caipirinha. Die besten Marken in Minas Gerais verfügen inzwischen über ihre eigene Qualitätskontrolle, wobei den Produzenten ebenso viel an der Spirituose selbst wie an einem bewussteren Umgang mit ihr liegt. Der Missbrauch von Cachaça ist tatsächlich ein Problem, was aber weniger am Getränk als an der Armut liegt. Indem der Cachaça ausländische Devisen hereinholt, kann er sogar sein Scherflein zur Stabilisierung der brasilianischen Wirtschaft beitragen. Komplex – aber ist das bei Rum nicht immer so?

Links: Eine Ansicht in den Favelas.

Rum international

Jason und ich beäugten gerade das Gebäude, als der kubanische Sicherheitsmann uns zu sich winkte. „Wollen Sie aufs Dach?“, fragte er. Und ob wir wollten! In der bestens erhaltenen Art-déco-Empfangshalle standen einige verstaubte Stühle, Überbleibsel der ehemaligen Bar. Von der Dachterrasse aus genossen wir den Rundblick über Alt-Havanna. Und über uns wachte die steinerne Fledermaus.

Von ihrem Sitz in Havanna aus hatte die Familie Bacardi ihren weltweiten Eroberungsfeldzug geplant, allerdings war die kubanische Hauptstadt damals noch voller Amerikaner, die sich ins karibische Vergnügen stürzten. Ein wenig weiter die Straße hinunter liegt das Floridita, gegenüber der Plaza ist das Sevilla gerade noch zu sehen. In diesen legendären Bars besiegelte Bacardi erstmalig seinen Ruf – aber seit 1961 ist diese Marke hier nicht mehr vorrätig.

Bacardis Geschichte beginnt mit Don Facundo und der Suche nach einem leichteren Rumstil. In einer Zeit der oft primitiven Rumbereitung und der schweren Destillate setzte Don Facundo Bacardi auf verbesserte Technik, Know-how und natürliches Talent, um seinen Rum zu erzeugen. 1862 kauften er und sein Partner José Bouteiller die Destillerie Nuñez in Santiago de Cuba. Don Facundo isolierte eine (noch heute verwendete) Hefeart, benutzte eine englische Anlage mit Rektifizierungsplatten über der Still und filterte seinen Rum. Doch das Wichtigste ist: Er und seine Familie glaubten an die Macht der Marke.

1910 füllte die Firma in Barcelona ab, acht Jahre später auch in New York. Bacardi nützte die Steuerbefreiung seitens der US-Regierung und erbaute 1936 eine Destillerie auf Puerto Rico, wo die Rums im kubanischen Stil die Errichtung der Rum Pilot Plant (siehe Seite 77) mit ermöglichten. Heute gehören Bacardi vier Destillerien: auf Puerto Rico und den Bahamas, in Mexiko und in Indien. Das Unternehmen erzeugt eine gewaltige Menge Rum – alljährlich verkauft es 180 Millionen Liter.

Nach der Machart der Rums befragt, lässt man bei Bacardi höflich verlauten: „Wir fermentieren. Wir destillieren einen leichten und einen schweren Stil. Wir filtern. Wir lagern. Wir blenden.“ Trotz aller modernen Technik beruht das „Geheimnis“ von Bacardi letztlich auf der Kunst und dem Geschick seiner Blendmeister. Neuerdings machen diese Überstunden. Es gibt eine neue Palette aromatisierter Rums, und die Experimente mit Holz scheinen Früchte zu tragen. Dabei beruht die Reputation der Firma nicht auf Rum, sondern auf der Marke Bacardi. Diese Strategie ändert sich derzeit. Während die übrige Industrie neue Nischen erkundet, muss Bacardi sich auf sein Erbe besinnen.

Bacardi war nicht die einzige Marke, die nach der Revolution aus Kuba verschwand. In den frühen Siebzigerjahren des 19. Jahrhunderts hatten die Brüder Benjamin und Eduardo Camp aus Spanien in Santiago de Cuba innerhalb von zwei Jahren eine neue Rummarke geschaffen: Matusalem. Später übernahm die Familie Álvarez, durch Heirat mit den Camps verbunden, die Geschäfte. In den frühen Fünfzigerjahren des 20. Jahrhunderts soll Matusalem einen fünfzigprozentigen Anteil am kubanischen Markt gehabt haben.

Heute führt Claudio I. Álvarez, der Urenkel des Gründers, die Geschäfte von der Zentrale in Florida aus, obwohl die Marken der Firma, Verschnitte aus karibischen Rums, in der Dominikanischen Republik produziert werden. Wie viele andere lateinamerikanische Rums reift Matusalem in einem Solera-System.

Während einige alte kubanische Marken noch existieren, lässt sich das von den Rums aus den USA leider nicht sagen. Nur noch zwei Destillerien halten das alte Erbe der amerikanischen Rumbereitung aufrecht. Die eine, Prichard's, befindet sich in Tennessee, die andere, Celebration Distillation, in Louisiana.

Der britische Stil

Benannt nach dem einstigen Piratengouverneur Jamaikas (siehe Seite 12), wurde Captain Morgan im Zuge des internationalen Feldzugs geschaffen, den Sam Bronfmans Firma Seagram nach dem Zweiten Weltkrieg unternahm. 1945 wurde die jamaikanische Filiale von Captain Morgan Distillers

Rechts: Über allem wacht die Fledermaus. Die alte Zentrale von Bacardi in Havanna.

Havana Club

gegründet. Ein Jahr später produzierte die Firma auch auf Puerto Rico, kontrollierte eine Zeit lang Puerto Rico Distillers und erzeugte dort die Marke Ronrico. Im Lauf der Jahre umfasste Seagrams Rumimperium Destillerien auf Jamaika (Long Pond und Monymusk), in Mexiko (Ixtapaluca) und auf Hawaii (Leilani). Außerdem wurden Joint Ventures in Venezuela (Cacique), Costa Rica (Gran Blasón) und Brasilien (Montilla) eingegangen.

Während die meisten neuen Rumkonsumenten in den USA Captain Morgan für eine gewürzte Marke aus Puerto Rico halten, ist sie für britische und kanadische Kunden eine der alten Marken dunklen Rums, die den Markt in den Sechziger- und Siebzigerjahren des 20. Jahrhunderts beherrschten. Diese Marken gehören einer Tradition an, die bis ins späte 18. Jahrhundert zurückreicht, als Rumbroker Sorten aus Britisch-Guayana, Jamaika und Barbados miteinander verschnitten. Den Stil bestimmte damals der größte Kunde der Broker: die britische Admiralität.

Auf hoher See

Seit 1655 wurde an die Matrosen der britischen Marine Rum ausgegeben, freilich nicht zum Vergnügen, sondern weil das Trinkwasser auf den Schiffen häufig verunreinigt war und die im Wasser befindlichen Bakterien vom Rum neutralisiert wurden. 1731 gehörte die tägliche Rumration zur offiziellen Routine an Bord, wobei Admiral Vernon („Old Grog") befahl, den Viertelliter pro Tag und Mann in zwei Portionen auszugeben – und zu verdünnen. 1850 wurde ein Quartergill (0,035 l) das offizielle Maß. Zu dieser Zeit hatte sich ein standardisierter Stil entwickelt: ein Verschnitt auf Demerara-Basis vom ältesten Broker der Royal Navy, E. D. & F. Man.

Die Rumration kam zunehmend unter Beschuss, als technische Neuerungen in der Kriegsführung des 20. Jahrhunderts die Marine neuen Belastungen aussetzten. Am 31. Juli 1970 (in Marinekreisen „Black Tot Day" genannt), wurde sie schließlich ganz abgeschafft, obwohl die Spirituose weiterlebt, dank Chuck Tobias, der die Rechte an Pusser's Rum erwarb (siehe Seite 81).

Einer der früheren Marinelieferanten war der aus Cornwall stammende Lemuel („Lemon") Hart. Sein gleichnamiger jamaikanischer Verschnitt wird noch heute von Allied-Domecq produziert und feiert im Jahr 2004 seinen 200. Geburtstag – womit er älter ist als die meisten anderen „dunklen" Rummarken aus Großbritannien.

Zu Letzteren gehören George Mortons OVD, heute im Besitz von William Grant, und Black Heart von United Rum Merchants (U.R.M.). U.R.M. wurde 1946 gegründet, durch den Zusammenschluss dreier alter Blending- und Brokerfirmen: Alfred Lamb (dessen gleichnamige Marke 1865 kreiert wurde), White Keeling und Portal Dingwall & Norris. Ein Jahr später kam die Firma dann bereits zum Zuckergiganten Booker und wurde Anfang der Neunzigerjahre mit Allied-Domecq verschmolzen, obwohl damals die Zeit der mittels frecher Sprüche und kostspieliger Marketingkampagnen geführten Fehden mit Captain Morgan längst vorbei war.

Die Welt hat sich seither weiter gedreht. Und mit ihr Seagram, das inzwischen seine Rumbestände an den Großkonzern Diageo verkauft hat. Doch es gibt noch Hoffnung für „britisch gereifte" Rums – dank der Kreation eines eigenen Sektors für Premium-Rums. Der Whisky-Abfüller Cadenhead hat hier Pionierarbeit geleistet. Durch eine Reihe gereifter Single-Still- und Single-Estate-Rums aus dem Haus Bristol Spirits hat dieser Rumstil in den letzten Jahren mächtig Auftrieb bekommen.

Dass dahinter der Niedergang des dunklen Rums stand, der übrig geblieben in den Lagern der Broker herumstand und nach Verwertung verlangte, ist eine schöne Ironie der Geschichte. Viele versuchten sich vergeblich an diesen Rums, aber die Main Rum Company von Ben Cross hielt bis zum Ende durch und fand einen Markt vor, auf dem es genug alten Rum, keine Broker und ein zunehmendes Interesse an Premiumspirituosen gab. In John Barrett von Bristol Spirits fand Cross einen Geistesverwandten. Gemeinsam bringen sie nun Single-Rums aus der ganzen Karibik heraus – eine spannende Entwicklung für die Industrie und der Beweis, dass der Rum durchaus sein Gegenstück zum Malt Whisky hat.

Links: Der originale Kokosnussrum, die Piña Colada.

Deutschland und der Rumverschnitt

Alle Länder mit großen europäischen Häfen waren Umschlagplätze für Rum, Deutschland bildete da keine Ausnahme. Zentrum seiner Rumindustrie war seit Mitte des 18. Jahrhunderts der (damals zur dänischen Krone gehörende) Ostseehafen Flensburg, von dem aus die Jungferninseln (Virgin Islands) angelaufen wurden. Heute erinnert eine eigene Rum-Abteilung im Schifffahrtsmuseum an die Zeit der Westindienfahrten und der Flensburger Rumfamilien. Die Liebe der Norddeutschen zu echt karibischem und speziell jamaikanischem Rum nahm 1900 ein jähes Ende, als die Importzölle auf Rum zum Schutz der heimischen Spirituosenindustrie erhöht wurden. Die Lösung kam aus Jamaika, wo man mit dem so genannten Hoch-Ester-Stil (siehe Seite 43) den „Pure Rum" schuf, der mit deutschem (steuergünstigem) Korn aufgefüllt werden konnte und den berühmten Rumverschnitt ergab. Leider verstößt diese Praxis inzwischen gegen die Rumvorschriften der EU, weshalb dieser Rumstil ausgedient hat – obwohl dies genuin deutschen Marken wie Pott, Asmussen oder Hansen schadete. Dennoch ist der Gute Pott nicht wegzudenken aus Deutschland, ebenso wenig wie die Feuerzangenbowle oder der winterliche Rumtopf.

Der österreichische Inländerrum enthielt übrigens praktisch überhaupt keinen Rum, während die „Rums" aus Ost- und Mitteleuropa aus Zuckerrüben erzeugt wurden – nach EU-Recht ebenfalls eine verbotene Praxis für die Rumherstellung.

Réunion und Mauritius

Die dritte Rum erzeugende Insel in französischem Besitz liegt im Indischen Ozean. Réunion produziert die Spirituose seit 1704, aber die Sklaven haben wohl schon ein vergorenes Zuckerrohrsaftgetränk, *fangourin,* getrunken, bevor die Stills kamen. Ein Boom in der Zuckerproduktion im späten 19. Jahrhundert ließ die Zahl der Destillerien sprunghaft ansteigen, obwohl Réunion bald darauf der florierenden Zuckerrübenindustrie in Europa zum Opfer fiel. Dennoch waren 1928 noch 31 Destillerien in Betrieb. Heute sind nur noch drei übrig. Anders als auf Martinique litten die von der Zuckerindustrie unabhängigen Rumerzeuger am meisten, obwohl der zunehmende Konzentrationsprozess in der Zuckerindustrie auch eine Rolle spielte. Zwei von ihnen (Savannah und Rivière du Mât) gehören Zuckerfirmen, der dritte, Isautier, ist noch in Familienbesitz. Die Rums werden im traditionellen Stil bereitet, doch eine geringe Menge Rhum Agricole wird ebenfalls erzeugt und großenteils auf der Insel selbst konsumiert.

Beim größten Erzeuger Rivière du Mât liefert die Fermentation einen *vesou* mit einer Stärke von rund 10 Volumenprozent Alkohol, der dann entweder in einer Drei-Säulen-Anlage zu einem leichteren Stil oder in einer alten Einzel-Säulen-Anlage zu einer schwereren Sorte destilliert wird. Ähnlich verhält es sich bei Savannah, obwohl diese Fabrik mehr Rhum Léger als Rhum Traditionnel sowie Rhum Grand Arôme und etwas Rhum Agricole produziert. Die kleine Destillerie Isautier erzeugt nur 4000 H.A.P. (hectolitres alcool pur), meist Rhum Traditionnel, und verfügt über eine umfangreiche Palette von fassgereiften Rums, alles Agricoles. Alle Rums aus Réunion sind in Frankreich erhältlich.

Rum wird auch auf Mauritius gemacht, das wie Réunion im 19. Jahrhundert einen Boom erlebte (1878 gab es 37 Destillerien). Heute gibt es auch hier nur noch drei Erzeuger, zu deren Marken der leichte, liebliche Blue Bay aus der Destillerie Medine in Bambous sowie der Old Mill gehören, ein Rhum Agricole von Grays & Co.

Indien und Nepal

Zwar werden in Indien seit Jahrtausenden Getränke aus vergorenem Zucker bereitet, doch die kommerzielle Rumdestillation ist relativ neu auf dem Subkontinent. Sie wird beherrscht von der riesigen Ajudhia Distillery, während die Marke Mutiny vom Destillateur und Blender Shaw Wallace stammt. Beide sieht man selten außerhalb Indiens.

Nepal Distilleries hingegen, 1960 in Katmandu gegründet, exportiert seine Marke Khukri. Der Rum basiert auf Melasse und wird in einer Drei-Säulen-Anlage destilliert, aber natürlich weiß man in der Firma, dass er seinen Charakter durch die Reifung in Himalajaholz-Fässern erhält.

Rechts: Natürliche Eleganz.

Die Philippinen

Wie Indien bauten auch die Philippinen Zuckerrohr an, lange bevor es die Karibik erreichte. Doch die Rumproduktion begann erst im 18. Jahrhundert und wird seit Mitte des 19. Jahrhunderts in großem Maßstab und qualitätsorientiert betrieben, dank Destillateuren wie Domingo Roxas und Joaquim Elizalde. Dessen Firma Tanduay entwickelte sich zum international bekanntesten Rumproduzenten des Landes, während der heimische Markt von La Toneda beherrscht wird.

Australien und Neuseeland

Man glaubt es nicht, aber auch Australien unterhält eine langjährige Beziehung zu Rum. In der frühen Kolonialzeit diente er als eine Art Währung, mit der Sträflinge für ihre Arbeit bezahlt wurden. Die ersten Siedler tranken importierten Rum oder ihren eigenen Schwarzbrand.

Kommerziell wurde australischer Rum erst 1860 erzeugt, als Beenleigh mit einem Doppel-Pot-Still-System zu destillieren begann, zu dem sich schließlich eine weitere Pot Still gesellte. Heute erzeugen nur Beenleigh und Bundaberg, 1888 gegründet und im Besitz von Diageo, Rum, und zwar in Oz. Die Marke Bundy hat einen Anteil von 95 Prozent am australischen Markt für dunklen Rum.

Seit einiger Zeit gehört auch Neuseeland zur Welt der Rumdestillation. Die South Pacific Distillery, die Roaring Forties produziert, nahm 1982 in einer umgebauten Garage in Queenstown ihren Anfang und sitzt heute in größeren Räumen in der Stadt Nelson.

Gewürzte und aromatisierte Rums

In jedem Rumladen in der Karibik finden Sie eine Flasche oder ein ganzes Regal voller Flaschen, die voll gestopft sind mit Beeren, Schoten, Rinden und Früchten. Gewürzter Rum ist so alt wie die Spirituose selbst: Das Würzen war eine Möglichkeit, den Geschmack schlecht destillierten Branntweins zu verdecken, während sich die medizinische Wirkung der Zutaten dank des Alkohols erhöhte.

Gewürzte Rums boten Rumläden die Möglichkeit, ihr Angebot zu diversifizieren. Man benötigte nur etwas hochprozentigen Rum (das förderte die Extraktion) sowie die Ingredienzien – Vanille, Muskat, Früchte oder Rinden wie das angeblich aphrodisierende *bois bandé* –, und schon konnte man seine eigene Geheimmarke schaffen.

Erst in den Achtzigerjahren des 20. Jahrhunderts begannen die Markenfirmen, die Welt der Gewürze zu erkunden, unter ihnen Giganten wie Captain Morgan und Bacardi. Für mich kommen jedoch die besten gewürzten Marken von kleineren Destillerien wie Kwèyòl auf Saint Lucia und Foursquare auf Barbados.

Von gewürztem Rum war es nur ein kleiner Schritt zu aromatisiertem Rum. Man wählte ein Aroma, das sich nicht nur gut mit Rum vertrug, sondern auch sofort „Karibik" signalisierte. Lange habe ich angenommen, dass Langs Banana der erste dieser Rums war. Doch Vorreiter war wohl Malibu, der Kokosnussrum von Diageo (jetzt Allied-Domecq), der heute auf Platz zwei der bestverkauften Rums der Welt steht.

Dem Beispiel von Malibu folgten andere, wie Koko-Nut, Koko-Kanu und Parrot Bay. Cruzan dehnte den Markt noch weiter aus und bot eine Palette natürlich aromatisierter Rums an, die nach Ananas, Mango oder Vanille schmeckten. Bacardi schlug mit Limón, den Breezers und Rigo zurück, während St. Lucia Distillers Crystal Lime und eine Reihe von Cremelikören auf Rumbasis herausbrachten, was von Wray & Nephew aufgegriffen wurde.

Rumpuristen mögen die Nase über diese Produkte rümpfen, aber sie verstehen nicht, worum es hier geht. Die aromatisierten Rums sind aus zwei Gründen herausgekommen: wegen des vielseitigen Geschmacks von Rum, der sich herrlich mit allen möglichen Zutaten verträgt, und wegen ihrer Trendyness. Vor allem junge Leute vor und hinter der Bar mögen diese Drinks.

„Für mich ist der Rum im Kommen", erklärt Steve Hoyles, Blendmeister von Allied. „Die jüngeren Trinker mögen vielleicht keine traditionellen Rums, aber die Leute sind fade Getränke leid. Es liegt an uns, Rum neu zu kreieren: sein Profil zu ändern, ihn zu verjüngen und zugleich sein karibisches Erbe zu betonen."

Links: Mag jemand Bananenrum?

Wie man Rum genießt

Rum ist die vielseitigste Spirituose der Welt. Kein anderer Drink übertrifft sein Spektrum an Sorten und Geschmacksnuancen. Er kann weiß oder gereift, in Pot Stills oder Säulenanlagen destilliert, gewürzt oder aromatisiert sein. Gemeinsam mit einer Zigarre bildet er den stilvollen Abschluss eines Dinners – und ist doch schon zuvor die perfekte Basis für einen Cocktail gewesen. Beim Rum gibt es eine ganze Welt zu entdecken – wenn man ein paar Regeln beachtet.

Wie man Rum verkostet

Vergessen Sie die Vorstellung, dass Sie Rum nur schmecken oder eine „Nase" davon nehmen können. Tatsächlich setzen Sie alle Sinne ein: Sehen, Riechen, Schmecken, Hören, Tasten – samt der beachtlichen Datenbank in Ihrem Kopf, die man Gedächtnis nennt. Alles, was Sie brauchen, sind Geduld und Übung.

Idealerweise sollten Sie Rum in einem hellen, gut belüfteten Zimmer verkosten, in dem keine anderen Gerüche – von Blumen, aus der Küche – die Aromen überdecken. Sie sollten weder ein Parfüm noch ein Aftershave aufgelegt haben und auch nicht rauchen – es sei denn, Sie verkosten einen Rum und eine Zigarre gemeinsam.

Verwenden Sie möglichst ein Probierglas. Perfekt ist eine Sherry-Copita, ebenso ein Cognacschwenker oder sogar ein Weißweinglas. Gerade Bechergläser konzentrieren die Aromen nicht so ideal wie die gewölbten Seiten eines Probierglases.

Verkosten Sie eine Reihe von Rums nebeneinander, mit einem vertrauten Rum als Referenzgetränk. So können Sie leichter differenzieren. Verkosten Sie in einer logischen Abfolge. Gehen Sie von hell zu dunkel, von leicht zu schwer, von jung zu alt, von schwach zu stark und von Rums mit niedrigem zu solchen mit höherem Esteranteil.

Halten Sie ein stilles Mineralwasser zum Verdünnen bereit – so öffnet sich der Rum und Sie können seine subtileren Nuancen entdecken. Entspannen Sie sich. Können Sie ein bestimmtes Aroma nicht wahrnehmen, schnüffeln Sie nicht weiter, bis Ihre Nase nichts mehr riecht. Gehen Sie zur nächsten Probe über. Und vor allem: Genießen Sie es! Vielleicht scharen Sie auch noch einige gute Freunde zur gemeinsamen Verkostung um sich und tauschen Ihre Eindrücke aus. Die Ideen werden nur so sprudeln …

Wie setzen Sie Ihre Sinne bei einer Rumverkostung ein? Zuerst sehen Sie sich die Farbe des Rums an. Sie zeigt an, wie viel Zeit er im Fass verbracht hat. Ein Rum, der lange in Holz gelagert wurde, wird die Farbe von dunklem Bernstein oder Mahagoni haben. Ein grünlicher Rand deutet auf Alter hin und zeigt, dass der Rum nicht stark karamellisiert ist. Wenn Sie das Glas von sich weg neigen und dann langsam zurückdrehen, werden Sie seine „Beine" bemerken: flüssige Streifen an der Glaswand. Sie zeigen die Viskosität des Rums an. Je zäher und langsamer sie fließen, desto schwerer und körperreicher ist der Rum. Ein dickbeiniger Rum wird Ihren Mund ganz schön ausfüllen!

Riechen Sie nun am Rum, genau über dem Rand des Glases. Achten Sie auf die ersten Aromen, sie sind charakterbildend für den Rum. Sind sie leicht oder schwer? Zeigen sie Anklänge an Toffee, Blüten oder Früchte? Sind sie würzig oder eichig? Ist der Rum aus Zuckerrohrsaft bereitet, kann eine vegetabile Note wahrnehmbar sein; ist der Estergehalt höher, steigt eine an Ananas oder gar an Nagellackentferner erinnernde Note in die Nase.

Jetzt können Sie etwas Wasser zum Rum geben und erneut daran schnuppern. Denken Sie an die Grundaromen und versuchen Sie nun zu spezifizieren. Banane oder Mango, Zitrusfrucht oder Trockenobst bei den Früchten? Pfeffer, Muskat oder Zimt bei den Gewürzen? Vielleicht nehmen Sie einige vom Holz abgeleitete Aromen wie Vanille, Kokosnuss oder Schokolade wahr. Ist der Duft geradlinig oder komplex?

Nehmen Sie sich Zeit fürs Riechen! Die Nase kann Aromen auch in stärkster Verdünnung wahrnehmen. Die Gase wandern nach oben, bis sie auf das olfaktorische Epithel und den Riechkolben treffen. Von dort leiten Rezeptoren die Informationen ins limbische Gehirn, dem Sitz der Erinnerung. Jeder Geruch löst ein Bild aus. Aromen sind bepackt mit Erinnerungen, oft aus der Kindheit. Erfreuen

Rechts: Alles Handarbeit – wie die größten Rums.

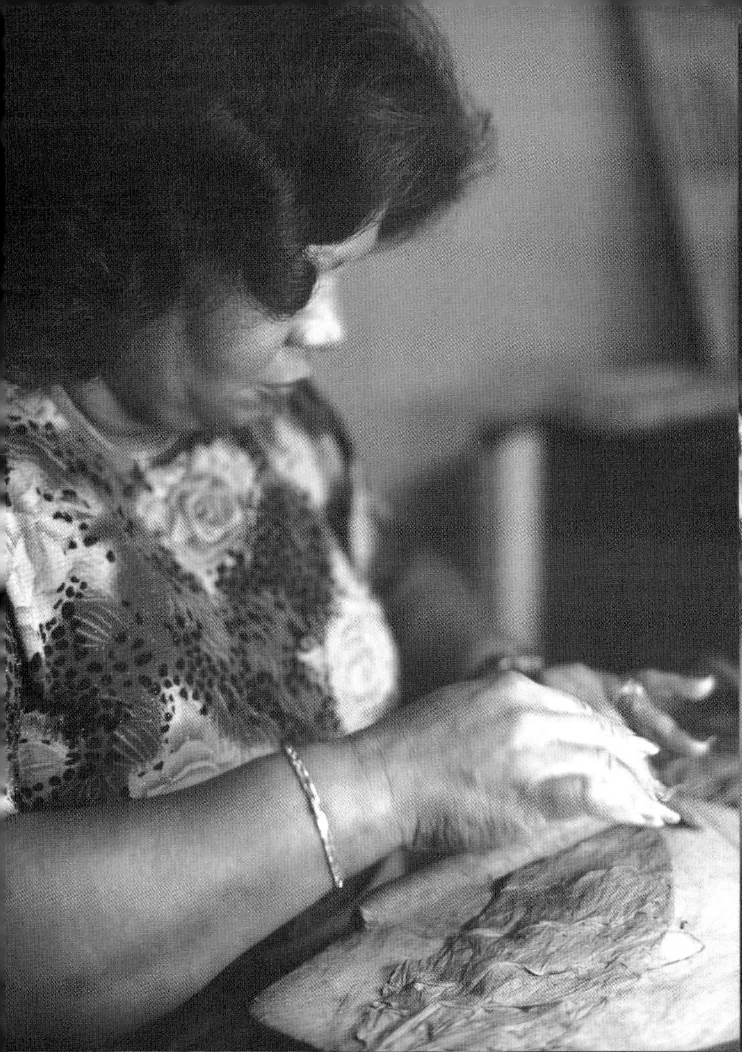

Sie sich daran, aber wenn Sie Probleme damit haben, schließen Sie die Augen und denken Sie an einen Ort, an den Sie dieses Aroma erinnert, oder vielleicht auch an die entsprechende Jahreszeit. Und sagen Sie ruhig, was Sie riechen. Jede Meinung ist wertvoll.

Das Schmecken bestätigt sodann, was wir gerochen haben. Wenn Sie den (puren) Rum zum ersten Mal verkosten, behalten Sie ihn eine Weile im Mund, um sein Gewicht, seine Struktur und sein primäres Aroma zu beurteilen. Ist er leicht, frisch oder robust? Ist die Struktur seidig-weich oder trocken und hart, dünn oder den Mund ausfüllend? Probieren Sie ihn nun mit Wasser verdünnt und behalten Sie ihn erneut im Mund. Kommen die Aromen noch immer durch und erscheinen neue? Wie verhält es sich nun mit der Komplexität? Überlegen Sie, woraus diese Geschmacks- und Aromanoten bestehen und wo genau sie auftreten: an der Zungenspitze, in der Mitte des Gaumens oder beim Abgang. Der Rum sollte sich im Mund entwickeln und verändern. Finden Sie schließlich heraus, ob er ausgewogen ist – Süße sollte durch Trockenheit und Eichencharakter ausbalanciert werden und umgekehrt.

Jedes Mal, wenn ich Rum verkoste, staune ich darüber, was für eine bemerkenswerte Spirituose er doch ist. Vergessen Sie nie, dass er zum Genießen da ist, ein Getränk, das Ihnen ein törichtes Lächeln aufs Gesicht zaubern kann. Geben Sie sich ihm hin und genießen Sie ihn als Drink der reinen Lebenslust, getränkt mit der Süße und Wärme des Zuckerrohrs und mit der donnernden Brandung des türkisfarbenen Meeres als Hintergrundmusik.

Rum und Zigarren

Große Zigarren und große Rums sind auf natürliche Weise miteinander verbunden. Allein die Aroma- und Geschmacksnoten, die ein Rum und eine Zigarre vermitteln können, sind Legion. Zigarren können mild, reichhaltig und von vollem Körper sein – wie der Rum. Ihre Aromen können an Kakao, Kaffee, gegerbtes Leder, Unterholz und Holz erinnern, die Geschmacksnoten an Früchte, Lakritz, Nüsse, Pfeffer und Gewürze, sie können sogar zuckersüß sein. Haben Sie so etwas schon einmal erlebt? Natürlich beim Rum!

Vor allem seine Süße macht Rum zum perfekten Partner einer guten Zigarre. Komplexität ist nötig, um die reichhaltigen Geschmacksnoten des Tabaks zu bewältigen, aber trockene Eiche und zu viel Biss sind eher abträglich.

Was für eine Zigarre soll es sein? Nehmen wir an, Sie sind in einer Bar und bestellen einen Mojito. Kalt und erfrischend kommt er auf den Tisch, die Minze weckt Ihren Gaumen. Es wäre töricht, eine robuste Zigarre anzuzünden. Regel Nummer eins lautet: Kurze Drinks brauchen kurze, leichte bis mittelstarke Zigarren. Eine Romeo y Julieta No. 1 (114 mm, Ringmaß 40), eine Cohiba Exquisito (127 mm, Ringmaß 36) oder eine San Cristobal de La Habana El Príncipe wäre für die meisten Gaumen ideal, es sei denn, Sie wollen länger sitzen bleiben. Die komplexe Hoyo de Monterrey Epicure No. 1 mit mittlerem Körper (142 mm, Ringmaß 46) ist wunderbar vielseitig. Sie dominiert den Cocktail nämlich nicht, während die Minze den Gaumen reinigt. Und während der Rauch in der Luft schwebt, fühlen Sie sich nach Havanna versetzt.

Regel Nummer zwei lautet: Für einen Drink nach dem Essen nehmen Sie eine Zigarre mit vollerem Körper und einen reichhaltigeren, in Holz gereiften Rum. Manche Rums schmiegen sich Zigarren besser an als andere. Perfekt ist der komplexe, stark würzige Appleton Extra, während ein 15-jähriger El Dorado Special Reserve eine milde, elegante Begleitung zu einer langsam gerauchten Zigarre abgibt, ebenso wie der seidige, komplexe Havana Club Añejo 15 Años. Zacapa Centenario hingegen ist der Rum für Menschen auf der süßen Seite des Lebens.

Und die Zigarre? Ich bin ein Partagas-Fan und bevorzuge die reichhaltige Series D No. 4 (124 mm, Ringmaß 50) oder die vollmundige Montecristo No. 2 (155/52). Für einen leichteren Genuss eignet sich die verlässliche Hoyo de Monterrey Epicure No. 1 oder sogar eine Cohiba Robusto (127 mm, Ringmaß 50). Zünden Sie die Zigarre an und lassen Sie sie ein paar Minuten brennen, während sich Ihr Rum erwärmt. Und dann genießen Sie mit dieser Synthese das Beste, was die Karibik zu bieten hat.

Cocktails

Rum wird seit jeher in Mixgetränken verwendet. Die Pflanzer tranken ihn einst mit Wasser verdünnt und gaben Zucker, eine Prise Muskatnuss und vielleicht etwas Obst hinzu. Ursprünglich könnte damit ein schlechter Brand überdeckt worden sein, aber als sich die Qualität des Rums verbesserte, wurde er noch immer gemixt: zu Punches, Swizzles, Juleps, Fizzes und Flips. Kein Wunder, denn mit seinem üppigen, süßen Geschmack verleiht er jedem Cocktail oder Punsch eine subtile Note. Was man auch hineinwirft, der Rum wird es glücklich aufnehmen. Im Unterschied zum ebenfalls anpassungsfähigen Wodka bereichert Rum einen Drink um seinen eigenen Charakter – und genau darum lieben Barkeeper ihn so sehr.

Cocktails aus alter Zeit

Manche der hier aufgeführten Rezepte mögen uns heute etwas beunruhigen, früher wurden sie aber so von amerikanischen Siedlern, karibischen Pflanzern und englischen Gentlemen getrunken. Einige Rezepte verdanke ich John Hull Browns Buch „Early American Beverages". Unübertrefflich bleiben die Punsche aus Jerry Thomas' „Bartender's Guide", dem ersten Cocktailbuch überhaupt. Aus Authentizitätsgründen sind hier weder die Maße (siehe nächste Seite) noch die Anweisungen modernisiert worden. Als Anhaltspunkt: Ein Pint entspricht einem guten halben Liter (0,568 l). Ein Gill ist wiederum ein Viertel davon. Viel Glück!

Klassischer Daiquiri (1898)
2 Unzen Goldrum
Saft einer halben Limone
1 TL Zuckersirup
Schütteln und abseihen.

Medford Rumpunsch (Jerry Thomas)
1 EL Zucker, in etwas Wasser aufgelöst
1 halbes Glas Medford-Rum
1 Pony (Schnapsglas) Jamaika-Rum
2–3 Spritzer Zitronensaft
1 Scheibe Orange
In ein Glas geben, umrühren und servieren.

Rum Flip (1704)
Einen großen Zinnbecher zu zwei Dritteln mit Bier füllen. Melasse oder Zucker und 1 Gill (Quarter-Pint) New-England-Rum zugeben. Einen glühenden Schürhaken in die Mischung stecken, bis sie Blasen wirft.

Rum Flip 2 oder Bellowstop (18. Jh.)
1 Pint Sahne, 4 Eier und 4 Pfund Zucker mischen. Den Flipbecher zu zwei Dritteln mit Bier füllen, 4 EL der Mischung und 1 Gill Rum zugeben und den glühenden Schürhaken hineinstecken.

Rum Punsch 1
(aus Charles Lambs „Popular Fancies")
12 Stück Zucker
1 Pint heißes Wasser
2 Zitronen (Saft und Schale)
2 Gill alter Jamaikarum
2 Gill Brandy
½ Gill Porter-Bier
1 Spritzer Arrak
Vorsichtig umrühren, bis die Mischung schäumt.

Rum Punsch 2 (1860)
1 Pint Grüntee aufbrühen, Zucker hinzugeben. Die Teeblätter entfernen und den Tee in die Punschschüssel geben. Saft und ätherisches Öl (aus der Schale gepresst) von 2 Limonen hinzufügen. 2 TL Guavengelee in 1 Pint kochendem Wasser auflösen und dann hinzugeben:
6 Glas Cognac
2 Glas Madeira
1 Flasche alter Rum
1 Quart kochendes Wasser
Mit Muskatnuss bestreuen und mit Zucker abschmecken.

Tom & Jerry (Jerry Thomas, 1862)
Eine Punschschüssel als Behältnis nehmen
12 Eier
½ Barglas Jamaika-Rum
½ TL gemahlener Zimt
½ TL gemahlene Nelken
½ TL Piment
Genügend weißer Zucker
Eiweiß steif schlagen und mit den gerührten Eigelben mischen, Gewürze und Rum dazugeben. Gründlich verrühren und mit Zucker andicken, bis die Masse nicht zu fest ist. Zum Servieren in ein Barglas 1 EL der Mischung und 1 Weinglas Brandy geben, mit kochendem Wasser aufgießen, mit Muskatnuss bestreuen und mit einem Löffel servieren.

Moderne Cocktails

Hier folgt eine kleine Auswahl von Cocktails. Neben Klassikern aus dem goldenen Zeitalter kubanischer Bars – daher die Notwendigkeit von Havana Club – stehen moderne Kreationen. Tipp: Lernen Sie zuerst, einen Daiquiri zu mixen, bevor Sie sich ans Improvisieren wagen.

Alle Maße sind in cl angegeben; 3 cl = 2 EL (= 1 Unze). Alle Rezepte ergeben einen Drink. „Schütteln und abseihen" heißt, dass alle Zutaten in einem zur Hälfte mit Eiswürfeln gefüllten Cocktailshaker geschüttelt und dann in ein Glas abgeseiht werden. Verwenden Sie für jeden Drink frisches Eis – und nun schütteln Sie los!

Añejo Highball
(Dale DeGroff, erschienen in Gary Regans „New Classic Cocktails")
4,5 cl Añejo Rum
1,5 cl Curaçao Orange
1,5 cl frischer Limonensaft
2 Spritzer Angostura Bitter
Ingwerbier
1 Zitronenscheibe (Garnitur)
1 Orangenschnitz (Garnitur)
Ein Highball-Glas mit Eiswürfeln füllen. Alle Zutaten hineingeben. Mit Ingwerbier auffüllen. Umrühren und garnieren.

Between the Sheets
Je 1,5 cl weißen Rum, Brandy, Zitronensaft und Cointreau
Schütteln und in ein Cocktailglas abseihen.

Caipirinha
1 Limone
6 cl Cachaça (Germana oder Samba & Cana)
3 Stück Zucker
Die Limone in Schnitze schneiden und mit dem Zucker in einem Old-Fashioned-Glas zerdrücken. Mit Eiswürfeln auffüllen und den Cachaça dazugeben. Umrühren und servieren.

Caipiruva
(Dale DeGroff)
Wie Caipirinha, aber statt der Limone frische grüne Trauben verwenden.

Centenario
4,5 cl Appleton V/X
3 cl Wray & Nephew Overproof Rum
0,8 cl Kahlua
0,8 cl Cointreau
1 Spritzer Grenadine
Saft einer Limone
1 Zweig Minze (Garnitur)
Die Zutaten mit Eis in einem Highball-Glas verrühren. Mit Minze garnieren.

Corn and Oil
3 cl ESA Field's White Rum
3 cl Taylor's Velvet Falernum (Sirup)
1 Spritzer Angostura Bitter
Zutaten verrühren und in ein mit zerstoßenem Eis gefülltes Highball-Glas geben.

Cubano Centenario
1,5 cl Havana Club Añejo
3 cl Havana Club 3 Años
1,5 cl Triple Sec
0,8 cl weißer Crème de Cacao
3 cl frischer Limonensaft
1 TL Grenadine
Zutaten mit Eis in einem Highball-Glas verrühren.

Daiquiri No. 1
(Constante Ribalagua)
1 TL Zucker
Saft einer Limone
6 cl weißer Rum
Alle Zutaten mit zerstoßenem Eis im Mixer mischen und in ein Cocktailglas abseihen.

Daiquiri No. 2
Wie No. 1, aber mit 1 TL frischem Orangensaft und einem Spritzer Curaçao Orange.

Daiquiri Frappé
3 cl Havana Club White Rum
Saft einer Limone
2 Spritzer Maraschino
20 Sekunden über zerstoßenem Eis mixen, dann in einem großen Cocktailglas mit Eis servieren.
Alle Daiquiris lassen sich auf diese Weise zubereiten oder abseihen.

Daiquiri Hemingway
1,5 cl frischer Limonensaft
0,8 cl Maraschino
0,8 cl Grapefruitsaft
6 cl Havana Club White Rum
Über zerstoßenem Eis mixen und servieren.

Daiquiri Mulata
1 EL weißer Zucker
0,8 cl Limonensaft
1,5 cl dunkler Crème de Cacao
0,8 cl ungesüßter Grapefruitsaft
4,5 cl Havana Club Añejo 7 Años
Über zerstoßenem Eis mixen und servieren.

Dark and Stormy
1,5 cl Gosling's Black Seal Rum
12 cl Ingwerbier
Zitronen- oder Limonenschnitz
In einem Highball-Glas servieren.

Fire and Ice
(Anguela Anagnostou)
5 cl Rum
1 cl Licor 43
1,5 cl Limonensaft
5 cl Coco Lopez
1 Stückchen frische Chilischote (Größe je nach Geschmack)
Alle Zutaten gut mixen, dann zerstoßenes Eis dazugeben und erneut mixen. In einem Piña-colada-Glas servieren und mit Chili garnieren.

Floridita
4,5 cl Havana Club White Rum
1,5 cl süßer Wermut
1 Spritzer weißer Crème de Cacao
1 Spritzer Grenadine
Saft einer halben Limone
Schütteln und in ein Cocktailglas abseihen.

Glen's Mojito
(Glen Hopper)
1 Limone
Minzeblätter
2 TL brauner Zucker
1 Stückchen frischer Chili
6 cl Appleton Special
Ingwerbier
Chili und 1 Minzezweig (Garnitur)
3 Tropfen Tabasco (nach Belieben)
Alle Zutaten in einem großen Glas mixen. Zerstoßenes Eis dazugeben und mit Ingwerbier auffüllen.

Honolulu Cooler
9 cl Gold-Rum
1 TL Zucker
1 Spritzer Zuckersirup
Saft einer Limone
2 Spritzer Himbeersirup
Schütteln und in ein Cocktailglas abseihen.

Innocent Foreplay
3,5 cl Foursquare Spiced Rum
3 cl eiskalter Espresso
3 cl Kandissirup
6 cl Milch
Alle Zutaten mit Eis schütteln, in ein Martiniglas abseihen, mit steif geschlagener und mit Grand Marnier aromatisierter Sahne sowie mit Orangezesten garnieren.

Knickerbocker
6 cl weißer Rum
1,5 cl Crème de Framboise
1,5 cl Curaçao Orange
1 Spritzer frischer Zitronensaft
1 Ananasschnitz (Garnitur)
Schütteln und in ein Cocktailglas abseihen.

Mai Tai No. 1
3 cl weißer Rum
1,5 cl Cointreau
0,8 cl Rose's Lime Cordial
4,5 cl Orangensaft
4,5 cl ungesüßter Ananassaft
1 Schuss Grenadine
1,5 cl Gold-Rum
1 Schnitz Ananas (Garnitur)
Die ersten fünf Zutaten miteinander schütteln und in ein halb mit Eis gefülltes Highball-Glas abseihen. Grenadine und Gold-Rum dazugeben. Umrühren. Garnieren.

Mai Tai No. 2
6 cl Gold-Rum
3 cl Curaçao Orange
4,5 cl Rose's Lime Cordial
1,5 cl Orangeatsirup
1 TL Zuckersirup
1 Schuss Grenadine
1,5 cl Wray & Nephew Overproof Rum
Je 1 Schnitz Ananas und Limone (Garnitur)
Die ersten fünf Zutaten schütteln und in ein halb mit Eis gefülltes Highball-Glas abseihen. Grenadine und Overproof-Rum dazugeben. Umrühren. Garnieren.

Marmalade Fashioned
(Barry Chalmers)
5 cl Appleton V/X
1 TL Orangenmarmelade
4 Spritzer Pechaud Bitter
1 Schnitz Orange (Garnitur)
Marmelade und Bitter in einem Old-Fashioned-Glas verrühren. Nach und nach den Rum dazugeben. Garnieren.

Mary Pickford
4,5 cl Havana Club 3 Años
4,5 cl ungesüßter Ananassaft
1 Spritzer Grenadine
1 Spritzer Maraschino
Limonenschalenspirale (Garnitur)
Schütteln und in ein Cocktailglas abseihen.

Mojito
Minzeblätter
½ TL Zuckersirup
Saft einer halben Limone
6 cl Havana Club 3 Años
Sodawasser
1 Spritzer Angostura Bitter
1 Zweig Minze (Garnitur)
Die Minzeblätter mit dem Zuckersirup in einem Highball-Glas zerstoßen. Den Limonensaft dazugeben. Zur Hälfte mit Eis füllen. Rum dazugeben und mit Sodawasser auffüllen. Einen Spritzer Angostura hinzufügen und mit dem Minzezweig garnieren.

Nuff Rum
(Anguela Anagnostou)
2 cl Wray & Nephew Overproof Rum
2,5 cl Stone's Green Ginger Wine
1 cl Limoncello
0,5 cl Pfirsichsirup
Je 3 Spritzer Angostura und Orange Bitter
Orangen- und Zitronenschalenspiralen (Garnitur)
Schichtweise auf Eiswürfel in ein Old-Fashioned-Glas geben.

Passion
(Chris Edwardes, England)
3 cl Bacardi 8yo
1,5 cl Crème de pêche
Saft einer Limone
1,5 cl Zuckersirup
3 cl Passionsfruchtpüree
Champagner
Alle Zutaten (außer dem Champagner) schütteln und in ein mit Eis gefülltes Highball-Glas abseihen. Mit Champagner auffüllen und servieren.

Piña Colada
6 cl weißer Rum
3 cl Kokosnusscreme
6 cl ungesüßter Ananassaft
4 Stückchen frische Ananas
1 Prise Salz
Glatt mixen und in ein Piña-Colada-Glas gießen.

Pear Daiquiri (Frappé)
3 cl weißer Rum
0,8 cl Birnenschnaps
3 cl frisches Birnenpüree
3 cl frischer Limonensaft
1 Spritzer Zuckersirup
Die Zutaten mit etwas zerstoßenem Eis mixen. In einem großen Cocktailglas servieren.

Raspberry Mint Daiquiri
6 cl weißer Rum
1 Hand voll frische Himbeeren
6 Minzeblätter
Die Himbeeren und die Minzeblätter im Shaker zerdrücken. Mit dem Rum schütteln und in ein Cocktailglas abseihen.

Rumbo Jam
(Katy Keck, erschienen in „New Classic Cocktails")
9 cl leichter Rum
6 cl Ananassaft
4,5 cl Cranberrysaft
1,5 cl frischer Limonensaft
1 TL frischer Ingwersaft
Alle Zutaten schütteln und in ein mit Eiswürfeln gefülltes Highball-Glas abseihen.

Sun-Downey
(Jonathan Downey)
4 cl Havana 3 Años
1,5 cl Campari
1,5 cl Cointreau
1,5 cl frischer Zitronensaft
Zitronenschalenspirale (Garnitur)
Schütteln und in ein Cocktailglas abseihen; garnieren. Oder auf Eis servieren.

Ti Punch
9 cl Rhum Agricole blanc
1 TL Zuckersirup
1 Limone
Eiswasser
Einen Limonenschnitz mit dem Zuckersirup in einem Old-Fashioned-Glas zerdrücken. Den Rum zugeben und verrühren. Den Drink kippen und danach ein Glas Eiswasser trinken.

Tre
(Asa Nevestveit)
4 cl Havana Club
0,5 cl Zuckersirup
0,5 cl Chambordlikör
2 cl Apfelsaft
Zitronenschalenspirale (Garnitur)
Zutaten verrühren und in ein Cocktailglas abseihen. Garnieren und servieren.

Wray Smash
(Barry Chalmers)
5 cl Wray & Nephew Overproof Rum
2 Erdbeeren
½ Pfirsich
1 cl Pfirsichlikör
1 cl Erdbeerlikör
1 cl Zitronensaft
3 Minzeblätter
1 cl Zuckersirup
1 Minzezweig (Garnitur)
Alle Zutaten miteinander zerdrücken und schütteln. Abseihen und auf zerstoßenem Eis in einem Old-Fashioned-Glas servieren.

Rums von A bis Z

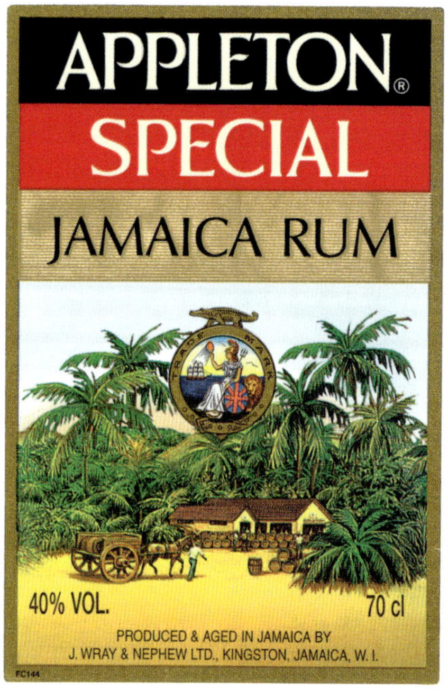

Rum „an sich“ gibt es nicht. Es gibt Rums zum pur Trinken, Rums zum Mixen, gereifte Rums, Overproof-Rums, Rums aus Pot Stills, aus kontinuierlichen Anlagen, Einzelfass-Rums, aromatisierte oder gewürzte Rums. Keine andere Spirituose besitzt diese Vielfalt an Geschmack, Tiefgang und Qualität. Je mehr Sie verkosten, desto klarer werden stilistische Eigenheiten hervortreten: die verführerische Leichtheit von Puerto Rico und Saint Croix, der köstlich süße Stil von Kuba, Südamerika und Trinidad, die ausgewogene Klasse von Barbados, die milde Subtilität von Guyana, die Eleganz und der Elan von Jamaika, der Grip alter Jahrgangsrums von Martinique, die gereiften und doch alterslosen britischen Rums und, ja, die Toffee-Noten jener alten „Navy-Marken“. Lassen Sie sich darauf ein, entdecken Sie einige alte Freunde wieder und lernen Sie viele neue kennen. Diese Kostprobe will nichts als dem Genuss dienen!

Bewertung

Die Rums wurden alphabetisch nach ihren Marken geordnet, aber auch stilistisch miteinander verglichen und entsprechend bewertet. Die Sterne sind nur Anhaltspunkte.

✪	Schwach
✪✪	Durchschnitt
✪✪✪	Gut. Ich würde ihn gern trinken.
✪✪✪✪	Ausgezeichnet
✪✪✪✪✪	Herausragend

Doch lesen Sie bitte auch die Anmerkungen, die hoffentlich die Bewertung verständlich machen. Worte zählen mehr als Noten! „Yo“ zeigt übrigens die Jahre an.

Admiral Rodney (Saint Lucia)

Im Besitz von St. Lucia Distillers
Castries, Saint Lucia

St. Lucia Distillers ist einer der innovativsten Rumerzeuger der Karibik, dessen Portfolio jede mögliche Nische in einem expandierenden Markt bedient (und selbst kreiert). Säulenanlagen und zwei Pot-Still-Typen ermöglichen eine große Spannbreite.

Tel.: ++1758 451 4258
Fax: ++1758 451 4221
E-Mail: info@sludistillers.com
Internet: www.sludistillers.com

Admiral Rodney

40 VOL.-%

✪✪✪✪

Farbe/Aroma: Bernstein. Pot-Still-Power mit Noten von Tabak, Tee und Schokoladenrosinen. Trocken und komplex.

Gaumen: Weich. Liegt wie alle Rums der Firma gut am Gaumen. Der wuchtige Pot-Still-Charakter wird durch sanfte Eiche ausgewogen.

Abgang: Rund und weich.

Gesamteindruck: Groß und reif.

Alleyne Arthur (Barbados)

Im Besitz von R. L. Seale Foursquare Distillery, Saint Phillip, Barbados

Alleyne Arthur war einst ein Rumabfüller auf Barbados. Heute ist sein Name eine Marke, die R. L. Seale gehört.

Tel.: ++1246 420 1977
Fax: ++1246 420 1976
E-Mail: rumfactory@sunbeach.net
Internet: www.foursquarerum.com

Alleyne Arthur's Old Brigand

40 VOL.-%

✪✪✪

Farbe/Aroma: Gold. Weich und sauber mit getrocknetem Salbei, Honig, Kokosmatte, Limone. Hat Charakter.

Gaumen: Weich, sanfter Start. Dezenter Grip. Kokosnuss- und Orangenoten.

Abgang: Leichter Grip.

Gesamteindruck: Großartiger Mixrum mit leichtem/mittlerem Körper.

Alleyne Arthur's Old Brigand Black Label
40 VOL.-%
✪✪✪✪
Farbe/Aroma: Bernstein. Robuster und reifer. Lorbeerblatt, Gewürze, Asche. Süße von kandierten Aprikosen. Mächtiger, mit Ingwernoten.
Gaumen: Ein Hauch rauchiger Eiche sorgt für großartige Vollmundigkeit. Wuchtig am mittleren Gaumen. Leichte Kräuternoten (Lavendel). Mild und süß.
Abgang: Gut ausgewogen.
Gesamteindruck: Aufregend, würzig. Großartig pur.

Alleyne Arthur's Special Barbados Rum
43 VOL.-%
✪✪✪
Farbe/Aroma: Altgold/Bernstein. Leichter bis mittlerer Körper, mit Kurkuma, Vanille und etwas Zitrusfrucht. Sommerlich.
Gaumen: Weich und sauber mit leichtem Holz. Attraktiver Grip.
Abgang: Kribbelnd.
Gesamteindruck: Schön ausgewogen. Gut zum Mixen.

Angostura (Trinidad)

Gehört zu C.L. Global Brands
Port of Spain, Trinidad & Tobago

Angostura Distillers, 1824 als Erzeuger aromatischer Bitters gegründet, betreibt das Rumerzeugen mit wissenschaftlicher Akribie. Viele Jahre lang Exporteur von Massenabfüllungen, heute aber Vorreiter bei der Internationalisierung karibischer Marken.

Tel.: ++1868 623 1841/5
Fax: ++1868 623 1847
Internet: www.angostura.com

Angostura White 3yo
40 VOL.-%
✪✪✪
Farbe/Aroma: Sauber, leicht und trocken mit leichten Zitrusnoten (Limone), Spuren von Apfel und Birne und etwas altmodischer Limonade.
Gaumen: Leicht, knochentrocken und sauber. Banane und Aprikose. Gutes Gefühl.
Abgang: Kurz.
Gesamteindruck: Gut gemachter, leichter Rum.

Angostura Gold 5yo
40 VOL.-%
✪✪✪(✪)
Farbe/Aroma: Gold. Vornehm mit ganz leichten Eichennoten wie Kokosnuss, Nelke, Zitronenschale; mit Wasser etwas Vanille. Alle ganz zart.
Gaumen: Sauber, weich und zart. Tropische Früchte, grüne Mango, Banane. Am leichten Ende der Skala, in der Mitte eine Spur von schwerem Brand.
Abgang: Leicht würzig.
Gesamteindruck: Klasse. Gut zum Mixen.

Angostura Dark 4yo
40 VOL.-%
✪✪(✪)
Farbe/Aroma: Wirklich dunkel mit Karamell-, Toffee-, Süßbananen- und Kaffeenoten. Im Hausstil, aber ein wenig „gedeckt".
Gaumen: Seidiges Gefühl mit einem Hauch von Vanille, Vanillecreme, reifer Banane. Klebrig, aber etwas fade.
Abgang: Leicht bitter.
Gesamteindruck: Gut gemachte, saubere Spirituose, aber nicht so gut wie Gold.

Angostura Añejo
40 VOL.-%
✪✪✪
Farbe/Aroma: Voll und süß. Viel saftige Kokosnuss, tropische Früchte und eine leicht rauchige Note.
Gaumen: Rund, weich und süß. Kokosnuss.
Abgang: Weich.
Gesamteindruck: Die venezolanische Herkunft zeigt sich in südamerikanischer Süße und Leichtheit.

Angostura 1919 8yo
40 VOL.-%
✪✪✪✪
Farbe/Aroma: Gold. Seriöser; ein etwas schwerer Brand sorgt für Reichhaltigkeit und Komplexität. Dennoch leicht und süß, mit einem Hauch Vanille, Guave, hellem, würzigem Holz und Bratapfel. Großartig.
Gaumen: Cremig, weich und mild. Milchschokolade und Gewürz. Leichter bis mittlerer Körper. Subtil.
Abgang: Weich, ziemlich komplex.
Gesamteindruck: Ein leichter, eleganter Rum. Vielversprechend und voller Finesse.

Angostura 1824

40 VOL.-%

✪✪(✪)

Farbe/Aroma: Merkwürdige Aromen von altem Holz, frischer Firnis, Schellack, Bohnerwachs, Dörrpflaumen und Weihrauch.

Gaumen: Eine gewisse exotische Samtigkeit. Gewürze, dann Vanille. Alt und seltsam.

Abgang: Etwas bitter.

Gesamteindruck: Fast zu bemüht. Der 1919 weist den Weg.

Appleton (Jamaika)

Im Besitz von Wray & Nephew

Nassau Valley, Jamaika

1749 wurde auf dem Appleton Estate erstmalig Rum erzeugt. Seit 1916 im Portfolio von Wray & Nephew. Kürzlich modernisiert.

Tel.: ++1876 963 9215/6/7

Fax: ++1876 963 9218

E-Mail: appleton@infochan.com

Internet: www.appletonrum.com

Appleton White

40 VOL.-%

✪✪✪

Farbe/Aroma: Klar und hell mit einer sauberen, spritzigen Nase und Spuren von Limone und Zitrone.

Gaumen: Weich und glatt mit Noten von Bananenbonbons, Vanille, ein wenig Kokosnuss. Sanft.

Abgang: Sauber, dann hübsch trocken.

Gesamteindruck: Gut auch im Aroma. Eine vernünftige Basis für Mixgetränke.

Appleton Special

40 VOL.-%

✪✪✪(✪)

Farbe/Aroma: Gold. Heller Honig und süßer Apfel gemischt mit Nuss, Butterkeks und einer leichten, rauchigen Kohlenote.

Gaumen: Frisch und unaufdringlich süß. Gute Ausgewogenheit zwischen weicher Frucht, Orange und einer sanften Nussigkeit (Macadamia- und Paranuss).

Abgang: Süß und sauber.

Gesamteindruck: Einer der leichteren jamaikanischen Verschnitte. Großartiger Cocktailrum.

Appleton V/X

40 VOL.-%

✪✪✪✪

Farbe/Aroma: Bernstein. Ausgewogen und sauber mit Noten von Ahornsirup, Vanille, Toffee, Kakao, Mandarinenmarmelade und ein wenig reifer Banane, Aprikose, Gras und Gewürz.

Gaumen: Weich und leicht zäh, mit Banane, Muskatnuss und einem Hauch Pekannuss. Ausgewogene Eiche.

Abgang: Leicht würzig.

Gesamteindruck: Solo oder gemixt trinken.

Appleton Extra

43 VOL.-%

✪✪✪✪✪

Farbe/Aroma: Kräftiger Bernstein mit Kupferfunken. Pot-Still-Wucht mit zunehmender Komplexität aus Honig, Gewürzen, Trockenobst, Sevilla-Orange, süßem Tabak und gegerbtem Leder.

Gaumen: Schokolade, süße Früchte und ausgewogene, trockene Eiche. Volles Gewicht. Reif und elegant.

Abgang: Tabak, Muskatnuss und Orangenschale.

Gesamteindruck: Einer der großen Rums der Welt.

Appleton 151 Proof

75,5 VOL.-%

✪✪✪

Farbe/Aroma: Hellbraun/Karmesinrot. Scharf und intensiv mit erdigen, vegetabilen Noten; Banane, Zuckerrohrsaft.

Gaumen: Pikant. Anklänge von Leder, Datteln, Holz.

Abgang: Johannisbeere und Pflaume.

Gesamteindruck: So stark, dass auf dem hinteren Etikett vor offenem Feuer gewarnt wird.

Arehucas (Kanarische Inseln)

Arucas, Las Palmas, Gran Canaria

Lange vor der Entdeckung der Karibik wurde auf den Kanaren Zuckerrohr angebaut. Die Destillerie in Arucas im Norden von Gran Canaria wurde 1884 errichtet.

Tel.: ++928 624900

Fax: ++928 603913

E-Mail: destilerias@arehucas.com

Internet: www.arehucas.com

Arehucas Oro
37,5 VOL.-%
✪✪
Farbe/Aroma: Bernstein. Leicht floral und süß. Verflüchtigt sich im Glas recht rasch.
Gaumen: Leicht, süß, attraktiv, etwas flüchtig.
Abgang: Sehr leicht.
Gesamteindruck: Ordentlich, ein Mixrum.

Arehucas Añejo 12 Años
40 VOL.-%
✪✪✪
Farbe/Aroma: Bernstein. Noten von poliertem Holz, Harz, Kiefernsaft; Veilchen- und Gewürzanklänge. Auch hier verflüchtigen sich die Aromen leicht.
Gaumen: Natürliche Eichenreifung macht sich gut bemerkbar. Weiche, süße Spirituose.
Abgang: Nussig.
Gesamteindruck: Erinnert an süßes Bienenwachs.

Bacardi (International)

Nassau, Bahamas (Zentrale)
San Juan, Puerto Rico (Hauptdestillerie)
Der Gigant in der Welt des Rums mit vier Destillerien weltweit.
Internet: www.bacardi.com

Bacardi White
40 VOL.-%
✪✪(✪)
Farbe/Aroma: Leicht, sauber und weich mit sehr leichten süßlich floralen Noten und einem Hauch Banane. Trocken.
Gaumen: Trocken und ausgewogen. Weich in der Mitte. Leicht.
Abgang: Etwas klebrige Süße.
Gesamteindruck: Gut gemacht, aber merkwürdig Rum-untypisch.

Bacardi Gold
40 VOL.-%
✪✪✪
Farbe/Aroma: Gold. Sauber, mit Noten von Passionsfrucht, Trockenpfirsich, Butterkaramell.
Gaumen: Weich mit sanfter Anmutung von Honig. Leichter Biss mit fleischiger Fruchtigkeit (Aprikose).
Abgang: Zucker, Cashewkerne.
Gesamteindruck: Ein sanfter Rum zum Mixen.

Bacardi 8yo
40 VOL.-%
✪✪✪✪
Farbe/Aroma: Altgold. Parfümiert mit Noten von Orangenschale, Honig, Kümmel, Anissamen, Minze. Leichte Eiche. Sehr sauber.
Gaumen: Mischung aus süßen Gewürzen mit reifer Aprikose und Banane. Mittlerer Körper, sanft und ausgewogen.
Abgang: Weich und mild.
Gesamteindruck: Ein wirklich köstlicher Rum.

Bacardi Limón
35 VOL.-%
✪✪
Farbe/Aroma: Sauber und hell. Zitronenzesten/-öl, aber immer leicht vulgär.
Gaumen: Süß mit floralen Noten neben der Zitrone. Mitteltrockener Gaumen …
Abgang: … aber ein zuckriger Abgang.
Gesamteindruck: Durchschnitt.

Bacardi O
35 VOL.-%
✪✪
Farbe/Aroma: Klar, hell. Orangenkonzentrat; mit Wasser stärker an Zesten erinnernd.
Gaumen: Sehr zestig, fast würzig, etwas künstlich.
Abgang: Flach. Etwas fade.
Gesamteindruck: Durchschnitt.

J. Bally (Martinique)

Im Besitz von Rémy-Cointreau
Le François, Martinique
Bally begann 1917 mit der Erzeugung von Rhum Agricole in Carbet. Bekannt wegen seiner gereiften Saint-James-Rums.
Tel.: ++596 596 780894

J. Bally Blanc
50 VOL.-%
✪✪(✪)
Farbe/Aroma: Klar, hell. Leicht, mit Anklängen von Blüten, Zuckerrohrsaft und Beerenfrüchten. Ein Hauch Erbsenschote.
Gaumen: Leicht, trocken, frisch und sauber.
Abgang: Leicht scharf.
Gesamteindruck: Delikat, annehmbar.

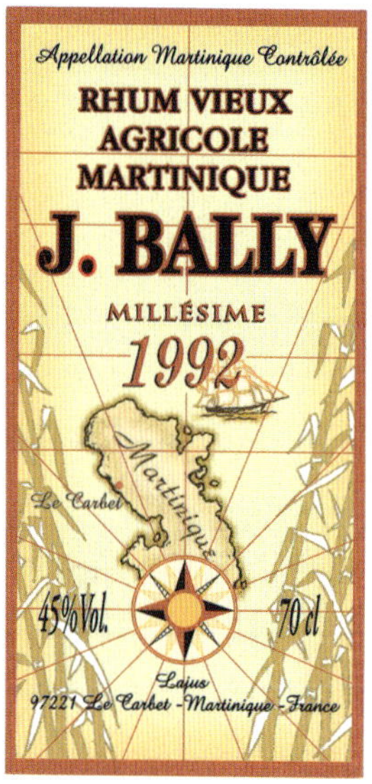

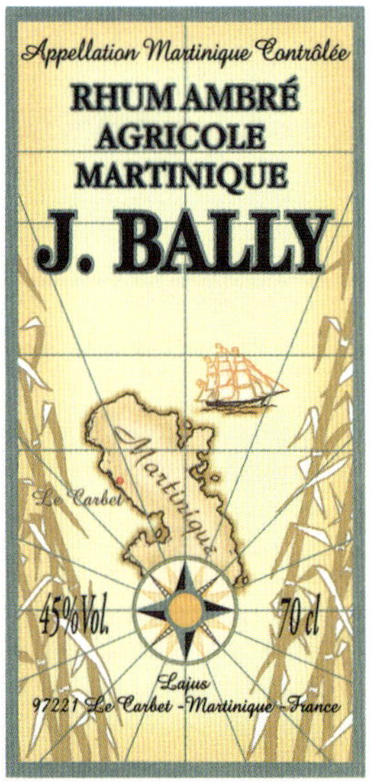

J. Bally Vieux
45 VOL.-%
✪✪✪✪
Farbe/Aroma: Bernstein. Fein, vielleicht ein wenig gesichtslos. Mandelkekse, Apfel, Graphit und Zedernholz klingen an.
Gaumen: Verhaltener, reiner Charakter mit durchweg honigartiger Rohrsüße.
Abgang: Nussig.
Gesamteindruck: Ein kultivierter Rum voller Finesse.

J. Bally 7 Años
45 VOL.-%
✪✪✪
Farbe/Aroma: Kräftiges Kupfer. Elegant. Reichhaltiger als der Vieux, mit Sahne, Sultaninen und einem Hauch von Zigarrentabak. Leichte Noten von Honig und ausgewogener Eiche.
Gaumen: Haselnuss, Honig, Zeder und Apfelholz.
Abgang: Trocken; etwas zu viel Grip.
Gesamteindruck: Ein größerer, aber robusterer Rum.

J. Bally 1992
45 VOL.-%
✪✪✪✪(✪)
Farbe/Aroma: Dunkler Bernstein. Reichhaltig und mild, Anklänge von Bienenwachs und Noten von ausgewogenem Holz, Cantuccini und Graphit. Reif.
Gaumen: Dörrpflaumen. Wachsartiger Charakter, der den Gaumen ausfüllt. Honigartig und tief, mit großartiger Balance.
Abgang: Lang.
Gesamteindruck: Reichhaltig, sehr elegant.

J. Bally 1990
45 VOL.-%
✪✪✪✪✪
Farbe/Aroma: Dunkler Bernstein. Reichhaltiger und konzentrierter als der 1992. Ziemlich fett, ausgeglichen, mit Spuren von Toffee und Rosine plus einem Hauch Bienenwachs. Getrocknete Aprikosen oder Pfirsiche. Einige süße Gewürze. Komplex.
Gaumen: Voll (für Rhum Agricole), schönes Spiel zwischen süß und pikant. Herrlich ausgewogen.
Abgang: Nussig.
Gesamteindruck: Bei diesem Rumtyp haben Sie das wunderbare Gefühl, die Unterschiede zwischen den Jahrgängen herauszuschmecken. Faszinierend.

J. Bally 1989
45 VOL.-%
✪✪✪✪
Farbe/Aroma: Bernstein. Reichhaltig. Liebliche Noten von Popcorn und Zitrone werden von strengeren Anklängen von Pilz, Trüffel und Schokolade ausgeglichen.
Gaumen: Weich. Ausgewogene Eiche und guter Biss, wenn auch etwas streng.
Abgang: Spritzig. Orange klingt nach.
Gesamteindruck: Liegt zwischen dem 92er und dem 90er.

J. Bally 1979
45 VOL.-%
✪✪✪(✪)
Farbe/Aroma: Bernstein. Reif und elegant, mit Spuren von Zwetschgenschnaps. Der schwächste aus der Jahrgangsreihe.
Gaumen: Noch weich und vollmundig mit Toffee im Zentrum.
Abgang: Lang.
Gesamteindruck: Subtil und alt.

Barbancourt (Haiti)

Port-au-Prince, Haiti

1862 von Dupré Barbancourt gegründet und heute im Besitz der Familie Gardère. Ein Rohrsaftrum nach Cognac-Vorbild (doppelte Destillation, französische Eiche). Der Star von Haiti.
Fax: ++509 0923 6355
Internet: www.barbancourt.net; www.todhunter.com

Barbancourt 3 Star, 4yo
40 VOL.-%
✪✪✪✪
Farbe/Aroma: Blassgold. Frisch und leicht, mit Noten von Malzbonbon, Met, Apfel und Korinthen und einem Hauch Akazie. Mit Wasser etwas wachsartiger.
Gaumen: Leicht, aber voller Aromen und mit seidiger Struktur. Ein Hauch von Sirup mit Haselnüssen, Orangenschale, Geleefrüchten. Feiner Körper.
Abgang: Spürbar Muskatnuss und Pfeffer.
Gesamteindruck: Ein raffiniertes Getränk. Leicht, aber ausgewogen.

Barbancourt Special Reserve 5 Star, 8yo
43 VOL.-%
✪✪✪✪✪
Farbe/Aroma: Blassgold. Raffinierte, komplexe Nase von Honig, grünem Apfel, Praline und Sauternes. Mit einem Hauch Nuss.
Gaumen: Weich und seidig, aber mit mehr Gewicht und Komplexität. Aprikosenmarmelade, Malzbonbon, Nougat, Rohrsaft, Ingwer. Subtil.
Abgang: Ingwer. Honig.
Gesamteindruck: Hat Balance und Größe.

Barbancourt 15yo
43 VOL.-%
✪✪✪✪
Farbe/Aroma: Reichhaltiger, gerösteter, mit Noten von Asche und getrockneten Blättern, aber noch mit dieser eleganten Handschrift von Nüssen und Honig. Würze von Trockenobst.
Gaumen: Eine Stufe hinter dem 5 Star, aber noch sehr fein und elegant statt groß und kräftig.
Abgang: Nuss und Praline.
Gesamteindruck: Ein raffinierter, eleganter Rum.

Bermúdez (Dominikanische Republik)

Santiago de los Caballeros,
Dominikanische Republik
Ein alter Familienbetrieb, der seit 1852 im Gebirgsstädtchen Santiago Rums erzeugt. Am besten im Inland bekannt, aber inzwischen auch international vertreten.
Tel.: ++1809 581 1852
E-Mail: ja.bermudez@codetel.net.do
Internet: www.bermudez.com.do

Bermúdez Don Armando
40 VOL.-%
✪✪✪(✪)
Farbe/Aroma: Bernstein. Süßes Bukett mit Sultaninen, verbrannter Orangenschale, gerösteter Eiche, roten Früchten und einer Kräuternote. Mit Wasser eher geschmolzenes Toffee.
Gaumen: Ziemlich leicht und cremig mit einem würzigen Kribbeln; dann setzt sich die Frucht durch. Gutes Gewicht. Sauber und zart.
Abgang: Weich und leicht.
Gesamteindruck: Sehr gut bereitet.

Bermúdez 150 Aniversario
40 VOL.-%
✪✪✪(✪)
Farbe/Aroma: Bernstein. Gutes Gewicht, Anklänge von Sirup und Honig; einige Noten von Hickory, gerösteten Mandeln und süßem Paprika vom Holz. Erinnert mit Dattel und Walnuss fast an Sherry.
Gaumen: Süß mit Toffee, Vanillepudding und Nüssen. Ziemlich elegant.
Abgang: Nussig und würzig, dann etwas Süße.
Gesamteindruck: Wieder ein guter Verschnitt. Nach dem Abendessen zu trinken.

Bermúdez Limón
35 VOL.-%
✪✪(✪)
Farbe/Aroma: Hell, mit einem Stich Limone. Die frische Nase ist ein Gemisch von Limone und Bitter Lemon oder altmodischer Limonade. Ziemlich fett.
Gaumen: Süß und recht zuckrig, wenn auch mit einigen fast bitteren Ölen. Anklänge von Zesten, aber etwas künstlich.
Abgang: Kribbelnd.
Gesamteindruck: Fehlende Ausgewogenheit.

Black Cat (Suriname)

Mehrheitsbeteiligung von Angostura
Paramaribo – Suriname
Produziert von der surinamischen Destillerie Handelmaatschappij, die 1966 gegründet wurde und nun zur C.L. Global Brands Group gehört. Kein Export.
Tel.: ++597 473344
Fax: ++597 471201
Internet: www.blackcatrum.com

Black Cat
40 VOL.-%
✪✪✪
Farbe/Aroma: Blassgold. Ungewöhnliche, aber seltsam ansprechende Nase, mit dem Geschmack von Erdnüssen oder geröstetem Reis. Ähnelt einem feinen Arrak.
Gaumen: Weich, mit Spuren von geröstetem Reis und Apfel. Moschusartig. Weiches Gefühl.
Abgang: Leicht. Sauber.
Gesamteindruck: Ein Rum mit echtem Charakter, den man gerne trinkt.

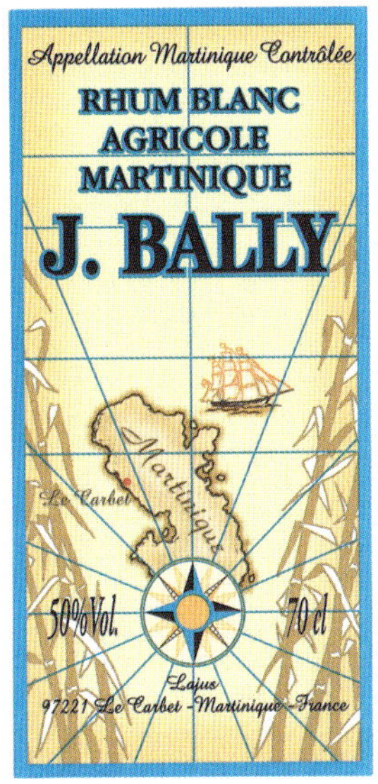

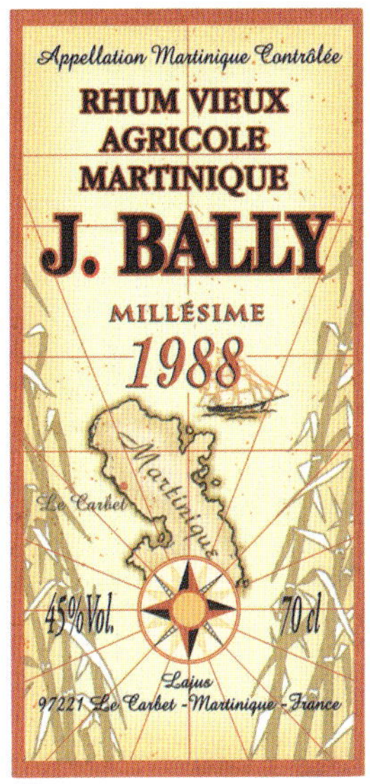

Black Cat Limón

40 VOL.-%

✪✪✪(✪)

Farbe/Aroma: Kräftig. Zitronentarte und Sahne.

Gaumen: Gutes Gewicht. Sehr frisch. Zitronig.

Abgang: Zitronenschale.

Gesamteindruck: Peppig und sauber. Gut.

Black Heart (GB)

Im Besitz von Allied-Domecq
London

Erfolgreicher Karibikverschnitt, vor allem in Schottland seit der Mitte des 19. Jahrhunderts.

Tel.: ++44 20 7323 9000

Internet: www.allieddomecqplc.com

Black Heart

40 VOL.-%

✪✪(✪)

Farbe/Aroma: Dunkler Sirup. Ein dickes Aroma mit gebranntem Toffee und weichen Trockenfrüchten.

Gaumen: Leichter bis mittlerer Körper, in der Mitte dick und ziemlich reichhaltig.

Abgang: Trocken.

Gesamteindruck: Ein klassischer alter Rum im schottischen Stil.

Bloomsbury Spirits (GB)

Im Besitz von Royal Mile Whiskies
Bloomsbury, London

Tel.: ++44 20 7436 4763

Fax: ++44 20 7436 4764

E-Mail: info@royalmilewhiskies.com

Internet: www.royalmilewhiskies.com

Pot Still Demerara 1992

(in Laphroaig-Fässern gereift)

46 VOL.-%

✪✪✪(✪)

Farbe/Aroma: Bernstein. Tief, Pot-Still-Gewicht. Gekochter Apfel, Rosinenbrot; einige florale Noten.

Gaumen: Mittlerer Körper und leicht rauchig. Reif und peppig. Anmutung von Feige und Dörrpflaume.

Abgang: Leicht rauchig.

Gesamteindruck: Vermutlich aus demselben Batch wie der Cadenhead, aber komplexer.

Blue Bay (Mauritius)

Bambous, Republik Mauritius

Ein Rum aus dem Indischen Ozean, um dessen Herstellung ein Geheimnis gemacht wird. Auch für den Export.

Tel.: ++230 452 0400

Blue Bay White

40 VOL.-%

✪✪✪✪

Farbe/Aroma: Unglaublich fruchtiger Eindruck, der an eine Rumdestillerie bei Hochbetrieb erinnert: Rohrsaft, Passionsfrucht, Melone, Bananenhain und einige vegetabile/grasige Noten. Reich und ölig.

Gaumen: All diese Früchte plus ein leichter, nussiger Biss. Vollmundig, ölig und süß.

Abgang: Weich und sanft.

Gesamteindruck: Ein großer, charaktervoller weißer Rum mit üppigem Aroma.

Borgoe (Suriname)

Mehrheitsbeteiligung von Angostura
Paramaribo – Suriname

Borgoe-Rum wurde 1982 zum 100-jährigen Bestehen des Zuckerguts und der Destillerie in Marienburg eingeführt.

Tel.: ++597 473344

Internet: www.borgoe.com

Borgoe 82 (Suriname)

38 VOL.-%

✪✪✪

Farbe/Aroma: Gold. Parfümiert mit Maraschinokirsche, Apfel, geröstetem Reis. Etwas künstlich.

Gaumen: Sahnig, weich und sauber. Fühlt sich gut an.

Abgang: Trocken.

Gesamteindruck: Recht angenehm.

Bounty (Saint Lucia)

Im Besitz von St. Lucia Distillers
Castries, Saint Lucia

Tel.: ++1758 451 4258

Fax: ++1758 451 4221

E-Mail: info@sludistillers.com

Internet: www.sludistillers.com

Bounty Gold
40 VOL.-%
✪✪✪(✪)
Farbe/Aroma: Gold. Leicht und sauber in der Nase, aber mit Spuren eines reicheren Brands: Sultanine, Limone, Ingwer, getrocknete reife Banane, Papaya.
Gaumen: Sauber, weich und ziemlich leicht, aber mit Persönlichkeit. Honig, Sultanine, Bananenbrot.
Abgang: Leicht.
Gesamteindruck: Sehr ausgewogener Mixrum.

Bristol Spirits (GB)

Wickwar, Gloucestershire, GB
Diese Firma leistet Pionierarbeit für einen Rum vom Rang eines Malt Whiskys. Sie erzeugt kleine Batches (zuweilen Einzelfässer) von gereiften Single-Still- oder Single-Estate-Rums. Sollte man weiter verfolgen.
Tel.: ++44 1454 299880
Fax: ++44 1454 294572
E-Mail: bristolspirits@btclick.com
Internet: home.btclick.com/bristolspirits

Bristol Spirits, Gardel 10yo
(Ausbau in Limousin-Eiche; Guadeloupe)
46 VOL.-%
✪✪✪✪(✪)
Farbe/Aroma: Bernstein. Süß und aromatisch mit Vanillepudding, Hagebutte, Veilchen, Sultanine, Kirsche, feuchtem Zucker und dunklem Honig auf Karamellpudding; einige Akaziennoten.
Gaumen: Angenehm mit einem Hauch Sandelholz und Schokolade. Reichhaltig und breit in der Mitte, dann schön trocken. Grip und Struktur gut.
Abgang: Frucht und Eiche.
Gesamteindruck: Substanzieller und fruchtiger als gleichaltrige gereifte Karibik-Rums. Kommt aus einer Coffey-Still.

Bristol Spirits, Long Pond 13yo
(Jamaika)
46 VOL.-%
✪✪✪(✪)
Farbe/Aroma: Ein klassisches Wedderburn-Aroma, wuchtig und pikant, mit Spuren von Bananenschale, Ananas, feuchtem Gras, Dunder (Zuckerrohrschalen). Lieblich und sauer. Mit Wasser entfaltet sich die Fruchtigkeit.
Gaumen: Ölige Anmutung mit einem ungeheuer kratzigen Push in der Mitte. Banane. Intensiv.
Abgang: Leichte Eiche.
Gesamteindruck: Gewöhnungsbedürftig, aber wenn Sie Rum verstehen wollen, müssen Sie diesen probieren. Ein Single-Pot-Still-Destillat.

Bristol Spirits, Long Pond 16yo
(Ausbau im Oloroso-Fass; Jamaika)
46 VOL.-%
✪✪✪(✪)
Farbe/Aroma: Hoch-Ester-Noten (Wegerich, Gras, Vegetation), gedämpft durch Walnuss, Karamell.
Gaumen: Wuchtig, aber geschmeidig. Weicher Mittelgaumen, die übertriebeneren Noten unter Kontrolle. Sultaninenkuchen.
Abgang: Eiche
Gesamteindruck: Anfänger sollten hier beginnen.

Bristol Spirits, Monymusk 23yo
(Jamaika)
46 VOL.-%
✪✪✪✪✪
Farbe/Aroma: Reif, leicht eichig, mit Noten von getrockneten Nüssen und Schalen. Trockenblumen. Mit Wasser entfalten sich Banane, Walnuss, Bitumen.
Gaumen: Breit, reichhaltig, Vanille, flambierte Banane, gebratene Früchte und Nüsse. Hervorragende Struktur.
Abgang: Weich und lang. Fruchtig.
Gesamteindruck: Feinste Balance. Single-Pot-Still-Spirituose.

Bristol Spirits, Monymusk 25yo
(Bourbon-Ausbau; Jamaika)
46 VOL.-%
✪✪✪✪(✪)
Farbe/Aroma: Gold. Sauber und ziemlich nussig mit Noten von Muskovade, Schokolade, getrockneten Schalen, Vanille und frisch geschlagenem Holz. Etwas schlank, aber mit fast rauchigen Tiefen. Klassisch, reif.
Gaumen: Trockenfrüchte, Nuss, Blüten und Piment mit einem Schuss Maraschinokirsche. Verfeinert mit Kokosnuss aus der Eiche. Gut ausgewogen.
Gesamteindruck: Eine äußerst hochwertige, reife Spirituose, die einem leichteren Speyside-Malt ähnelt.

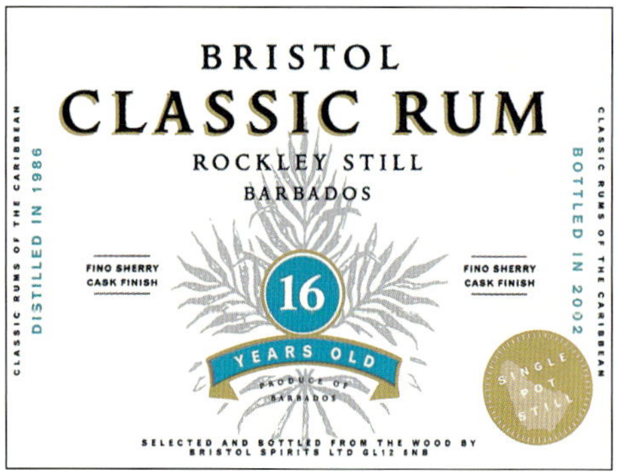

Bristol Spirits Port Morant 12yo
(Guyana)
46 VOL.-%
✪✪✪✪
Farbe/Aroma: Demerara-Zucker, Leder, Gewürz. Ölig/wachsig und leicht vegetabil, wie Dschungelunterholz. Reichhaltig und wunderbar.
Gaumen: Nussig mit einer cremigen Anmutung (Paranüsse). In der Mitte süß. Reife Mango.
Abgang: Lang und fruchtig.
Gesamteindruck: Ein gut gewichteter, reichhaltiger Single-Pot-Still-Rum.

Bristol Spirits Port Morant 20yo
(Ausbau in Limousin-Eiche; Guyana)
46 VOL.-%
✪✪✪✪
Farbe/Aroma: Vanille mit exotischem Anklang. Hagebutten, Eiche, Toast.
Gaumen: Reich und weich. Muskovade-Zucker mit einem Schuss Anis/Fenchel und reifen tropischen Früchten. Spürbare Eiche. Exotisch.
Abgang: Lang und eichig, ein wenig Melasse.
Gesamteindruck: Wunderschön ausgewogen.

Bristol Spirits, Providence Still 10yo
(Trinidad)
46 VOL.-%
✪✪✪(✪)
Farbe/Aroma: Sehr blass. Bezaubernde Süße mit Anklängen von Passionsfrucht, Rohrsaft, Ananas, Malzbonbon. Eine Spur rauchige Eiche.
Gaumen: Süß und ziemlich konzentriert, mit ausgewogenen Noten von Zimt, Pekannusskeks und Erdnusskrokant. Samtige Anmutung.
Abgang: Rice Crispies.
Gesamteindruck: So süß, wie man ihn aus Trinidad erwartet, aber mit mehr Tiefe. Coffey-Still-Spirituose.

Bristol Spirits, Rockley Still 16yo
(Fino-Ausbau; Barbados)
46 VOL.-%
✪✪✪✪
Farbe/Aroma: Blassgold. Pikante, fast rauchige Nase mit einem Hauch von nassem Gras und Tahini/Sesam und geteerten Tauen. Atypisch für Barbados. Mit Wasser entwickeln sich getrocknete Mango und karamellisierter Fruchtsaft.
Gaumen: Schön abgerundet und subtil. Brauner Zucker mit gebrannten Fruchtsiruparomen. Ingwer, geröstete Aprikose.
Gesamteindruck: Dies könnte ein in einem Rumfass ausgebauter Islay Malt Whisky sein!

Bristol Spirits Versailles 18yo
(Ausbau im Portweinfass; Guyana)
46 VOL.-%
✪✪✪(✪)
Farbe/Aroma: Ein Hauch Rosa. Anfangs zart und ziemlich floral, dann getrocknete Früchte, Kräuter, süße Gewürze und Orange. Ziemlich kräftige Eiche. Port-Note.
Gaumen: Anfangs fast keksartig, dann Cashew, Eukalyptus; schließlich weichere Töne von Gewürz und Kräutern.
Abgang: Schlehe.
Gesamteindruck: Reif und ausgewogen. Eine Doppel-Pot-Still-Spirituose.

Bundaberg (Australien)

Im Besitz von Diageo
Bundaberg, Queensland, Australien
Von den Zuckerrohrfeldern von Queensland. Die Marke in Australien.
Tel.: ++61 4150 2999/8684
Fax: ++61 4131 2966
Internet: www.bundabergrum.com.au

Bundaberg
37 VOL.-%
(✪)
Farbe/Aroma: Kräftig golden/orangefarben. Grober Brand, Apfel. Hart und industriell.
Gaumen: Nussig, Parmaveilchen mit einem bitteren Beigeschmack.
Abgang: Scharf.
Gesamteindruck: Unausgewogen, grob und scheußlich.

Bundaberg Black
40 VOL.-%
(✪)
Farbe/Aroma: Rot/Bernstein. Vertrocknetes Holz.
Gaumen: Kräuter, etwas Holz, dann grober Brand.
Abgang: Endlos (leider).
Gesamteindruck: Brennend. Lohnt nicht.

Bundaberg O. P.
57,7 VOL.-%
✪
Farbe/Aroma: Orange/Bernstein. Noten von Nuss, Apfelkern. Trockenes Gras, Saubohnenschalen.
Gaumen: Wie Hefe.
Abgang: Scharf.
Gesamteindruck: Der beste von diesen Rums.

Wm. Cadenhead (GB)

Campbeltown, Schottland
Diese Firma entstand 1842 in Aberdeen als Whisky- und Demerara-Rum-Broker und füllt seither ihre eigene Palette von Einzelfass- und Verschnitt-Rums ab. Heute im Besitz der Familie, der die Springbank-Whisky-Destillerie gehört.
Tel.: ++44 1586 554258
Fax: ++44 1586 561393
E-Mail: enquiries@wmcadenhead.com
Internet: www.wmcadenhead.com

Cadenhead's Barbados 15yo
46 VOL.-%
✪✪✪✪
Farbe/Aroma: Blassgold. Leicht vegetabil, intensive, fast rauchige Nase mit Kräutern, Lilien, Pollen. Mit Wasser entfaltet sich eine Note von öligem Leder, dann Bienenwachs.
Gaumen: Mittlerer Körper, mit Apfel, Rosine und Gewürzen. In der Mitte zerläuft die Süße wie Honig auf griechischem Joghurt. An den Seiten und hinten im Mund trocken.
Abgang: Angebrannt. Etwas kurz.
Gesamteindruck: Love it or hate it! Ich mag ihn.

Cadenhead's Demerara 10yo
46 VOL.-%
✪✪✪
Farbe/Aroma: Sehr blass. Reiche Nase mit Met, Pfirsichkern und Geröstetem. Das Holz scheint etwas ausgelaugt.
Gaumen: Fein und sauber, durchzogen von Akazienhonig. Leichtes Aroma, weiche Anmutung.
Abgang: Etwas pfeffrig. Kurz.
Gesamteindruck: Die Farbe lässt auf wenig Interaktion zwischen Fass und Destillat schließen – der Gaumen bestätigt das.

Cadenhead's Guyanan 13yo
46 VOL.-%
✪✪(✪)
Farbe/Aroma: Ganz helles Stroh. Leicht, süß, floral, mit Noten von Mandarine und Banane. Mit Wasser etwas eichig. Wieder fades Holz.
Gaumen: Mittlerer bis voller Körper. Ein fester, milder mittlerer Gaumen mit einer Spur Mango.
Abgang: Stirbt rasch.
Gesamteindruck: Frischeres Holz wäre nötig.

Cadenhead's Jamaican 13yo
46 VOL.-%
✪✪
Farbe/Aroma: Blasses Stroh. Ganz leichtes Aroma von süßem, frischem Obst.
Gaumen: Sofort Kokosnuss und echte Würze aus dem Fass, aber kaum an Rum erinnernd.
Abgang: Trocken. Etwas Eiche.
Gesamteindruck: Die klassische jamaikanische Wucht fehlt.

Cadenhead's Demerara 10yo
(Ausbau im Laphroaig-Fass)
46 VOL.-%
✪
Farbe/Aroma: Ganz blass. Leichte Noten von Apfel und Rosine sowie etwas Melasse/Lakritz. Allmählich eine „kornige", unreife Note.
Gaumen: Süße Mitte mit Aprikose, Pfirsich und Banane. Ölig, aber keine Reife.
Abgang: Leichter Rauch.
Gesamteindruck: Das Fass ist anscheinend tot. Ein neues Laphroaig-Fass wäre besser.

Cadenhead's Port Morant/Uitvlugt 30yo
(Guyana)
73,3 VOL.-%
✪✪✪✪✪
Farbe/Aroma: Dunkler Bernstein mit rötlichem Funkeln. Parfümierte Noten vom Fass; süße Gewürze, Kakao, Rumtrüffel, Zigarrenrauch, Trockenfrüchte, polierte Eiche. Komplex, elegant, reif.
Gaumen: Wunderschöne Balance zwischen Holz und Destillat, süß und pikant, geröstete Nüsse, Schokolade, Honig.
Abgang: Lang, ja endlos.
Gesamteindruck: Ein sensationeller alter Rum. Vorsicht: Er ist verdammt stark!

Cadenhead's VNL/Enmore 30yo
(Guyana)
62,9 VOL.-%
✪✪✪✪✪
Farbe/Aroma: Rötlicher Bernstein. Tief, süß und konzentriert; Crème brûlée, karamellisierte Früchte, Obstkuchen, Karamellpudding.
Gaumen: Süß und vollmundig. Toffee, Vanille, große (ausgewogene) Eiche. Lieblich und doch prickelnd, von herrlicher Ausgewogenheit.
Abgang: Lang.
Gesamteindruck: Dies ist ein fantastischer Rum, bei dem das Fass nicht dominiert.

Caney (Kuba)

Santiago de Cuba, Kuba

Die ehemalige Bacardi-Destillerie produziert heute den kubanischen Rum, allerdings nur für den heimischen Markt.

Tel.: ++53 222 5576

Ron Caney Añejo Centurio
38 VOL.-%
✪✪
Farbe/Aroma: Braun. Ein ziemlich prägnanter Brand. Trocken und hart, an getrocknete Orangenschale erinnernd.
Gaumen: Leicht und würzig mit einem Hauch Muskatnuss und Erdnusskrokant. Ein etwas muffiges Holz.
Abgang: Scharf.
Gesamteindruck: Ordentlich.

Captain Morgan (International)

Im Besitz von Diageo
Stamford, Connecticut, USA
London

Diese von Seagram in den Vierzigerjahren geschaffene Marke ist heute einer der bestverkauften Rums der Welt, ihr ständig wachsendes Portfolio reicht vom „britischen" Stil bis zu gewürzten und aromatisierten Rums.

Tel.: ++1 203 359 7100;
++44 20 7927 5200
Fax: ++1 203 967 7730;
++44 20 7927 4795
Internet: www.rum.com

Captain Morgan
(aus Jamaika-, Guyana- und Barbados-Rums)
40 VOL.-%
✪✪
Farbe/Aroma: Rötlicher Bernstein. Toffee, Rosine, Karamell, Dosenananas. Wirkt jung.
Gaumen: Leicht und weich; in der Mitte weich wie Sirup.
Abgang: Kurz und bitter.
Gesamteindruck: Der hat wirklich nicht viel in sich.

Captain Morgan Private Stock
(Puerto Rico)
40 VOL.-%
✪✪(✪)
Farbe/Aroma: Altgold. Vanille und Gewürz.
Gaumen: Überwiegend süßer Zimt. Gewicht und Struktur passabel.
Abgang: Würzig.
Gesamteindruck: Der höhere Alkohol scheint zu helfen.

Captain Morgan Original Spiced Rum
(Puerto Rico)
35 VOL.-%
✪
Farbe/Aroma: Altgold. Leicht mit einem Anklang von Vanille und Zimtstange.
Gaumen: Grob, dünn und hohl.
Abgang: Wie ein Fusel.
Gesamteindruck: Sehr schwach.

Captain Morgan Parrot Bay
(Kokosnuss-Rum, Puerto Rico)
24 VOL.-%
✪✪✪
Farbe/Aroma: Klar. Hell. Süße Kakaobutter.
Gaumen: Nussig und trocken. Der Brand wirkt etwas grob und nicht ganz zum Aroma passend.
Abgang: Zucker.
Gesamteindruck: Klebrig und süß.

Morgan's Spiced
(GB-Version)
37,5 VOL.-%
✪✪
Farbe/Aroma: Glänzend und süß mit jeder Menge Vanille, Kokosnuss und Ingwer.

Gaumen: Weich und ziemlich sanft wie Schokoladencreme mit Einsprengseln von Würze.
Abgang: Süß.
Gesamteindruck: Mehr Zitrus und Vanille als gewürzt.

Caribbean Club (Kuba)

Vertrieb durch Cimez

Eine weitere kubanische Marke, die nur im Inland erhältlich ist.
Tel.: ++53 7 204 2126/204 0774
Fax: ++53 7 204 1996
E-Mail: elastra@cimex.com.cu

Caribbean Club Añejo 7 Años
38 VOL.-%
✪✪
Farbe/Aroma: Bernstein/Mahagoni. Leicht und ein wenig glänzend. Mandarine, Pekannuss. Wasser holt Marzipan und einen Hauch Branntwein heraus.
Gaumen: Etwas hohl, aber würzig, Bratapfel aromatisiert mit Orangenschale und Milchschokolade.
Abgang: Kurz. Holz.
Gesamteindruck: Kein großer Auftritt. Das Holz etwas fad.

Caroni (Trinidad)

Die Rumabteilung der staatlichen Zuckerindustrie. Die Rumdestillerie Trinidad & Tobago Caroni (1975) destilliert und verschneidet Rums seit 1918. Als Hauptexporteur verfügt sie über die größten Vorräte an gereiften Säulenanlagen- und Pot-Still-Rums.
Tel.: ++1868 663 1781
Fax: ++1868 663 1404
E-Mail: rumdiv@hotmail.com
Internet: www.trinidadrum.com

Caroni Superb White Magic 7yo
43 VOL.-%
✪✪✪
Farbe/Aroma: Klar, hell. Überzeugt spontan mit einer etwas cremigen Reichhaltigkeit; ein Hauch Melasse.
Gaumen: Weich. Versammelt sich mitten im Mund. Sauber.
Abgang: Kribbelnd, frisch und spritzig.
Gesamteindruck: Gut bereitet. Ein Mixrum.

Caroni Felicite 4yo
43 VOL.-%
✪✪✪
Farbe/Aroma: Stroh. Leicht, mit einem Hauch Banane.
Gaumen: Süß und sanft würzig. Angenehme Anmutung.
Gesamteindruck: Von den gereiften Rums dieser Firma der leichteste.

Caroni Old Cask 10yo
43 VOL.-%
✪✪✪✪
Farbe/Aroma: Komplexität in einem leichten Rahmen. Vanille, Zitrone, Muskatnuss, viel Kokosnuss.
Gaumen: Ziemlich trocken mit leichtem Tannin, weißer Schokolade und weichen Früchten. Behält eine spritzige Anmutung.
Abgang: Sauber.
Gesamteindruck: Beweist, dass Caroni großes Potenzial und enorme Vorräte hat.

Caroni Legend 2000 Gold 15yo
43 VOL.-%
✪✪✪(✪)
Farbe/Aroma: Gold. Vanille und Passionsfrucht.
Gaumen: Sehr sauber mit gutem Gewicht (leichter bis mittlerer Körper) und Drive, gute Energie im Mund. Kokosnuss und Mango.
Abgang: Sauber.
Gesamteindruck: Schön ausgewogen zwischen süß und würzig.

Caroni Stallion Puncheon (weißer Overproof)
75 VOL.-%
✪✪✪(✪)
Farbe/Aroma: Klar, hell. Stark und intensiv. Zitrone, Limone, Bananenschale.
Gaumen: Reiche Anmutung mit etwas grünem Chili und Obst.
Abgang: Verdunstet.
Gesamteindruck: Dieser Rum und Caroni Velvet Smooth Overproof (auch 75 %) entsprechen sich nach Firmenauskunft. Beide sind starke, selbstsichere Biester.

Chairman's Reserve (Saint Lucia)

Im Besitz von St. Lucia Distillers
Castries, Saint Lucia
Einer der innovativsten Rumerzeuger in der Karibik, dessen Portfolio jede mögliche Nische in einem expandierenden Markt bedient (und selbst kreiert). Säulenanlagen und zwei Pot-Still-Typen ermöglichen eine große Spannbreite.
Tel.: ++1758 451 4258
Fax: ++1758 451 4221
E-Mail: info@sludistillers.com
Internet: www.sludistillers.com

Chairman's Reserve

40 VOL.-%
✪✪✪✪(✪)
Farbe/Aroma: Pot-Still-Reichtum mit saftigen Früchten, gegerbtem Leder sowie Trockenfrüchten und Honig als Krönung.
Gaumen: Mittlerer Körper mit weicher Anmutung. Gewürz, Vanille, Banane. Ein fast erdiger Sog.
Abgang: Weich.
Gesamteindruck: Ein sehr eleganter Rum. Verweist auf geschicktes Blending.

Clarke's Court (Grenada)

Im Besitz von Grenada Sugar Factory
Saint George's, Grenada
Die 1937 gegründete Grenada Sugar Factory ist der größte Destillateur und ihr weißer Overproof der Bestseller der Gewürzinsel.
Tel.: ++1473 444 5363
Fax: ++1473 444 24652
Internet: www.clarkescourtrum.com

Clarke's Court Light Rum

40 VOL.-%
✪✪(✪)
Farbe/Aroma: Leichte Zitrusfrucht (Mandarine) neben Erdnussnoten. Volles Aroma, ziemlich süß.
Gaumen: Dick. Gutes Gewicht. Schale von reifer Zitrone/Limone und erneut die Erdnuss; beginnt zum Abgang hin trocken zu werden. Pur aggressiv, mit Wasser etwas flach und fade.
Abgang: Trocken. Leichte Banane.
Gesamteindruck: Größer als die meisten „leichten" Rums.

Clarke's Court Pure White Rum

69 VOL.-%
✪✪✪
Farbe/Aroma: Stechend, erinnert an Phenol. Wieder Erdnüsse und Öl mit einer leichten Gumminote. Stark.
Gaumen: Am Anfang süß mit öliger Anmutung. Beim Verdünnen ziemlich vegetabil.
Abgang: Trocken.
Gesamteindruck: Ein starker, reichhaltiger, öliger Overproof.

Clarke's Court Dark

43 VOL.-%
✪✪✪(✪)
Farbe/Aroma: Gold. Leichter bis mittlerer Körper, mit Spuren von getrockneter Guave, Banane und etwas Orange. Attraktiv mit weichem Gewicht und Vanille/Kokosnuss-Holznoten.
Gaumen: Süß, mittlerer Körper, sirupartig auf dem mittleren Gaumen, mit etwas Papaya und Holz.
Abgang: Kokosnuss.
Gesamteindruck: Ausgewogen zwischen einem süßen Brand und sauberer, frischer Eiche.

Clarke's Court Lemon

35 VOL.-%
✪✪✪
Farbe/Aroma: Klar, hell. Voll mit einer Note von Limonenblatt und Öl.
Gaumen: Klebrig und süß mit dicker Anmutung. Limone und Kokosnuss. Abgerundet.
Abgang: Kokosnuss.
Gesamteindruck: Der süßeste Zitronenrum. Kein Zucker nötig, falls Sie damit einen Daiquiri bereiten!

Clément (Martinique)

Le François, Martinique
Homère Clément gilt als Vater des Rhum Agricole. Heute ist sein Gut mit den eleganten Gärten, der (stillgelegten) Destillerie und dem typischen Pflanzerhaus eine Touristenattraktion. Die Rums werden bei Simon erzeugt.
Tel.: ++596 596 54 62 07
Fax: ++596 596 54 63 50
E-Mail: communication.clement@gbh.fr
Internet: www.rhum-clement.com

Clément Blanc
50 VOL.-%
✪✪✪
Farbe/Aroma: Hell, nussig und beißend. Volles Aroma mit Veilchennoten. Ölig.
Gaumen: Reichhaltig, süß und reif. Abgerundete Struktur.
Abgang: Fest.
Gesamteindruck: Ein starker, aggressiver Rum.

Clément Grappe Blanche
50 VOL.-%
✪✪✪✪
Farbe/Aroma: Leichter mit mehr Noten von Wildblume, Lakritz und Anis.
Gaumen: Weich, sehr sanft, sauber und elegant.
Abgang: Weich.
Gesamteindruck: Cléments weißer Premium-Rum.

Clément Canne Bleu
50 VOL.-%
✪✪✪(✪)
Farbe/Aroma: Fruchtig, reif, süß und direkt. Melone und Mango. Ein Hauch Gras.
Gaumen: Sauber. Limonig, frisch. Gutes, weiches Gewicht.
Abgang: Sauber. Trocken.
Gesamteindruck: Ein guter Rum aus einer einzelnen Zuckerrohrart.

Clément Vieux
50 VOL.-%
✪✪✪✪
Farbe/Aroma: Bernstein. Zitrone/Akazie. Fast wie ein Roggenwhiskey. Süß und elegant mit prickelnden Noten von Harz und Saft. Recht einheitlich.
Gaumen: Würzig und doch sanft. Gut ausgewogen.
Abgang: Lang.
Gesamteindruck: Äußerst gut bereitet.

Clément Cuvée Charles
44 VOL.-%
✪✪✪(✪)
Farbe/Aroma: Bernstein. Harzige Note. Sauber und recht ölig. Sirupfrüchte, fast honigartig. Stark.
Gaumen: Crème brûlée, florale Würzigkeit.
Abgang: Komplex.
Gesamteindruck: Ein angenehmer Verschnitt von drei- und sechsjährigen Rums.

Clément Cuvée Homère
44 VOL.-%
✪✪✪✪
Farbe/Aroma: Dunkler Bernstein. Komplexer als Charles. Getrocknete Nüsse und Früchte.
Gaumen: Karamellisierte Früchte, Eiche. Griffig.
Abgang: Trocken.
Gesamteindruck: Ein sechs Jahre alter Rum. Eher streng, etwas für Klassizisten.

Clément XO
44 VOL.-%
✪✪✪(✪)
Farbe/Aroma: Bernstein. Süßer mit Noten von getrockneter Aprikose, kandiertem Apfel, Banane.
Gaumen: Sultanine, Sirup, Cognac-Aromen von Nüssen und Früchten. Fester Grip.
Abgang: Nussig.
Gesamteindruck: Fest, aber fein.

Clément 10yo
44 VOL.-%
✪✪✪(✪)
Farbe/Aroma: Sandelholz, getrocknete Rosen, Akazie und sehr helles Toffee. Ziemlich streng.
Gaumen: Reicher, als die Nase vermuten lässt, mit einer würzigen Anmutung neben dem Duftholz.
Abgang: Trocken.
Gesamteindruck: Gleicher Stil wie XO.

Clément 1976
44 VOL.-%
✪✪✪✪
Farbe/Aroma: Kupfer. Duft nach Eukalyptus, sogar etwas Lilie und Rose dringen durch.
Gaumen: Trocken und sauber mit etwas Holz/Asche und feinen floralen Noten. Guter Biss.
Abgang: Trocken.
Gesamteindruck: Klassisch trockener, zurückhaltender Clément-Stil.

Clément 1952
44 VOL.-%
✪✪✪✪
Farbe/Aroma: Vanille, Rauch und weiches Toffee.
Gaumen: Weich, sanft und elegant, der Geschmack von Leder neben verwelkten Blüten, Honig, Gewürz.
Abgang: Eiche.
Gesamteindruck: Parfümiert und sinnlich.

Cockspur (Barbados)

Im Besitz von Hanschell Innis
Brighton, Saint Michael, Barbados

Die Marke eines der ältesten Abfüller von Barbados (gegr. 1884). Die Rums werden in der West Indies Rum Distillery erzeugt.

Tel.: ++1246 425 9393
Fax: ++1246 425 8371
E-Mail: hanschell@goddent.com

Cockspur Five Star

43 VOL.-%

✪✪✪✪

Farbe/Aroma: Heller Bernstein. Vanille mit einem Hauch Muskatnuss. Dann cremige Noten von Kirschkäsekuchen und Mango.
Gaumen: Ausgewogenheit zwischen honigsüßer Mitte und Ingwer. Etwas Zitrone und Kumquat.
Abgang: Ingwer.
Gesamteindruck: Süße Ausgewogenheit.

Cockspur Old Gold

43 VOL.-%

✪✪✪(✪)

Farbe/Aroma: Sauber mit etwas reifen, eichigen Noten. Bratapfel, Birne, Früchtekuchen.
Gaumen: Holzkohle über milder, reifer Frucht.
Abgang: Eiche.
Gesamteindruck: Älter, reifer. Leicht eichig.

Cockspur VSOR

43 VOL.-%

✪✪✪✪

Farbe/Aroma: Getrocknete Rose, Potpourri, Menthol, Veilchen. Gewürzt mit Koriander und schwarzem Pfeffer auf Erdbeere und Trockenfrüchten.
Gaumen: Süß und weich. Sehr würzig und wuchtig. Etwas Orange, schwarze Banane und Toffee.
Abgang: Reichhaltig.
Gesamteindruck: Very british.

Cruzan (US Virgin Islands)

Gehört zur C. L. Global Brands Group
Saint Croix, US Virgin Islands

Die Nelthropps destillieren seit sieben Generationen, die Destillerie (heute bei C. L./Angostura) ist eine der modernsten der Karibik. Alle Rums reifen mindestens zwei Jahre.

Tel.: ++1 340 837 6300
Fax: ++1 340 832 4556
Internet: www.cruzanrum.com

Cruzan Estate Light Rum 2yo

40 VOL.-%

✪✪(✪)

Farbe/Aroma: Klar, hell. Leicht mit zartester Spur von Nuss und Narzisse. Ein Hauch Zitrusfrucht.
Gaumen: Gutes Gewicht und cremige Anmutung.
Abgang: Kurz und frisch.
Gesamteindruck: Ein gut bereiteter Mixrum.

Cruzan Clipper 2yo

(Gewürzter Rum)

60 VOL.-%

✪✪✪

Farbe/Aroma: Orange/Gold. Getrocknete Orangenschale, Mandarinenmarmelade. Noten von Vanille, Toast und Honig; Ingwer.
Gaumen: Süß und leichter Körper, aber mit köstlicher Würze und einem Stich Orangenbutter.
Abgang: Geröstet mit Mandarine. Prickelnd.
Gesamteindruck: Sehr gut bereitet und attraktiv.

Cruzan Estate Dark 2yo

40 VOL.-%

✪✪✪(✪)

Farbe/Aroma: Klar, hell. Bratapfel, Passionsfrucht, Mango und eine saftige Note, die an Curaçao Orange erinnert. Ein Hauch von Piment.
Gaumen: Weich, glatt und sanft.
Abgang: Geröstet.
Gesamteindruck: Sauber und vollmundig. Großartiges Handling von Destillat und Holz.

Cruzan Estate Diamond 5yo

40 VOL.-%

✪✪✪✪

Farbe/Aroma: Leuchtender Bernstein. Der substanziellste Rum der Palette, mit Bourbon-Charakter. Orange, mit Zimt und Geißblattblüte.
Gaumen: Ausgewogenheit zwischen sauberer Eiche und süßem Brand. Macadamianuss, Kokosnuss, Vanille, Honig, Banane. Feine, stumpfe Anmutung.
Abgang: Weich und süß.
Gesamteindruck: Elegant und strukturiert. Beeindruckendes Holzmanagement.

Cruzan Single Barrel
40 VOL.-%
✪✪✪✪(✪)
Farbe/Aroma: Heller Bernstein. Der würzigste Rum der Palette, auch der komplexeste. Subtile Noten von Marzipan, Maronenpüree, Minze, Malzbonbon, Orange Pekoe, leichtem Fensterleder.
Gaumen: Süß und reif mit Papaya, Galiamelone, Banane. Herrliches Gewicht in der Mitte.
Abgang: Frisch und trocken.
Gesamteindruck: Entwickelt sich wunderschön im Glas. Fein, leicht und elegant.

Cruzan Banana
27,5 VOL.-%
✪✪(✪)
Farbe/Aroma: Klar und hell. Getrocknete Bananenchips mit einem Hauch unreife Banane.
Gaumen: Süß und leicht würzig. Besser als die Nase, doch künstlicher als die meisten Rums der Palette.
Abgang: Fruchtig.
Gesamteindruck: Gut in Mixgetränken.

Cruzan Coconut
27,5 VOL.-%
✪✪✪
Farbe/Aroma: Klar, hell. Leicht und sauber. Feuchte Kokosnussraspel mit einer leicht grünen Note.
Gaumen: Cremig mit guten, natürlich wirkenden Geschmacksnuancen. Vielleicht fehlt etwas Gewicht.
Abgang: Sauber, wenn auch etwas kurz.
Gesamteindruck: Frisch. Peppt einen Cocktail auf.

Cruzan Mango
27,5 VOL.-%
✪✪✪(✪)
Farbe/Aroma: Klar, hell. Süß, aber saftig mit Mangofleisch und Zuckersirup.
Gaumen: Fruchtig mit leichten Vanillenoten.
Abgang: Sauber.
Gesamteindruck: Attraktiv. Großartig in Rumpunsch.

Cruzan Orange
27,5 VOL.-%
✪✪✪
Farbe/Aroma: Klar, hell. Süße Orangen/Mandarinenzesten überwiegen. Sauber.
Gaumen: Mandarinensüße. Glatt und weich; kribbelnd am Mittelgaumen. Gegen Ende süßer.
Abgang: Süß, leicht zuckrig.
Gesamteindruck: Gut bereitet und attraktiv.

Cruzan Pineapple
27,5 VOL.-%
✪✪✪✪
Farbe/Aroma: Klar, hell. Dosenananas und frischer Ananassaft. Frisch und sauber.
Gaumen: Leichter im Gewicht als die übrigen Rums; auch der saftigste. Sauber, sehr gut.
Abgang: Frisch und ziemlich trocken.
Gesamteindruck: Das leichtere Gewicht bringt die Aromen gut zur Geltung.

Cruzan Vanilla
27,5 VOL.-%
✪✪✪(✪)
Farbe/Aroma: Klar und hell. Volle und schwere Vanilletöne, fast wie ein Vanillemilchshake.
Gaumen: Weich und sanft. Ein attraktives Prickeln in der Mitte verhindert, dass er zu süßlich wird.
Abgang: Kokosnuss.
Gesamteindruck: Dick, aber sauber.

Crystal (Saint Lucia)

Im Besitz von St. Lucia Distillers
Castries, Saint Lucia
Weitere Angaben siehe Seite 136.

Crystal White Rum
40 VOL.-%
✪✪✪
Farbe/Aroma: Klar, hell. Leicht und trocken mit Noten von Vanille, Frucht und Limone. Anständige Konzentration.
Gaumen: Sauber und sehr trocken, ja knochentrocken.
Abgang: Frisch.
Gesamteindruck: Noch ein guter leichter Rum. Sehr effizient bereitet.

Crystal Lime
35 VOL.-%
✪✪✪(✪)
Farbe/Aroma: Sehr limonig; Zeste und Saft.
Gaumen: Anfangs überwiegen die Zesten. Süß mit einer öligen, weichen Anmutung. Großartig peppig.
Abgang: Frisch.

Gesamteindruck: Gut bereitet. Einer der besseren Rums mit Zitrusaroma.

Denro's (Saint Lucia)

Im Besitz von St. Lucia Distillers

Weitere Angaben siehe Crystal, Seite 151, bzw. Seite 136.

Denro's Strong

(Weißer Overproof)

70 VOL.-%

✪✪✪

Farbe/Aroma: Banane und rote Früchte (Himbeeren) dominieren das Bukett. Eine Spur metallisch.

Gaumen: Weich und süß, mit einem Hauch Anis.

Abgang: Trocken.

Gesamteindruck: Groß und stark. Probieren Sie diesen Rum in einem Himbeer-Minze-Daiquiri!

Depaz (Martinique)

Gehört zur Bardinet/La Martiniquaise-Gruppe; Saint-Pierre, Martinique

Depaz ist die einzige noch verbliebene Destillerie im nördlichen Städtchen Saint-Pierre, das 1902 beim Ausbruch des Mont Pelée zerstört wurde.

Tel.: ++596 596 781314

Fax: ++596 596 783028

E-Mail: depazdist@hotmail.com

Internet: www.depaz.fr

Depaz Blanc

50 VOL.-%

✪✪(✪)

Farbe/Aroma: Klar, hell. Leicht erdiges Bukett mit weichen Früchten dahinter. Mit Wasser tropischer.

Gaumen: Fest, mit Kiwi, Litschi und Birne.

Abgang: Sauber.

Gesamteindruck: Ziemlich leicht und zart.

Depaz Vieux

45 VOL.-%

✪✪✪(✪)

Farbe/Aroma: Heller Bernstein. Viel Apfel und trockenes Gras und ein Hauch Zuckerrohr. Komplex. Etwas schwarzer Pfeffer, Paprika und Eiche.

Gaumen: Fein, zart und spritzig.

Abgang: Im Hintergrund weicher Zucker.

Gesamteindruck: Sehr ausgewogen.

Dillon (Martinique)

Gehört zur Bardinet/La Martiniquaise-Gruppe; Fort-de-France, Martinique

Dillons Destillerie in Fort-de-France begann 1954 mit der Erzeugung von Rhum Agricole. Heute eine der bekanntesten Exportmarken.

Tel.: ++596 596 752020

Fax: ++596 596 753033

E-Mail: info@rhum-dillon.com

Internet: www.rhum-dillon.com

Dillon Blanc

50 VOL.-%

✪(✪)

Farbe/Aroma: Stechend mit Esternoten. Gekochte Banane, Dosenbirnen. Etwas hart.

Gaumen: Trocken und sauber, aber wieder hart.

Abgang: Fest.

Gesamteindruck: Durchschnitt.

Dillon Vieux

50 VOL.-%

✪✪

Farbe/Aroma: Gold/Bernstein. Etwas Gewürz, Zitrone.

Gaumen: Ein wenig flach und leblos.

Abgang: Leicht trocken.

Gesamteindruck: Durchschnitt.

Dillon Hors d'Age XO

43 VOL.-%

✪(✪)

Farbe/Aroma: Bernstein. Mager und kantig.

Gaumen: Hart, wirkt forciert.

Abgang: Spritzig.

Gesamteindruck: Nichts für mich.

Don Q (Puerto Rico)

Mercedita, Puerto Rico

Im Besitz von Destilería Serrallés

1865 in Ponce gegründet, noch in Familienbesitz. Die Rums der Firma bleiben die Lieblingsmarken von Puerto Rico.

Tel.: ++1787 840 1000

Fax: ++1787 840 1155
E-Mail: donq@donq.com
Internet: www.donq.com

Don Q Cristal
40 VOL.-%
✪✪✪(✪)
Farbe/Aroma: Klar, hell. Sauber mit leichten Zitrusfrüchten und Vanille. Weich und süß.
Gaumen: Üppige Vanille vermittelt dem Gaumen ein gutes Gewicht. Spuren von Melasse, Zitrone und etwas Muskatnuss/Ingwer. Sauber.
Abgang: Erfrischend.
Gesamteindruck: Sehr gut bereiteter, eleganter weißer Rum.

Don Q Gold
40 VOL.-%
✪✪✪(✪)
Farbe/Aroma: Gold. Sauber mit mehr tropischen Früchten und einem Hauch Kokosnuss.
Gaumen: Guave und Papaya gemischt mit leichtem, süßem Gewürz und einer frischen Brise Tabak.
Abgang: Leicht fruchtig.
Gesamteindruck: Sehr gut bereitet.

Don Q Añejo
40 VOL.-%
✪✪✪✪
Farbe/Aroma: Altgold. Von der Eiche gewürzt und gewichtiger. Rote Pflaume, Cranberrysaft.
Gaumen: Ein komplexer Mix von Schokolade, Gewürz, süßem Tabak und sanfter Vanillesüße.
Abgang: Frucht und würzige Eiche.
Gesamteindruck: Sehr gehobener Verschnitt.

Don Q Grand Añejo
40 VOL.-%
✪✪✪✪(✪)
Farbe/Aroma: Altgold. Süß und würzig mit polierter Eiche, Orangenschale, Lakritz, Nüssen. Dennoch trocken, nicht zu holzig. Komplex.
Gaumen: Süß und weich mit geschmacklichen Miniexplosionen von Orangentoffee, Kokosnuss, Trockenfrüchten.
Abgang: Leichte, geröstete Eiche.
Gesamteindruck: Erstmals 1993 zur 500-Jahr-Feier von Puerto Rico produziert. Ein Verschnitt von bis zu 12-jährigen Rums. Sehr gut bereitet.

Doorly's (Barbados)

Im Besitz von R. L. Seale
Foursquare Distillery,
Saint Phillip, Barbados
Eine weitere Marke einstiger Rumabfüller, die inzwischen R. L. Seale erworben hat. Weitere Angaben siehe Seite 136.

Doorly's 5yo
40 VOL.-%
✪✪✪
Farbe/Aroma: Gold. Leichtes, süßes Bukett. Helle Noten von Passionsfrucht, Papaya, Vanillepudding, dann altmodisches Ingwerbier.
Gaumen: Weich und sanft. Herrliche Ausgewogenheit von Holz und weichem Brand. Gutes Gewicht.
Abgang: Sauber, locker, süß.
Gesamteindruck: Ein leichter, geradliniger Stil.

Doorly's XO (Barbados)
40 VOL.-%
✪✪✪✪✪
Farbe/Aroma: Mittleres Gewicht und elegant. Gewisse Nussigkeit, dann reich parfümierte Süße. Akazienhonig, Mango. Voll, komplex und süß.
Gaumen: Subtile Komplexität mit Vanilleakzent. Gebratene Banane, süße Rosine, Sultanine, ein Hauch Walnuss. Weich und elegant.
Abgang: Lang und süß. Mandarine.
Gesamteindruck: Für kurze Zeit in alten Sherryfässern ausgebaut – das rundet ab und vermittelt eine neue, aber nicht dominierende Aromaschicht. Pur trinken.

El Dorado (Guyana)

Im Besitz von Demerara Distillers
Georgetown, Guyana
Der Markenname von Demerara Distillers, einer Firma, die nicht nur eine beachtliche Sammlung von Stills hat – sodass sie viele Sorten in ihren Verschnitten verarbeiten kann –, sondern auch Pionierarbeit beim Aufbau von internationalen Marken karibischer Brennereien leistet.
Tel.: ++592 265 6000/5019
Fax: ++592 265 3367/2015
E-Mail: ddlweb@demrum.com
Internet: www.demrum.com

El Dorado White
37,5 VOL.-%
✪✪✪(✪)
Farbe/Aroma: Reich und süß. Banane, Vanille und ein mandarinenartiger Zitrusduft.
Gaumen: Weich und sanft mit seidigem Gewicht.
Abgang: Sauber und süß.
Gesamteindruck: Körper und Gewicht anständig. Cocktailrum.

El Dorado Gold
37,5 VOL.-%
✪✪(✪)
Farbe/Aroma: Gold. Süß. Überreife Banane, Geißblatt, Melasse.
Gaumen: Süß und sirupartig. Mittlerer Körper.
Abgang: Süß.
Gesamteindruck: Absolut anständig.

El Dorado Dark
37,5 VOL.-%
✪✪(✪)
Farbe/Aroma: Dunkel. Mehr Toffee und eine Spur mehr Gewicht. Bananenbrot, Schokolade.
Gaumen: Sauber, weich, Melasse und Dattel.
Abgang: Weich.
Gesamteindruck: Nicht zu zuckrig. Gut bereitet.

El Dorado 5yo
40 VOL.-%
✪✪✪✪
Farbe/Aroma: Bernstein. Sauber und köstlich.
Gaumen: Besseres Gewicht und zusätzliche Komplexität, aber noch ein Rum mittleren Körpers. Sehr mild mit etwas Biss. Reife Früchte.
Abgang: Weich und sanft.
Gesamteindruck: Ungeheuer süffig – gefährlich.

El Dorado 12yo
40 VOL.-%
✪✪✪✪✪
Farbe/Aroma: Üppiges Gold/Bernstein. Komplex mit süßem Gewicht. Ausgewogene, würzige Eiche und Schichten eleganter, reifer Früchte.
Gaumen: Vollmundig und weich. Leichte Muskatnuss mit Noten von Kastanie, Toffee, Milchkaffee und gebratener Banane, mit einem Zitruskick.
Abgang: Muskatnuss und Gewürz.
Gesamteindruck: Genauso gut wie der 15-Jährige.

El Dorado 15yo
40 VOL.-%
✪✪✪✪✪
Farbe/Aroma: Mahagoni. Groß, tief und komplex. Weicher Zucker, Kaffee, karamellisierte Früchte.
Gaumen: Eine zusätzliche Dimension, mit mehr Eiche, die für Struktur sorgt, leichtere Zitrusnoten vermitteln Komplexität.
Abgang: Lang und komplex.
Gesamteindruck: Ein reichhaltiges Destillat im Verschnitt verleiht Gewicht. Ein Klassiker.

El Dorado Special Reserve 21yo
43 VOL.-%
✪✪✪✪
Farbe/Aroma: Rötlicher Bernstein. Der trockenste Rum aus der Palette mit mehr Holz. Zigarrenkiste, Walnuss. Einige erdige Noten neben Feige und süßem Honig.
Gaumen: So seidig wie die anderen, hier mit Akazien.
Abgang: Bitterorangenschale, Pekannuss.
Gesamteindruck: 21 und noch so stark – ein Beweis für einen reichhaltigen Basisbrand und cleveres Holzmanagement.

El Dorado Spiced Rum
40 VOL.-%
✪✪✪(✪)
Farbe/Aroma: Gold. Noten von Zimt, Ingwer und viel Muskatnuss; man muss fast niesen. Mit Wasser entfalten sich leicht Gewürznelke und Piment. Angemessen exotisch.
Gaumen: Eine Gewürzmelange über ziemlich leichtem Brand. Sauber, leicht und ziemlich lieblich.
Abgang: Süß und würzig.
Gesamteindruck: Neutral und gut bereitet.

English Harbour (Antigua)

Im Besitz von Antigua Distillery
Saint John's, Antigua
Die Exportmarke von Antigua Distillers (gegr. 1932). Die lokalen Marken werden unter dem Cavalier-Etikett verkauft.
Tel.: ++1268 480 3200
Fax: ++1268 480 3215
E-Mail: sharon@antiguadistillery.com
Internet: www.antiguadistillery.com

English Harbour White 3yo
40 VOL.-%
✪✪✪
Farbe/Aroma: Klar, hell. Noten von Limonenzesten mischen sich mit Mandeln und Erdnüssen. Mit Wasser eine attraktive grüne vegetabile Note. Sauber.
Gaumen: Süß und sauber mit Kumquat und einem interessanten, leicht erdigen Touch. Ölige Anmutung.
Abgang: Sauber und anständig.
Gesamteindruck: Ein weißer Rum mit gutem Gewicht und süßen Aromen.

English Harbour Golden 3yo
40 VOL.-%
✪✪✪(✪)
Farbe/Aroma: Gold/Bernstein. Würzige, erdige Noten neben Erdnussplätzchen und weichem Karamell sowie einem Hauch Apfelmus und Limone.
Gaumen: Viel würzige Eiche wiegt eine feste Struktur auf, die Spuren von Bananentoffee aufweist.
Abgang: Nussig.
Gesamteindruck: Ein ziemlich eleganter Rum mittleren Körpers. Gut bereitet.

English Harbour Extra Old
40 VOL.-%
✪✪✪✪(✪)
Farbe/Aroma: Kupfer/Bernstein mit grünem Funkeln. Wuchtiges, reifes Bukett (Eiche, Lagerhallen, Walnüsse) neben Kokosnussschale, trockenen Nüssen und getrockneten Schalen, überreifer Banane, schwarzen Früchten. Glatt.
Gaumen: Eichig, aber ausgewogen und fest. Mittlerer Körper. Trockene Teeblätter, Gewürz und Tabak, durchzogen von Obst. Pilznoten.
Abgang: Trocken.
Gesamteindruck: Reif und elegant. Großer, natürlich gereifter Rum. Empfehlenswert.

51 Cachaça (Brasilien)

Im Besitz von Companhia Müller de Bebidas, São Paulo, Brasilien
Dieser Cachaça soll mit über 20 Millionen verkauften Kästen pro Jahr die zweiterfolgreichste Spirituosenmarke der Welt sein.
Tel.: ++55 195 61 5151
Fax: ++55 195 61 5522

51 Cachaça
40 VOL.-%
✪✪✪(✪)
Farbe/Aroma: Klar, hell. Leicht ölig. Sehr sauber mit Spuren von Zitrone. Fast neutral.
Gaumen: Süß und leicht zuckrig mit einem Hauch von Bonbons. Blitzsauber.
Abgang: Sauber, leicht.
Gesamteindruck: Keine der sonst mit Cachaça assoziierten vegetabilen Noten. Gut bereitet.

La Favorite (Martinique)

Fort-de-France, Martinique
Die Familie Dormoy produziert auf diesem Gut seit 1909 Rhum Agricole. Einer der wenigen unabhängigen Erzeuger der Insel.
Tel.: ++596 596 504732
Fax: ++596 596 504984

La Favorite Vieux
50 VOL.-%
✪✪✪
Farbe/Aroma: Gold. Cremig, Kräuternoten, Mandarinen.
Gaumen: Weich, sauber; guter Grip. Karamellisierter Pfirsich.
Abgang: Trocken und nussig.
Gesamteindruck: Anständig.

Ferdi's (Trinidad)

Gehört zu C. L. Global Brands
Port of Spain, Trinidad & Tobago
Jo Fernandes begann in den 1920ern mit dem Destillieren und Blending. 1973 verkaufte er an Angostura.
Weitere Angaben siehe Seite 137.

Ferdi's
40 VOL.-%
✪✪✪(✪)
Farbe/Aroma: Cremefarben. Sahnekaramell, Orange, Mandarine.
Gaumen: Trockener, als die Nase vermuten lässt; Holz ausgewogen, etwas Crème brûlée mit Mandarinengeschmack.
Abgang: Sauber und trocken.
Gesamteindruck: Großartige Cocktailmarke.

Fernandes (Trinidad)

Gehört zu C. L. Global Brands
Port of Spain, Trinidad & Tobago
Weitere Angaben siehe Seite 137.

Fernandes Black Label
40 VOL.-%
✪✪✪

Farbe/Aroma: Gold. Feines Gewicht mit guter Festigkeit, einige Guave- und Mangonoten. Limonenzeste.
Gaumen: Das zusätzliche Gewicht macht sich am mittleren Gaumen bemerkbar. Ingwer, Muskatnuss.
Abgang: Sauber und trocken.
Gesamteindruck: Der Hit auf Trinidad. Großartiger Mixrum.

Flor de Caña (Nicaragua)

Im Besitz der Compañía Licorera de Nicaragua, Managua, Nicaragua
Diese rührige Destillerie erzeugt seit 1937 gereifte Marken in Chichigalpa.
Tel.: ++505 274 4040
Fax: ++505 275 4041
E-Mail: info@flordecana.com
Internet: www.flordecana.com

Flor de Caña Extra Dry 4yo
40 VOL.-%
✪✪✪✪

Farbe/Aroma: Sauber, hell. Mandarinen, süß und attraktiv mit Vanille und leichtem Holz.
Gaumen: Frisch mit gutem Gewicht.
Abgang: Sauber.
Gesamteindruck: Ein sehr guter weißer Rum.

Flor de Caña Black Label 5yo
40 VOL.-%
✪✪✪✪

Farbe/Aroma: Bernstein. Größer und reichhaltiger. Aprikose, grüne Mango. Gute Ausgewogenheit zwischen Süße und Eiche.
Gaumen: Anfangs weich, cremige Mitte, mit gebratener Banane und tropischen Früchten, ausbalanciert von gerösteter Haselnuss.
Abgang: Nussig.
Gesamteindruck: Große Ausgewogenheit, großartiger Stil.

Flor de Caña Grand Reserve 7yo
40 VOL.-%
✪✪✪✪(✪)

Farbe/Aroma: Bernstein. Ähnelt Black Label, ist aber reichhaltiger und komplexer. Kakao, Ahornsirup, Himbeere/Erdbeere, Guave/Passionsfrucht und komplexe Eichennoten.
Gaumen: Reich und süß; schwarze Banane, Feige, intensive Frucht, aber mit ausgewogenem Eichencharakter.
Abgang: Lang. Eichig.
Gesamteindruck: Ein klasse Rum von einem klasse Erzeuger.

Flor de Caña Centenario 12 Años
40 VOL.-%
✪✪✪(✪)

Farbe/Aroma: Rötlicher Bernstein. Holz auffälliger, zu Nüssen, Mulch, Redwood-Wald tendierend.
Gaumen: Reif und reichhaltig. Sirup in der Mitte. Gutes Gewicht, aber etwas tanninartig.
Abgang: Fest. Eichig.
Gesamteindruck: Verlangt nach einer Zigarre. Etwas zu viel Holz.

Foursquare Spiced (Barbados)

Im Besitz von R. L. Seale
Foursquare Distillery, Saint Phillip, Barbados
Eine weitere Marke des stets ideenreichen Richard Seale, die nach seiner hypermodernen Destillerie auf der ältesten Zuckerplantage von Barbados benannt ist.
Weitere Angaben siehe Seite 136.

Foursquare Spiced
35 VOL.-%
✪✪✪✪✪

Farbe/Aroma: Bernstein. Sofort sind exotische Gewürze da, Piment, Menthol, Gewürznelke, Muskatnuss, Ingwer, dann Bitterorange und getrocknete Kräuter.
Gaumen: Intensiv, parfümiert und ziemlich trocken. Großartige Ausgewogenheit zwischen bitter-süßen Gewürzen und Kräutern.
Abgang: Ingwer.
Gesamteindruck: Spielt in einer anderen Liga als sonst die gewürzten Rums. Einfach sensationell.

Germana (Brasilien)

Nova Uniao, Minas Gerais, Brasilien

Die Destillerie der Familie Caetano in Minas Gerais erzeugt Cachaça seit über 90 Jahren. Sie lassen ein Rohrsaft/Mais-Destillat in kleinen Eichenfässern reifen und füllen es in mit Bananenblättern bedeckte Flaschen ab.

Tel./Fax: ++55 31 3685 1256

Vertrieb: ++55 31 9973 3178

Germana Cachaça

41,6 VOL.-%

✪✪✪✪(✪)

Farbe/Aroma: Helles Stroh. Reichhaltig, süß, leicht vegetabiles Aroma, ein Gemisch von süßen und pikanten Noten: frischer Zuckerrohrsaft, Banane, Tomatenblatt.

Gaumen: Wunderbar exotisch. Das Zedernholz verleiht den Bananennoten eine gute Struktur.

Abgang: Trocken.

Gesamteindruck: Klassischer, traditioneller Cachaça – der beste seiner Art.

Gosling's (Bermuda)

Hamilton, Bermuda

Die von dem englischen Wein- und Spirituosenhändler James Gosling gegründete Firma verschneidet Rums seit der Mitte des 19. Jahrhunderts. Der originale Black Seal war ein Fassrum, der in mit schwarzem Wachs versiegelten Champagnerflaschen verkauft wurde.

Tel.: ++1441 295 1123

Fax: ++1441 292 1775

E-Mail: blackseal@goslings.com

Internet: www.blackseal.com

Gosling's Black Seal

(Bermuda-Karibik-Verschnitt)

40 VOL.-%

✪✪✪(✪)

Farbe/Aroma: Rot/Mahagoni. Geschmorte Früchte, Kaffee, Pflaumenauflauf, leichter Sirup und seltsamerweise ein Hauch Tomate. Kümmel, Asant.

Gaumen: Weich, breit und sanft mit reichhaltigen, süßen schwarzen Früchten.

Abgang: Würzig, sauber.

Gesamteindruck: Gut und nicht forciert.

Gosling's Black Seal 151 Proof

75 VOL.-%

✪✪✪(✪)

Farbe/Aroma: Rot/Mahagoni. Eine Explosion von starkem Alkohol mit Karamell, Limone.

Gaumen: Reich und fruchtig. Stark. Melasse, Pflaumen, leicht aromatisch und würzig. Zischt über den Gaumen.

Abgang: Mittlere Länge; würzig.

Gesamteindruck: Nichts für schwache Nerven und Business-Meetings.

Havana Club (Kuba)

Joint Venture zwischen dem kubanischen Staat und Pernod-Ricard

Havanna, Kuba

Der originale Havana Club entstand 1878. Heute ist er Kubas bekannteste und angesehenste Rummarke. Dank dem Joint Venture wurde er zur Spirituosenmarke mit dem weltweit schnellsten Zuwachs – zum Missfallen von Bacardi!

Tel.: ++53 762 4108/61 8051

Fax: ++53 762 1825

Internet: www.havana-club.com

Havana Club Silver Dry

40 VOL.-%

✪✪(✪)

Farbe/Aroma: Hell. Frisch und süß mit Zitrusnoten.

Gaumen: Weich und frisch; wenn die Zitrusfrucht erscheint, wird er weicher und süßer.

Abgang: Frisch, weich, wenn auch etwas kurz.

Gesamteindruck: Ein sauberer, geradliniger Mixrum.

Havana Club Añejo Blanca

40 VOL.-%

✪✪✪

Farbe/Aroma: Helles Stroh. Vegetabile Noten, ein Hauch Honig.

Gaumen: Sauber und weich, etwas nussig. Gute Anmutung mit gutem Gewicht und einem Hauch Vanille.

Abgang: Weich und sauber.

Gesamteindruck: Soll Silver Dry ablösen; hat mehr Gewicht und Charakter.

Havana Club Añejo 3 Años

40 VOL.-%

✪✪✪✪

Farbe/Aroma: Helles Stroh. Nussig, mit Noten von Tabak und Gewürzen. Frisch, doch mit guter, fast parfümierter Süße. Leicht, aber konzentriert.

Gaumen: Weich mit frischen tropischen Früchten und Vanille.

Abgang: Nussig und spritzig. Erfrischend.

Gesamteindruck: Der Mojito-Rum schlechthin.

Havana Club Añejo Oro

40 VOL.-%

✪✪✪(✪)

Farbe/Aroma: Gold. Orangenschale und Tabak. Nussiger, mit Spuren von getrockneter Guave. Weich und sauber.

Gaumen: Leicht adstringierend. Etwas tiefere und nussigere Variante als der 3 Años.

Abgang: Ausgedehnt und süß.

Gesamteindruck: Nehmen Sie den 3 Años oder diesen.

Havana Club Añejo Reserva

40 VOL.-%

✪✪✪(✪)

Farbe/Aroma: Heller Bernstein. Saubere Noten von Milchkaffee, Kakaopulver, leichte Kräuternoten, Potpourri, Hagebutte, getrockneter Pfirsich und ein wenig Ingwer. Fein.

Gaumen: Ein dicker Start mit guter Anmutung. Verweilt in der Mitte. Weiße Schokolade, Banane, gekochte Früchte. Recht jung.

Abgang: Sanft, mittlere Länge. Seidig.

Gesamteindruck: Guter Verschnitt. Am besten in einem Mulata-Daiquiri.

Havana Club Añejo 7 Años

40 VOL.-%

✪✪✪✪

Farbe/Aroma: Kaffee in Farbe und Nase. Espresso, Zimt, Muskatnuss, karamellisierte Früchte.

Gaumen: Stark und substanziell mit ausgewogenem getrocknetem Holz und Tabakblatt.

Abgang: Spritzig.

Gesamteindruck: Der erste aus der Palette von Havana-Club-Rums, die pur getrunken werden sollten. Die Qualität schwankt allerdings.

Havana Club Cristobal de la Habana

40 VOL.-%

✪✪✪✪✪

Farbe/Aroma: Bernstein mit grünem Funkeln. Komplex und reif, wie ein Waldspaziergang im Herbst. Apfel, geröstete Nüsse, Waldpilz.

Gaumen: Fest, vollmundig und exotisch. Voller Gewürze (Kümmel, Koriander, Muskatnuss), Nüsse und Schalen. Etwas streng, aber mit Süße.

Abgang: Espresso; zunehmend komplex.

Gesamteindruck: Eine Spezialabfüllung in begrenzter Auflage, nur im Havana-Club-Museum erhältlich. Die verwendeten Rums sind im Schnitt zwölf Jahre alt. Ein hervorragender Rum.

Havana Club Añejo 15 Años

40 VOL.-%

✪✪✪✪✪

Farbe/Aroma: Mahagoni. Reichhaltig und elegant, mit reifen konzentrierten Früchten sowie Rosinen.

Gaumen: Trifft den Gaumen mit einer Welle von reichen, süßen Nuancen von Obst, süßem Tabak, cremigem Kaffee. Seidige Struktur. Facettenreich und vollmundig. Weniger exotisch als San Cristobal, aber üppiger.

Abgang: Reichhaltig, süß, Vanille. Gewaltig.

Gesamteindruck: Ein wahrlich klassischer Rum, für den Londoner Barkeeper alles geben.

J.M. (Martinique)

Macouba, Martinique

Die nördlichste und kleinste Destillerie auf Martinique; auf gereiften, bzw. Jahrgangs-Rhum Agricole spezialisiert.

Tel.: ++596 596 785340

Fax: ++596 596 785838

E-Mail: rhumjm@wanadoo.fr

Internet: www.rhum-jm.com

J.M. Blanc

50 VOL.-%

✪✪✪✪

Farbe/Aroma: Parfümiert mit weißem Pfeffer sowie Ananas, Himbeerblatt, Pollen und Lilien. Rein.

Gaumen: Gute, ziemlich trockene Struktur. Erneut pfeffrig, mit festen, fast keksigen Noten.

Abgang: Trocken.

Gesamteindruck: Großartiger Ti-Punsch-Rum.

J.M. Paille
50 VOL.-%
✪✪✪
Farbe/Aroma: Stroh. Holz auffälliger. Erdig mit floralen Noten von Iris und Gras. Fein.
Gaumen: Gute Ausgewogenheit zwischen süßem Holz, Pfeffer und weicher Frucht.
Abgang: Spritzig.
Gesamteindruck: Der Kick für Planter's Punch.

J.M. 1993
49,6 VOL.-%
✪✪✪✪✪
Farbe/Aroma: Heller Bernstein. Hochkomplex mit gerösteter Nuss, Zitrone, Salbei, Kerzenwachs, Madeleine, mit Nelken gespickter Orange, Garam Masala. Raffiniertes, nachhaltiges Bukett.
Gaumen: Würzig, der weiße Pfeffer ist noch da, zusammen mit ausgewogener Süße und einem Hauch Zimt.
Abgang: Lang, fein und eichig.
Gesamteindruck: Überwältigend. So soll ein großer Rhum Agricole sein.

J.M. 1989
45,8 VOL.-%
✪✪✪✪(✪)
Farbe/Aroma: Heller Bernstein. Feingliedrig. Amaretto, getrocknete Orangenschale, Kirsche und kandierte Schale. Präzise und elegant.
Gaumen: Eine sanfte Mitte mit Kuchen, ein würziger Zitrus-Kick, dann süßes Gewürz und weiches Leder. Wunderschöne Balance.
Abgang: Milchschokolade.
Gesamteindruck: Mit einem Rhum Agricole eines großen Jahrgangs haben Sie eine der feinsten Spirituosen der Welt vor sich.

Jefferson (GB)

Whitehaven, Cumbria, GB
Traditioneller „britischer" Verschnitt für das Rum Story Museum von Whitehaven. Die Familie Jefferson, Spediteure, Broker und Händler, hatte Verbindungen nach Antigua.
Tel.: ++44 1946 592933
Fax: ++44 1946 590595
E-Mail: info@rumstory.co.uk
Internet: www.rumstory.co.uk

Jefferson's Dark Rum
40 VOL.-%
✪✪✪✪
Farbe/Aroma: Rötlicher Bernstein. Starker Pot-Still-Einfluss ist sofort spürbar. Süß, fett, fast cremige Kokosnuss gemischt mit harzigen, tiefen Noten von Lakritz, Sirup und Gewürznelke.
Gaumen: Schokolade mit hohem Kakaoanteil, dann Kastanie, Honig, Walnuss. Schwer und ölig. Mit Wasser etwas sanfter. Ein sanfter Riese.
Abgang: Lang und wärmend.
Gesamteindruck: Im Zuge der Wiederentdeckung großer alter Rums erscheint dieser altmodische Rum seltsam modern.

Khukri (Nepal)

Katmandu, Nepal
Nepal Distilleries produziert ihre Marke Khukri seit 1960. Taucht inzwischen außerhalb des Himalaja auf.
Tel.: ++977 14 350725
E-Mail: info@nepaldistilleries.com
Internet: www.nepaldistilleries.com

Khukri XXX
42,8 VOL.-%
✪✪✪(✪)
Farbe/Aroma: Rötlich braun. Aromen von Dörrpflaume, Toffee, feuchtem braunem Zucker. Wird berauschend parfümiert mit Rosenwasser, Kaffee, Kardamom, Sandelholz. Aromatisch und süß.
Gaumen: Leichter, als die Nase andeutet, mit sauberen, eichigen Noten.
Abgang: Ziemlich kurz und weich.
Gesamteindruck: Der Rum mit dem erstaunlichsten Duft.

Khukri Coronation XXX
42,8 VOL.-%
✪✪✪
Farbe/Aroma: Rötliches Mahagoni. Mehr Vanilleschote, Sahne über Dörrpflaumen, Kakaobutter.
Gaumen: Leicht parfümiert. Süßer Start, dann eine nussige Note, die schließlich zu holzig wird.
Abgang: Frisch und eichig.
Gesamteindruck: Beide Rums sind gut bereitete, charaktervolle Spirituosen – eine willkommene Bereicherung in der Welt des Rums.

Koko-Nut (Saint Lucia)

Im Besitz von St. Lucia Distillers
Castries, Saint Lucia
Tel.: ++1758 451 4258
Fax: ++1758 451 4221
E-Mail: info@sludistillers.com
Internet: www.sludistillers.com

Koko-Nut
25 VOL.-%
✪✪✪(✪)

Farbe/Aroma: Klar, hell. Schlank und sauber mit Kokosmilch und -fruchtfleisch.
Gaumen: Mittelsüß. Weist echte, volle Kokosnussnuancen auf. Süß, aber nicht klebrig.
Abgang: Sanft.
Gesamteindruck: Der bestausgewogene Kokosnuss-Rum.

Kwèyòl (Saint Lucia)

Im Besitz von St. Lucia Distillers
Castries, Saint Lucia
Weitere Angaben siehe Koko-Nut, bzw. Seite 136.

Kwèyòl Spiced Rum
40 VOL.-%
✪✪✪✪

Farbe/Aroma: Ungeheuer süße Gewürze in der Nase. Vanille, Piment, Muskatnuss, Früchtekuchen.
Gaumen: Explosiver Start, der den Mund mit süßen und prickelnden Gewürzen füllt.
Abgang: Sauber, Ingwergeschmack.
Gesamteindruck: Einer der besten gewürzten Rums.

Lamb's (GB)

Im Besitz von Allied-Domecq
London, England
Alfred Lamb, einer der berühmtesten Londoner Rumbroker, begann 1849 mit dem Blending. Nach der Zerstörung des Firmensitzes im Zweiten Weltkrieg fusionierte das Unternehmen mit zwei weiteren Firmen zu United Rum Merchants, das heute zu Allied-Domecq gehört.
Tel.: ++44 20 7323 9000
Internet: www.allieddomecqplc.com

Lamb's Navy Rum
40 VOL.-%
✪✪✪(✪)

Farbe/Aroma: Rötlich braun. Sauberes Bukett mit Spuren von Sirup, schwarzen Johannisbeer-Drops, Demerara-Zucker. Nicht so zuckrig wie andere. Jung.
Gaumen: Sauber mit einem kleinen (jamaikanischen?) Kick in der Mitte. Glatt. Gebratene Kochbanane, Nüsse.
Abgang: Trocken und würzig.
Gesamteindruck: Der beste Rum im alten britischen Stil.

Lemon Hart (GB)

Im Besitz von Allied-Domecq
London, England
Lemuel (Lemon) Hart, im 19. Jahrhundert ein in Cornwall ansässiger Rumbroker, schuf den jamaikanischen Verschnitt 1804. Weitere Angaben siehe Lamb's, Seite 160.

Lemon Hart Jamaican Rum
40 VOL.-%
✪✪✪(✪)

Farbe/Aroma: Heller Bernstein. Bananensplit mit einem Hauch Melasse und gutem Kick von Estern mit Ananasaroma. Mit Wasser entfalten sich Orangenschale und Zitrone.
Gaumen: Gutes Gewicht; Mittelgaumen von mittlerer Reichhaltigkeit. Weich mit moschusartiger Orange, Ananas und Banane.
Abgang: Frisch. Eine Spur Eiche.
Gesamteindruck: Sehr umgänglicher, guter Rumverschnitt zum Mixen.

Malibu (GB)

Im Besitz von Allied-Domecq
London, England
Es war diese Marke, mit der ihre Kategorie mehr neue Trinker gewann als jede andere. Sie verwendet Brand von W.I.R.D. auf Barbados, wird aber in Schottland verschnitten. Weitere Angaben siehe Lamb's, Seite 160.

Malibu Coconut
21 VOL.-%
✪✪✪
Farbe/Aroma: Klar, hell. Süß mit Vanille und Dosenkokosmilch. Leicht, aber frisch.
Gaumen: Leicht und mittelsüß. Anständig süße Kokosnussnuancen. Etwas dünn auf dem Gaumen.
Abgang: Zuckrig.
Gesamteindruck: Gut bereitet.

Malibu Lime
21 VOL.-%
✪
Farbe/Aroma: Durchdringende, Limone.
Gaumen: Sehr süß und konfektioniert; in der Mitte auch etwas hohl.
Abgang: Kurz, was ich für gut halte.
Anmerkung: Nur auf Barbados erhältlich.

Matusalem (USA)

Miami, Florida, USA
In den 1870er Jahren auf Kuba gegründet, werden heute die Rums in der Dominikanischen Republik produziert.
Tel.: ++1 305 448 8255
Fax: ++1 305 443 9528
E-Mail: jim@matusalem.com
Internet: www.matusalem.com

Matusalem Platino
40 VOL.-%
✪✪✪(✪)
Farbe/Aroma: Hell. Butterweich, fast cremig, mit leichten Zitrusnoten und weißer Schokolade.
Gaumen: Fett mit jeder Menge Vanille, Crème caramel, Litschi, Aprikose. Weich und cremig.
Abgang: Weich.
Gesamteindruck: Ein charaktervoller, süßer weißer Rum.

Matusalem Clasico
40 VOL.-%
✪✪✪
Farbe/Aroma: Golden. Trocken mit Noten von Schale.
Gaumen: Mittlerer Körper und sehr süß, mit einer dicken, seidigen Anmutung. Erinnert an schmelzendes Vanilleeis.
Abgang: Sanft.
Gesamteindruck: Ein gut bereiteter Cocktailrum.

Matusalem Gran Reserva Solera
40 VOL.-%
✪✪✪(✪)
Farbe/Aroma: Heller Bernstein. Mit Wasser entfalten sich Kokosnuss, Vanille, weißer Pfeffer.
Gaumen: Sehr würzig, weist gute Holzreifung auf, dann dieser typische süße Vanillecharakter.
Abgang: Etwas zuckrig.
Gesamteindruck: Der Spitzenrum der Palette.

La Mauny (Martinique)

Rivière Pilote, Martinique
Mit der Rumdestillation begann man auf La Mauny in den 1920er Jahren – nachdem die Brüder Bellonnie das alte Zuckergut gekauft hatten. Die volle Vermarktung in Frankreich setzte erst 1977 ein. Wird heute von Marie-Brizard vertrieben.
Tel.: ++596 56 82 82
Fax: ++596 56 82 83
E-Mail: info@rhumdemartinique.com
Internet: www.rhumdemartinique.com

La Mauny Blanc
50 VOL.-%
✪✪(✪)
Farbe/Aroma: Hell, spritzig. Zitrus- und florale Noten.
Gaumen: Streng und trocken. Ein Hauch Aprikose.
Abgang: Trocken.
Gesamteindruck: Sauber und spritzig.

Mount Gay (Barbados)

Gehört zur Groupe Rémy-Cointreau
Brandons, Saint Michael, Barbados
Die Tradition reicht bis zu den Anfängen der Zuckererzeugung auf Barbados zurück. Mount Gay ist ein Verschnitt aus Pot-Still-Rums und Rums aus kontinuierlichen Anlagen.
Tel.: ++1246 4259066
Fax: ++1246 4258770
E-Mail: europe@mountgay.com
Internet: www.mountgay.com

Mount Gay White
43 VOL.-%
✪✪✪
Farbe/Aroma: Butter und Vanille. Floral mit einem Hauch Passionsfrucht.
Gaumen: Sauber, mild. Süß. Gut ausgewogen.
Abgang: Leicht.
Gesamteindruck: Sauberer, gut bereiteter Mixrum.

Mount Gay White Overproof
74 VOL.-%
✪✪✪(✪)
Farbe/Aroma: Rein mit leichten Gewürznoten. Floral und intensiv. Rohrsaft und ein Hauch Bonbon.
Gaumen: Süß und glatt. Köstlich.
Abgang: Trocken.
Gesamteindruck: Ein delikater Overproof. Nur auf Barbados erhältlich.

Mount Gay Eclipse
40 VOL.-%
✪✪✪✪
Farbe/Aroma: Helles Gold. Zuckerwatte, Vanille, weiche Früchte, Kirsche, Walnusscreme.
Gaumen: Sehr weich. Schmelzend. Leicht, aber komplex.
Abgang: Cremig und glatt.
Gesamteindruck: Hoch ausgewogener Barbados-Stil mit etwas Gewicht aus der Pot Still.

Mount Gay Sugar Cane Brandy
40 VOL.-%
✪✪✪(✪)
Farbe/Aroma: Gold. Frisch und sehr süß. Kandierter Apfel, leicht geröstete Eiche. Lieblich.
Gaumen: Rund und süß; eine Spur tropischer Früchte.
Abgang: Wird angenehm trocken.
Gesamteindruck: Lohnt sich, danach zu suchen.

Mount Gay Extra Gold
43 VOL.-%
✪✪✪✪✪
Farbe/Aroma: Pott-Still-Wucht mit Schokolade und Eiche, Fenchelsamen, Tabak, Cashewnuss, schwarzer Banane.
Gaumen: Sanft, süß, Pfirsiche, dann ein reichhaltigerer Mittelgaumen (Trockenfrüchte), dann Gewürz, dann Frucht.
Abgang: Reichhaltig und voll.
Gesamteindruck: Ein perfekt reifer Barbados-Rum.

Mount Gay Tricentennial
40 VOL.-%
✪✪✪✪(✪)
Farbe/Aroma: Stark, komplex, schwer. Reichhaltige, herbstliche Aromen von Unterholz, Mulch, Trüffel, Feigenbrötchen, Schokolade. Erinnert mit Wasser an Sherry, trockenen Amontillado.
Gaumen: Reichhaltig, eichig, leichtes Tannin. Schichten alter, verdorrter Früchte.
Abgang: Mächtig, würzig, lang.
Gesamteindruck: Ein klassischer reifer Brand.

Neisson (Martinique)

Le Carbet, Martinique

Die kleine, 1931 gegründete Destillerie hat ihren Namen von ihrem Gründer Jean Neisson, der Chemiker, Ingenieur, Blender und Vermarkter in einer Person war. Bis heute in Familienbesitz.

Tel.: ++596 596 780370
Fax: ++596 596 780395
E-Mail: info@neisson.com
Internet: www.neisson.com

Neisson Blanc
55 VOL.-%
✪✪✪(✪)
Farbe/Aroma: Süß. Versetzt mit Noten von Rohrsaft, roter Frucht, Blüten. Abgerundet und weich.
Gaumen: Leicht mit einem sauberen, süßen Mittelgaumen. Leichtes Prickeln von schwarzem Pfeffer; Passionsfrucht.
Abgang: Sauber und weich.
Gesamteindruck: Hat jede Menge Stil.

Neisson Vieux
42 VOL.-%
✪✪✪(✪)
Farbe/Aroma: Bernstein. Süß mit Noten von Crème brûlée, Dörrpflaume *(pruneaux d'Occitane)*, Zigarrenkiste. Ähnelt Armagnac. Üppig.
Gaumen: Gute Toffee-Anmutung, mit etwas stumpfem Tannin. Ausgewogenheit und guter Grip.
Abgang: Weich, toffeeartig.
Gesamteindruck: Reicher, opulenter Hausstil.

N.O. (USA)

Im Besitz von Celebration Destillation
New Orleans, Louisiana, USA

Der vom bildenden Künstler James Michalopoulos kreierte New Orleans Rum steht (ziemlich allein) für auf dem amerikanischen Festland destillierte Rums und hält damit die Louisiana-Tradition hoch.

Tel.: ++1 504 945 9400
E-Mail: info@neworleansrum.com
Internet: www.neworleansrum.com

N.O. (New Orleans) Rum

43 VOL.-%

✪✪✪

Farbe/Aroma: Bernstein. Rauchige Noten: geröstete Nüsse, schwarze Früchte, Melasse. Mit Wasser entfaltet sich ein Aroma von Vanille, gegerbtem Leder/Sattel und Ruß. Gebrannte Eiche.
Gaumen: Süßer Start, mit Ahornsirup, Nüssen und süßer Eiche.
Abgang: Rußig.
Gesamteindruck: Überaus individuell. Gut bereitet.

Nutz & Rum Cream Liqueur

Im Besitz von St. Lucia Distillers
Castries, Saint Lucia

Eine weitere Marke von St. Lucia Distillers: ein Erdnusscremelikör. (Wer's mag …)
Weitere Angaben siehe Seite 136.

Nutz & Rum Cream Liqueur

20 VOL.-%

✪✪✪

Farbe/Aroma: Sanft, mit einem Kick von Brannigan's Barnüssen (geröstete Erdnüsse mit Schale). Frisch und natürlich.
Gaumen: Weich und nicht zu süß. Erdnusskrokant.
Abgang: Nussig und cremig.
Gesamteindruck: Wirklich gut. Gefährlich süffig.

Old Oak

Gehört zu Angostura/C. L. Global Brands
Port of Spain, Trinidad & Tobago

Tel.: ++868 623 1841/5
Fax: ++868 623 1847
Internet: www.angostura.com

Old Oak White

40 VOL.-%

✪✪(✪)

Farbe/Aroma: Sauber und leicht. Ein Hauch von weicher Frucht.
Gaumen: Weich und ziemlich süß. Zart, sauber.
Abgang: Kurz, aber sauber.
Gesamteindruck: Ein lokaler Mixrum.

Old Oak Gold

40 VOL.-%

✪✪✪

Farbe/Aroma: Leicht, aber zuckrig. Gewürze. Jung.
Gaumen: Trifft den Gaumen direkt, mit etwas sirupartiger Konzentration. Frischt schön auf.
Abgang: Sauber.
Gesamteindruck: Zart und leicht; ein Trini-Rum.

OVD (GB)

William Grant, Richmond, Surrey, GB

Dieser Demerara-Verschnitt, der zuerst in der Mitte des 19. Jahrhunderts von dem in Montrose ansässigen Rumbroker George Morton produziert wurde, ist noch immer ein Erfolg in Schottland.

Tel.: ++44 181 332 1188
Fax: ++44 181 332 1695

OVD (Demerara-Verschnitt)

40 VOL.-%

✪✪(✪)

Farbe/Aroma: Sirupdunkel. Sehr gebrannt, fast verkohlt, erinnert an süßen Madeira. Etwas schwarze Früchte und überreife Banane.
Gaumen: Leichter bis mittlerer Körper mit frischem Start, dann Madeira-Note. Groß, fett und wärmend.
Abgang: Karamell.
Gesamteindruck: Man merkt, warum dieser Rum im kalten Norden geliebt wird.

Père Labat (Marie-Galante)

Grand-Bourg, Marie-Galante

Von der Insel Marie-Galante vor der Küste von Guadeloupe.

Tel.: ++590 97 93 42
Fax: ++590 97 79 65
E-Mail: perelabat@hotmail.com

Père Labat Blanc

59 VOL.-%

✪✪✪

Farbe/Aroma: Klar, hell. Reichhaltig, schwer und fruchtig: weiße Früchte, weißer Pfirsich. Auch ein großer vegetabiler Rohr-Kick.

Gaumen: Süß, mit viel weicher Frucht. Erdbeerpüree. Gute Struktur.

Abgang: Vegetabil.

Gesamteindruck: Stark. Mit Respekt zu behandeln.

Père Labat Paille

50 VOL.-%

✪✪✪

Farbe/Aroma: Helles Stroh. Sauber mit getrocknetem Gras, Minze, Kokosnuss, grüne Banane.

Gaumen: Sauber und ziemlich süß; etwas getrocknetes Gewürz, gebackene Frucht, Honig und Karamell am Mittelgaumen.

Abgang: Weich.

Gesamteindruck: Zart. Gut bereitet.

Père Labat Vieux

45 VOL.-%

✪✪✪

Farbe/Aroma: Bernstein/Kupfer mit grünlichem Rand. Alt und reif. Waldboden, Walnuss.

Gaumen: Pur genossen, zeigt sich gute Ausgewogenheit zwischen strenger Eiche und Toffee. Schwarze Früchte. Mit Wasser jedoch sehr tanninreich.

Abgang: Eichig.

Gesamteindruck: Für Liebhaber sehr gereifter Malt-Whiskys.

Pusser's (B.V.I.)

Tortola, British Virgin Islands

Benannt nach dem zuständigen Offizier an Deck (aus „Purser" wurde „Pusser"), wurde diese Marke von Charles Tobias gerettet, als die britische Navy die tägliche Rumration abschaffte. Nach dem originalen Navy-Rezept in Tortola verschnitten.

Internet: www.pussers.com

Pusser's British Navy Rum

(Karibik-Verschnitt)

54,5 VOL.-%

✪✪✪(✪)

Farbe/Aroma: Mahagoni. Reichhaltig mit Karamelltoffee/kandiertem Apfel, kaltem Tee, Dörrpflaume, getrockneten Rosen. Mit Wasser süßer, etwas Leder.

Gaumen: Viel süßer, als die Nase vermuten lässt. Gute Anmutung, mit klebrigem Toffee statt bitterem Karamell. Spritzig und doch süß.

Abgang: Würzig.

Gesamteindruck: Ein Klassiker.

Red Heart (GB/Südafrika)

Im Besitz von Allied-Domecq

London

Karibik-Verschnitt von Allied-Domecq für den südafrikanischen Markt, mit höherem Anteil jamaikanischer Sorten.

Tel.: ++44 20 7323 9000

Internet: www.allieddomecqplc.com

Red Heart

40 VOL.-%

✪✪✪

Farbe/Aroma: Mahagoni/rötliche Funken. Aufgepeppt, ziemlich pikantes Hoch-Ester-Bukett. Banane, Birnendrops, vegetabile Noten.

Gaumen: Anfangs trocken und ziemlich spritzig, dann Muskovade-Zucker, etwas getrocknete Birne und Banane. Gute Ausgewogenheit.

Abgang: Ziemlich cremig.

Gesamteindruck: Ein guter peppiger Verschnitt.

Roaring Forties (Neuseeland)

Im Besitz von South Pacific Distillery

Nelson, Neuseeland

Neuseeländer trinken gern Rum, waren aber traditionell auf importierte Marken angewiesen. Nun haben sie einen eigenen Rum.

Tel.: ++64 3 546 6822

Fax: ++64 3 546 6826

E-Mail: brian@roaringforties.co.nz

Internet: www.roaringforties.co.nz

Roaring Forties

40 VOL.-%

✪✪✪(✪)

Farbe/Aroma: Rötliches Mahagoni. Geröstet mit entsprechenden Noten von Lakritzstangen, Melasse, Leder, Bitterschokolade. Schwerer Brand.

Gaumen: Hochprozentige Bitterschokolade kommt durch.
Abgang: Kurz und sauber.
Gesamteindruck: Gut bereitete, ziemlich wuchtige Spirituose. Ich würde sie gern etwas reifer trinken.

Roaring Forties Overproof

57,5 Vol.-%
✪✪✪
Farbe/Aroma: Hellgold. Einige angesengte Noten. Wachsig. Jung, aber gutes Gewicht.
Gaumen: Wieder diese attraktiven Aschenoten. Fest und hart dank des höheren Alkoholgehalts. Gewisse Süße.
Abgang: Sauber.
Gesamteindruck: Stark, aber gut bereitet.

Ron Santiago de Cuba

Santiago de Cuba, Kuba
Tel.: ++53 222 5576

Ron Santiago de Cuba Añejo

38 Vol.-%
✪✪
Farbe/Aroma: Bernstein. Leicht; ein wenig dürftig.
Gaumen: Sehr leicht. Marzipan, Nüsse, Schokoladenkuchen. Mittlerer Körper, ziemlich holzig. Es fehlt das Flair anderer kubanischer Marken.
Abgang: Kurz, trocken.
Gesamteindruck: Eine inländische kubanische Marke.

Royal Oak (Trinidad)

Gehört zu Angostura/C. L. Global Brands
Port of Spain, Trinidad & Tobago
Weitere Angaben siehe Seite 137.

Royal Oak

40 Vol.-%
✪✪✪✪
Farbe/Aroma: Reife, eichige Noten, in Mandel, Gewürze und Banane übergehend. Leicht und süß.
Gaumen: Fein, aber mit zentralem Gewicht und Tönen von reifen Früchten und Sultaninen.
Abgang: Weich.
Gesamteindruck: Ausgewogen.

Saint-Etienne (Martinique)

Gros-Morne, Martinique
Saint-Etienne kam 1909 heraus. Heute wird er von der Destillerie Simon produziert.
Tel.: ++596 596 576268
Fax: ++596 596 575411

Saint-Etienne Blanc

50 Vol.-%
✪✪✪
Farbe/Aroma: Klar, hell. Leicht und saftig. Im Melonen/Mango-Lager. Einige vegetabile Noten.
Gaumen: Reichhaltig und vollmundig. Rohrsaft. Ziemlich pikante Attacke.
Abgang: Sauber.
Gesamteindruck: Reichhaltig. Gut bereitet. Traditionell.

Saint-Etienne Vieux

50 Vol.-%
✪✪✪
Farbe/Aroma: Bernstein. Aromatisch und cremig-süß. Vanille und eine leicht vegetabile Note.
Gaumen: Weich und rund. Sauber, rote Früchte mit leichten Gewürzen und Tabak.
Abgang: Sauber, leicht eichig.
Gesamteindruck: Gute Qualität.

Saint James (Martinique)

Im Besitz von Rémy-Cointreau
Sainte-Marie, Martinique
Eine der größten Destillerien auf Martinique, die unter anderem auch den Rum für die Marke J. Bally produziert.
Tel.: ++596 596 693002
Fax: ++596 596 692960
E-Mail: stjames@telpro.fr
Internet: www.saintjames-rum.com

Saint James Blanc

50 Vol.-%
✪✪✪
Farbe/Aroma: Klar. Hell. Floral und leicht, mit einer körnigen Note. Litschi und Orchidee.
Gaumen: Süß. Rohrsaft, grüner Apfel; süß mit einer stumpfen Anmutung. Leicht und gut.
Abgang: Weich.
Gesamteindruck: Guter Ti-Punch-Rum.

Saint James Paille

50 VOL.-%

✪✪✪

Farbe/Aroma: Helles Stroh. Süße Früchte mit Noten von blanchierten Mandeln, Bleistiftraspeln.

Gaumen: Sauber, klar, etwas trocken. Fein und frisch.

Abgang: Leicht, geröstetes Holz.

Gesamteindruck: Sauber, gut bereitet, zugänglich.

Saint James Ambre

45 VOL.-%

✪✪✪(✪)

Farbe/Aroma: Bernstein. Jugendlich-vegetabile Noten; fruchtiger Charakter mit etwas Limone.

Gaumen: Rund, süß. Leichte Nüsse. Ziemlich fest.

Abgang: Weich.

Gesamteindruck: Zugänglich.

Saint James Vieux

42 VOL.-%

✪✪✪(✪)

Farbe/Aroma: Kupfer. Grüne Funken. Ziemlich trocken. Kirschholz, polierte Eiche, etwas pflaumig.

Gaumen: Fein. Scheint noch ziemlich jung, daher guter Kick in der Mitte. Guter Grip.

Abgang: Fest.

Gesamteindruck: Gut ausgewogen.

Saint James Hors d'Age

43 VOL.-%

✪✪✪✪

Farbe/Aroma: Kupfer/Bernstein. Einige Reife mit Noten von Nussschale, Orange, Crème brûlée.

Gaumen: Süß, angenehm auf der Zunge. Gute Fruchtschichten.

Abgang: Süß, Karamelltoffee.

Gesamteindruck: Hochwertige und verlässliche Palette.

Samba (Brasilien)

Cooperativa da Cachaça
Minas Gerais, Brasilien

Ein Verschnitt von Cachaças aus den Häusern regionaler Spitzenerzeuger, abgefüllt von der lokalen Kooperative.

Tel.: ++55 31 3482 0097
E-Mail: coop@coocachaca.com.br
Internet: www.coocachaca.com.br

Samba & Caña Cachaça

39 VOL.-%

✪✪✪✪(✪)

Farbe/Aroma: Klar, hell. Wunderbar süße, betörende Aromen von Banane, Honig, Glühwein.

Gaumen: Wundervolle Gewürze kommen durch, begleitet von gebackener Banane. Guter süßer mittlerer Gaumen.

Abgang: Wird angenehm trocken.

Gesamteindruck: Wirklich gut. Für Caipirinhas.

San Miguel (Ecuador)

Im Besitz von Desarrollo Agropecuario
Guayaquil, Ecuador

Die Hauptdestillerie des Landes befindet sich in den Zuckerrohrfeldern der Flussebene des Río Guayas. Die Rums reifen in den Bergen.

Tel.: ++593 4225 2789
Fax: ++593 4225 0165
E-Mail: proalco@proalco.com
Internet: www.ronsanmiguel.com

San Miguel Plata

37,5 VOL.-%

✪✪(✪)

Farbe/Aroma: Leicht fruchtig, Zitrone/Limone, Zuckermandeln. Sehr sauber mit trockenen Noten.

Gaumen: Leicht, weich. Am Gaumen sanft zuckrig.

Abgang: Stirbt etwas rasch.

Gesamteindruck: Ein sauberer, gut bereiteter Mixrum.

San Miguel Oro (Ecuador)

37,5 VOL.-%

✪✪

Farbe/Aroma: Gold. Nussig, trockenes Gras und Stroh, Zitrone und grüne Banane.

Gaumen: Eher Vanille und Bananensplit. Leicht und sauber mit einem Hauch von knackiger Mandel.

Abgang: Kurz.

Gesamteindruck: Wieder zum Mixen gedacht.

San Miguel 5 Años (Ecuador)

37,5 VOL.-%

✪✪✪(✪)

Farbe/Aroma: Helles Gold. Blattartig und floral; Birnendrops, dann Schokolade, Kirschen, Sahne.

Gaumen: Anfangs spritzig; träge Süße ausgleichend.
Abgang: Weich und kurz.
Gesamteindruck: Ein leichter, aber wirklich bezaubernder Rum.

San Miguel 7 Años
40 VOL.-%
✪✪✪(✪)
Farbe/Aroma: Hellgold. Zart. Macadamianuss, gebackene Banane und Zitronenbutterguss.
Gaumen: Leicht; bessere Struktur als der 5 Años.
Abgang: Weich. Mittlere Länge.
Gesamteindruck: Zart, süß, weich und bezaubernd.

R.L. Seale (Barbados)

Im Besitz von R.L. Seale
Foursquare Distillery, Saint Phillip, Barbados
Einzige Foursquare-Marke mit dem Seale-Siegel.
E-Mail: rlseale@caribsurf.com
Weitere Angaben siehe Seite 136.

R.L. Seale's 10yo
40 VOL.-%
✪✪✪✪✪
Farbe/Aroma: Elegante, reife Noten. Feige mit einem Hauch Bergamotte. Von komplexer Reichhaltigkeit, aber sexy.
Gaumen: Beginnt mit Zimt, dann eingeweichte Rosine, getrockneter Pfirsich, kandierte Schale.
Abgang: Zimt und Toffee.
Gesamteindruck: Erinnert an einen heißen Sommertag voller Blüten und knackendem Holz.

Sea Wynde (USA)

Im Besitz von Great Spirits
Rego Park, New York, USA
Benannt nach einem Atlantikklipper des 19. Jahrhunderts. Ein Verschnitt von fünf Pot-Still-Rums, die aus den gereiften Beständen von Jamaika, Guyana und England stammen.
Tel.: ++1 718 533 7717
Fax: ++1 718 533 7610
E-Mail: info@greatspirits.com
Internet: www.greatspirits.com

Sea Wynde
46 VOL.-%
✪✪✪(✪)
Farbe/Aroma: Kupfer/Bernstein. Intensiv und ziemlich ölig. Pikanter Jamaika-Kick. Rauch, Kirsche, verbrannte Orangenschale, Früchtekuchen, Rosinen. Weich, doch intensiv.
Gaumen: Dick, wie Met. Rauch, Kaffee, rote Pfefferkörner, Maraschino, Pfirsich und Marzipan.
Abgang: Stark, etwas rauchig.
Gesamteindruck: Groß und robust. Süß und bitter. Mehr Power als Finesse.

Tortuga (Kayman-Inseln)

Im Besitz von Tortuga Rum Co.
George Town, Grand Cayman
Tortuga ist ein Verschnitt aus überwiegend jamaikanischen und barbadischen Rums. Das Blending vollzieht sich seit 1984 auf dem Stammsitz von Tortuga, wo übrigens auch ein ganz wunderbarer Rumkuchen produziert wird.
Tel.: ++1354 949 7701/7867
Fax: ++1354 949 6322
E-Mail: tortuga@candw.ky
Internet: www.tortugarums.com

Tortuga Light (Karibikverschnitt)
40 VOL.-%
✪✪
Farbe/Aroma: Weich und hell mit Noten von Orange und Cashewnuss. Stumpf.
Gaumen: Abgerundet und etwas trocken. Nussig, sauber und angenehm. Leicht, wie der Name schon sagt.
Abgang: Trocken.
Gesamteindruck: Saubere Spirituose und recht gut bereitet, allerdings nicht übermäßig aufregend.

Tortuga Gold
40 VOL.-%
✪✪
Farbe/Aroma: Altgold. Rund, mit Honig; wuchtig mit einem leichten Ester-Kick. Etwas hart.
Gaumen: Sauber mit gutem Biss. Banane. Offenbar junger Brand.
Abgang: Wieder etwas hart.
Gesamteindruck: Ein wenig unausgewogen.

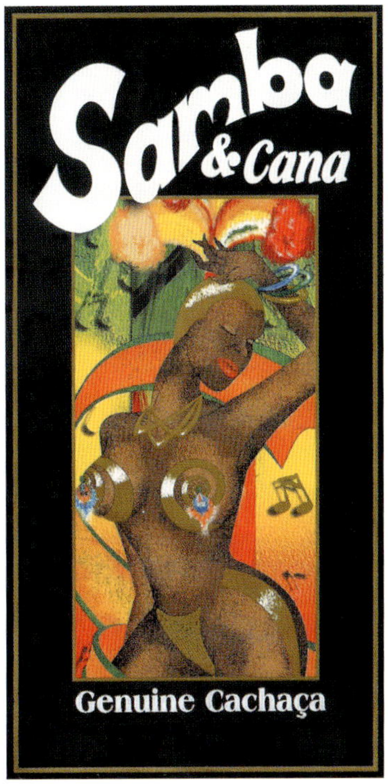

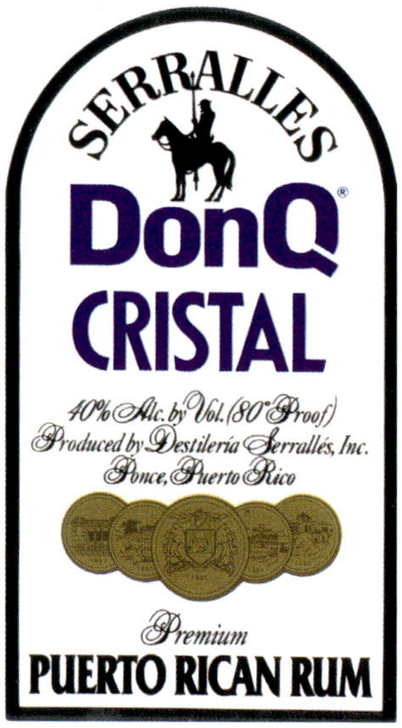

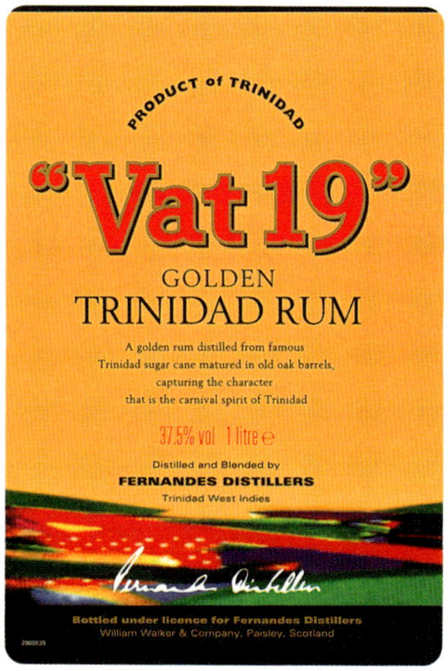

Tortuga Dark

40 VOL.-%

✪✪

Farbe/Aroma: Mahagoni/rot. Überwiegend gebranntes Toffee und Rosinen.

Gaumen: Dick und süß, wie Früchtekuchen. Gebranntes Toffee.

Abgang: Ein wenig bitter.

Gesamteindruck: Für Liebhaber altmodischer dunkler Rums.

Tortuga Banana

30 VOL.-%

✪

Farbe/Aroma: Gold. Grüne Banane/Bananenschalennoten. Etwas erdiger, saftiger Tonus.

Gaumen: Künstlich und leicht scharf.

Abgang: Dünn und trocken.

Gesamteindruck: Schlecht verdeckter harter Brand.

Tortuga Coconut

30 VOL.-%

✪

Farbe/Aroma: Hellgold. Grober Brand dominiert über Kokosnussschale und -fleisch.

Gaumen: Scharf und ziemlich trocken, mit schmieriger Anmutung.

Abgang: Hart.

Gesamteindruck: Schlechter Brand enttäuscht.

Trois Rivières (Martinique)

Sainte Luce, Martinique

Ein Rum von einem Gut in einem der fruchtbarsten Landstriche von Martinique. Trois Rivière gehört heute zur selben Gruppe wie La Mauny.

Tel.: ++596 596 568282

Fax: ++596 596 568283

E-Mail: info@rhumdemartinique.com

Internet: www.rhumdemartinique.com

Trois Rivières Blanc

50 VOL.-%

✪✪(✪)

Farbe/Aroma: Ziemlich aromatisch. Ölig mit Wasser.

Gaumen: Trocken, mit einer etwas stumpfen Anmutung. Sauber mit mildem Mittelgaumen.

Abgang: Nussig.

Gesamteindruck: Sauber und spritzig.

Ron Varadero (Kuba)

Vertrieben von Cimez

Kubas zweitgrößte Marke ist zwar weniger bekannt als Havana Club, taucht aber nun auch auf europäischen Märkten auf.

Tel.: ++53 7204 2126/204 0774

Fax: ++53 7204 1996

E-Mail: elastra@cimex.com.cu

Ron Varadero 3 Años

38 VOL.-%

✪✪✪

Farbe/Aroma: Ganz helles Gelb. Attraktiv, abgerundet und zuckrig mit einem Hauch Minze.

Gaumen: Mitteltrocken mit Leben und Biss auf dem Mittelgaumen, dann eine karamellhaltige Fruchtnote.

Abgang: Sauber, abgerundet; ein Hauch Kaffee.

Gesamteindruck: Großartiger Cocktailrum.

Ron Varadero 5 Años

38 VOL.-%

✪✪✪(✪)

Farbe/Aroma: Altgold. Leicht, fast mager und zart mit Moschusnoten. Gewürze, Marzipan, Kokosnuss, Anissamen, gewürzter Honig, Ingwer.

Gaumen: Abgerundet mit einiger Komplexität. Zitrusfrüchte, dann süße, karamellisierte tropische Früchte. Reichhaltig, aromatisch, parfümiert mit Zimt und Honig; eine Spur trocken.

Abgang: Leicht.

Gesamteindruck: Jung mit faszinierender Komplexität. Großartig für Cocktails. Halten Sie danach Ausschau.

Ron Varadero Añejo

38 VOL.-%

✪✪(✪)

Farbe/Aroma: Dunkler Bernstein. Weich, sanft, locker, aber anscheinend ohne große Definition.

Gaumen: Anständige Süße am Mittelgaumen; nicht ganz konsistent.

Abgang: Etwas kurz.

Gesamteindruck: Gute Ausgewogenheit zwischen spritziger Würze und weicher süßer Fruchtigkeit.

Vat 19 (Trinidad)

Karibik: Angostura, Port of Spain, Trinidad & Tobago
Europa: Wm. Grant, Surrey, GB
Marke aus Trinidad, zuerst von Fernandes, heute von Angostura erzeugt.
Tel.: ++1868 623 1841/5
Fax: ++1868 623 1847
Internet: www.angostura.com
Tel.: ++44 208 332 1188
Fax: ++44 208 332 1695

Vat 19 Golden Rum

37,5 VOL.-%
✪✪✪
Farbe/Aroma: Altgold. Sauber und attraktiv. Parfümiert mit Guave/Mango. Zarter würziger Rauch.
Gaumen: Leicht und zart. Anfangs süß, dann geröstete Gewürze, dann Guave, Mango.
Abgang: Sauber und trocken.
Gesamteindruck: Ein bezaubernder, süßer Mixrum. Die 40 %-Version wird in Trinidad verkauft und hat einen etwas besseren Grip am Gaumen.

Wood's (GB)

Im Besitz von Wm. Grant
Richmond, Surrey, England
Ein weiterer Ex-Seagram-Rum, der sich seit Jahren auf dem britischen Markt für dunklen Rum gut verkauft.
Tel.: ++44 181 332 1188
Fax: ++44 181 332 1695

Wood's 100 Old Navy Rum

57 VOL.-%
✪✪(✪)
Farbe/Aroma: Ganz dunkelbraun. Teerig. Süß und konzentriert. Mit Wasser wie Kaffee mit Sahne.
Gaumen: Süß und dick. Schwarze Banane. Instantkaffee mit nussiger Süße vor dem Abgang.
Abgang: Süß.
Gesamteindruck: Gut, aber etwas eindimensional.

Wray & Nephew (Jamaika)

Spanish Town, Jamaika
Die Firma von John Wray und seinem Neffen Charles Ward entstand, als Wray 1825 in Kingston einen Rumladen eröffnete. 1862 begannen die beiden mit dem Blending von Rum, und zu Beginn des 20. Jahrhunderts kaufte man Zuckergüter und Destillerien inklusive Appleton. Heute gibt es zwei Destillerien. Overproof ist die jamaikanische Markenikone.
Tel.: ++1876 963 9215/6/7
Fax: ++1876 963 9218
E-Mail: appleton@infochan.com
Internet: www.appletonrum.com

Wray & Nephew White Overproof Rum

63 VOL.-%
✪✪✪✪✪
Farbe/Aroma: Klar, hell. Ein abgerundetes, reichhaltiges Bukett von reifer Banane, Melasse, Limone und einem Hauch Cashew. Sauberer Brand.
Gaumen: Reif. Noten von Banane, Gras und Nüssen. Süße. Die Cashewnote sorgt für Spritzigkeit, die Reichhaltigkeit des Brands verhindert, dass er noch im Mund verdunstet.
Abgang: Grasartig und lang.
Gesamteindruck: Stark, aber erstklassig.

Zacapa (Guatemala)

Im Besitz von Industrias Licoreras de Guatemala, Guatemala City
Die große Destillerie produziert alle Rums von Guatemala, behielt aber originale Markennamen wie Zacapa bei. Centenario ist ein soleragereifter Rum.
Tel.: ++502 597 9979
Fax: ++502 597 9995
Internet: www.industrias-licoreras.com

Zacapa Centenario

40 VOL.-%
✪✪✪(✪)
Farbe/Aroma: Rubinrot bis Kupfer. Anfangs süßlich-komplex mit Noten von Kastanie, Honig, Weichselkirsche, Schokolade, Schalen, rauchigem Holz und getrocknetem Estragon. Dann wird's pikant mit Tabak, gerösteten Nüssen, Leder und sogar Teeröl. Mit Wasser ein Aroma wie Weihrauch.
Gaumen: Durchweg süß. Vollmundig. Kirschbonbons, Melasse. Überaus konzentriert.
Abgang: Zuckrig.
Gesamteindruck: Ein eindrucksvoller Rum.

Literatur

Beim Schreiben dieses Buches habe ich die folgenden Werke zurate gezogen. Wenn Sie mehr über Rum lesen möchten, empfehle ich Ihnen wärmstens die Bücher von Edward Hamilton und Luis Ayala.

Anon.: *The Barman's Sixth Sense,* Budapest 1980.

Anon.: *The Distiller of London,* 1639.

Arroyo, Rafael: „Studies on Rum", in: *Research Bulletin No. 5,* San Juan PR 1945.

Asbury, Herbert: *The Great Illusion, an Informal History of Prohibition,* New York 1950.

Ayala, César: *American Sugar Kingdom,* Chapel Hill, N.C., 1999.

Ayala, Luis: *The Rum Experience,* www.rumshop.net, 2001.

Ders.: *The 2002/03 Rum Buyer's Guide,* www.rumpshop.net, 2002.

Barty-King, Hugh und Massel, Anton: *Rum Yesterday and Today,* London 1983.

Beachey R.W.: *The British West Indian Sugar Industry in the late 19th Century,* Oxford 1957.

Bonera, Miguel: *Oro Blanco. Una Historia Empresarial de Ron Cubano,* Bd. 1, Toronto 2000.

Brathwaite, Edward Kamau: *„Mother Poem",* Oxford 1977.

Brown, John Hull: *Early American Beverages,* Rutland, V.T., 1966.

Burrowes, John: *On the Manufacture of Rum and Spirits,* Georgetown 1876.

Camard-Hayot, Florette und de Lagaurigue, Jean-Luc: *Martinique, Terre de Rhum,* Bordeaux 1997.

Campoamor, Fernando: *El Hijo Alegre de la Caña de Azúcar,* Havanna 1993.

Cooper, A.: *The Complete Distiller,* London 1757.

de la Casas, Bartholome: *Historia de las Indias (Reprint),* Mexico City 1951.

Deren, Maya: *The Voodoo Gods,* St. Albans 1975.

Devaux, Robert: *Industrial History of Roseau,* St. Lucia 1997.

Dillon, Patrick: *The Much Lamented Death of Madam Genever,* London 2002.

Embury, David: *The Fine Art of Mixing Drinks,* New York 1958.

Exquemelin, Alexander: *The Buccaneers of America,* New York 2000.

Grimes, William: *Straight Up or on the Rocks,* New York 2001.

Haddock, Daniel, Hernandez, Leslie u. a.: *La Industria Ron en Puerto Rico 1937–1948,* Puerto Rico 1956.

Hamilton, Edward: *Das Rum-Buch,* München 1998.

Harrison, Michelle: *King Sugar,* London 2001.

Hoarau, Michel: *Le Rhum à l'Ile de la Réunion,* La Réunion 2001.

Huetz de Lemps, Alain: *Histoire du Rhum,* Paris 1997.

Jacques, K. A., Lyons, T. P., Kelsall, D. R. (Hrsg.): *The Alcohol Textbook,* Nottingham 2001.

James, C. L. R.: *The Black Jacobins,* London 1980.

Knight, Franklin: *The Caribbean. Genesis of a Fragmented Nationalism,* Oxford 1990.

Kobler, John: *Ardent Spirits,* New York 1993.

Labat, Père: *Mémoires des Nouveaux Voyages faits aux Iles Françaises de l'Amerique (Reprint),* London 1970.

Laurie, Peter: *The Barbadian Rum Shop,* Oxford 2001.

Leroy, Eric: *Images du Rhum,* Martinique 1996.

Lewisholm, Florence: *Divers Information on the Romantic History of St Croix,* St. Croix 1964.

Ligon, Richard: *A True and Exact History of the Island of Barbados (Reprint),* London 1998.

Mill, John Stuart: *Grundsätze der politischen Ökonomie,* in: *Gesammelte Werke, Band 6,* Aalen 1968.

Mintz, Stanley: *Sweetness and Power,* New York 1986.

Missen, François u. a.: *Cuba. The Legend of Rum,* Toulouse o. J.

Monge, José Trias: *Puerto Rico. The Trials of the oldest Colony in the World,* New Haven 1997.

Pack, James: *Nelson's Blood,* Annapolis 1983.

Pepin, Anabel García: *Ron en Puerto Rico. Tradicion y Cultura,* Puerto Rico 2002.

Phillips, Caryl: *A New World Order,* London 2001.

Ders.: *The Atlantic Sound,* London 2000.

Regan, Gary und Regan, Mardee Haidin: *New Classic Cocktails,* New York 1997.

Smith, Adam: *Der Wohlstand der Nationen,* München 1993 (Erstausgabe *Wealth of Nations 1776*).

Taussig, Charles: *Rum, Romance and Rebellion,* London o. J.

Thomas, Jerry: *Bartender's Guide* (Reprint), Angoulême 2001.

Thompson, Peter: *Rum Punch and Revolution,* Philadelphia 1999.

Torres, Calixta: *Know Your Rum,* Puerto Rico o. J.

Walcott, Derek: *Omeros,* München, Wien 1993.

Ders.: *Collected Poems,* London 1992.

Warner, Jessica: *Craze. Gin and Debauchery in an Age of Reason,* London 2003.

Williams, Eric: *Capitalism and Slavery,* Chapel Hill, N. C., (1964) 1994.

Ders.: *From Columbus to Castro: The History of the Caribbean 1492–1969,* London 1970.

Register

Danksagung

Dieses Buch hätte ohne die Mithilfe zahlreicher Menschen nicht geschrieben werden können.

Mein ganz besonderer Dank gilt den Destillateuren und Blendern, die ihre kostbare Zeit nicht nur dafür geopfert haben, mir die Bereitung ihrer Rums zu zeigen, sondern auch freundlich meine weiteren Fragen beantworteten und mein Manuskript auf mögliche Fehler hin lasen: Ben Cross de Chavannes (Main Rum), Bill Edwards (Cruzan), Jerry Edwards (Mount Gay), Steve Hoyles (Allied-Domecq), Alty McKenzie (Appleton), George Robinson (D.D.L.), Richard Seale (Foursquare) und Carsten Vlierboom (E. & A. Scheer).

Besonders danke ich Reglita Jimenez (Havana Club), Giselle Laronde-West (Angostura), Catherine McDonald (Wray & Nephew) und Emmanuel Becheau (Clément/J.M.) für die hervorragende Planung und Organisation, die Jason und mir einen umfassenden Einblick in ihr Land ermöglichten.

Danken möchte ich auch Joy Spence und Tania Marley (Wray & Nephew), Alton James, dem besten Taxifahrer in MoBay, Juan-Carlos Gonzalez Delgado, Yolanda Perez, Ranses Villar, Stefano Oldrati und Jorge (Havana Club) sowie all den Barkeepern, denen wir in Havanna auf die Nerven gingen. Viva Cuba! Robyn Gollop-Knight, Rosma Baird und Peter Marshall (Mount Gay); Jo-Anne Pooler (W.I.R.D.); Philip Mayers (Cockspur); David Ellis; Laurie Barnard, Michael Speakman, Katherine Felix und allen St.-Lucia-Destillateuren; Patrik Goasdoué und Anne Pes (Clément); Jean-Myrtil Laurent (Rémy Caribbean); Bernard Bain, Rose-May Narayansingh, Anne-Marie Ramdhan, John Georges, Patrick Patel, Peter Traboulay, Gabriel Faria und Alex (Angostura/C.L.); Joyce Abdul (Caroni); Yesu Persaud (D.D.L.); Guillermo Garcia-Lay (Bacardi); Kristyn Monrose (Clarke's Court); Gary Nelthropp und Tom Valdes (Cruzan); Wanda Lugo und Dr. Alberto Pantoja (U.P.R.); Pastora Bermúdez; Arnaud de Trabuc und Thierry Gardère (Barbancourt); Alvaro Martínez Salvo und Claudia Monserrat (Flor de Caña); Roque Chavez (San Miguel); Anant Kanoi (Nepal Distillers) und Abby O'Neil für Informationen kurz vor Drucklegung.

In den USA danke ich Kendal Anderson und Erin Houchin (Edelman), Malcolm Atherton (Real Rum), Anitra Budd (Ketchum) und Gary Regan.

In meiner Heimat danke ich Geoff Adams (Jefferson's); John Barrett, Tom Jago (Bristol Spirits); Henry Butler (Brightons bester Weinhändler); Simon Chase (Hunters & Frankau); Charlotte Fraser (Richmond Towers); Su-Ling Ong, David Hume (Wm. Grant); Lindsay Clelland (Grosvenor Brands); Akos Forzek; Ranald MacDonald (Boisdale); Bertrand Lienafa; Peter Martin und John Hammond (Wray & Nephew); Neil Mathieson (Eaux de Vie); Nick Morgan (Diageo); Sukhinder Singh; David Stirk (Cadenhead); Vanessa Wright (Chivas Bros.); Danny, Brian, Tuula, Tom und dem Rest der Havanna-Crew „Never Get Off the Boat!"; Nick Strangeway; Asa, J. D. und Dale bei Match.

Susy Atkins, Andrew Jefford und Charlie MacLean danke ich für ihre moralische Unterstützung.

Ein riesiges Dankeschön geht an Hilary bei Mitchell Beazley, weil sie mich in den ersten frustrierenden Monaten ertrug und stets eine verständnisvolle, geduldige und unterstützende Lektorin war. Wir haben's geschafft! Jamie danke ich fürs Redigieren und Emma für all die öden, aber notwendigen Jobs, die sie ohne Murren erledigte.

Ein herzliches Dankeschön an Jason, der nicht nur ein großartiger Fotograf, sondern ein idealer Reisegefährte und Freund war.

Schließlich danke ich meiner Frau Jo, der es wieder irgendwie gelungen ist, mein irres Verhalten während des Schreibens eines weiteren Buches hinzunehmen, und die meine längeren Abwesenheiten, Tiraden, Launen und die Tatsache, dass das Haus voller Flaschen ist, erstaunlich gut gelaunt ertragen hat. Ohne deine liebevolle Unterstützung hätte ich es nicht geschafft.

Bezugsquellen

Bezugsquellen für Rum in Deutschland
(nach Postleitzahlen geordnet)

Getränketroll
Schönhauser Allee 178
10119 Berlin
Tel.: 030/4 43 77 20, Fax: 03322/4 21 62 79
info@matthias-ganick.de
www.matthias-ganick.de

Bley & Bley GmbH
Fachgeschäft Sigvald Hansen
Hein-Hoyer-Straße 13
20359 Hamburg
Tel.: 040/31 41 74
sigvald.hansen@t-online.de
www.sigvald-hansen.de

Weinquelle H. Lühmann
Inh. Uwe Lühmann e. K.
Lübeckerstraße 145
22087 Hamburg
Tel.: 040/25 63 91, Fax: 040/2 51 25 76
luehmann@weinquelle.com
www.weinquelle.com

Hamburger Rum Shop
Inh. Viola Köhler
Postfach 710102
22161 Hamburg
Tel.: 040/64 55 14 74,
Fax: 040/64 55 14 73
info@hamburger-rum-shop.de
www.hamburger-rum-shop.de

Fa. Gembler GmbH
Oldenburger Straße 33
26419 Schortens
Tel.: 04461/86 20, Fax 04461/86 37
info@gembler-getraenke.de
www.gembler-getraenke.de

Karl Lorenzen Weine
und Spirituosen KG
Rickmersstr. 19
27568 Bremerhaven
Tel.: 0471/9 51 24 24, Fax: 0471/9 51 24 25
www.karl-lorenzen.de

vivalavida Steffen Krischak
Online Wein- und Spezialitätenhandel
Voßstraße 52
30161 Hannover
Tel.: 0511/39 08 96 00, Fax: 0511/39 08 96 06
info@vivalavida.de
www.vivalavida.de

Kolster Wein und Spirituosen
Michael Kolster
Friesenstraße 49
30161 Hannover
Tel.: 0511/31 22 61, Fax: 0511/31 12 03
weinkolster@aol.com
www.wein-kolster.de

House of Whisky
Röntgenstraße 28
31675 Bückeburg
Tel.: 05722/2 57 05, Fax: 05722/2 57 29
info@whiskymail.de
www.houseofwhisky.de

WHISKYPACK
Spirituosenhandel
Rum, Whisk(e)y, Absinth und Cognac
Schnakenberg 15
D-31608 Marklohe/Lemke
Tel. 05021/88 81 50,
Handy 0171/9417620
www.whiskypack.de
info@whiskypack.de

Maltharry
Max-Halbe Straße 7
38239 Salzgitter-Thiede
Tel.: 05341/29 24 05, Fax: 05341/26 88 30
www.maltharry.de

Der Spirituosenladen
Kapuzinergasse 8
40213 Düsseldorf
Tel.: 0211/1 37 30 89, Fax: 0211/32 69 33
www.das-beste-aus-duesseldorf.de

Bernd Schnarr Groß- und Einzelhandel
Op de Veih 2a
44869 Bochum
Tel.: 02327/97 75 21, Fax: 040/75 11 04 24 44
vertrieb@bottlestore.de
www.bottlestore.de

Banneke Spirituosen und Weine aus aller Welt
Werner Faber GmbH
Kreuzeskirchstraße 37
45127 Essen
Tel.: 0201/24 77 10, Fax: 0201/2 47 71 20
info@banneke.de
www.banneke.de

Rolf Kaspar GmbH
Ruhrallee 59
45138 Essen
Tel.: 0201/27 34 18, Fax: 0201/28 52 75
info@kaspar-spirituosen.de
www.kaspar-spirituosen.de

Weinhandlung Schwarzer
Inh. Rosmarie Schwarzer
An den Dominikanern 2
50668 Köln
Tel.: 0221/13 51 35, Fax: 0221/1 39 28 86
info@schwarzerswein.de
www.schwarzerswein.de

MACHA WEINE & FEINES
Rahmengasse 12
69120 Heidelberg
Tel.: 06221/41 28 83, Fax: 06221/40 25 26
macha@macha-weine.de
www.macha-rum.de

Alex Wein und Spirituosen
Märzgasse 16
69117 Heidelberg
Tel.: 06221/18 49 08
E-mail: alexanderboes@web.de
www.alex-webwelt.de

Krämer GmbH
Erlenweg 10
64665 Alsbach-Hähnlein
Tel.:06257/9 37 00, Fax:06257/93 70 10
kraemer.alsbach@t-online.de
www.kraemergmbh.de

Anni's Rum-Shop
Hinter der Kirche 3
72336 Balingen
Tel./Fax: 07433/38 56 01
karibic-rum-world@web.de
www.karibic-rum-world.de

Alois Dallmayr
Dienerstraße 14–15
80331 München
Tel.: 089/2 13 50, Fax: 089/2 13 51 67
info@dallmayr.de
www.dallmayr.de

Feinkostladen Käfer
Prinzregentenstraße 73
81675 München
Tel.: 089/4 16 83 10, 4 16 85 50,
Fax: 089/4 16 86 22
feinkostladen@feinkost-kaefer.de
www.feinkost-kaefer.de

dolcevino.de
Germanenstraße 6
D-86507 Kleinaitingen
Tel: 08203/95 97 64, Fax: 08203/95 97 65
www.dolcevino.de

drum-rum-shop
Morellstraße 10
86159 Augsburg
info@drum-rum.de
www.drum-rum.de

Rum-Museum im Schiffahrtsmuseum
Schiffbrücke 39, 24939 Flensburg
Tel. 85 29 70, Fax 85 16 65
www.flensburg-online.de/az/rummuseum.html